Highlights
MALLORCA

50 Ziele, die Sie gesehen haben sollten

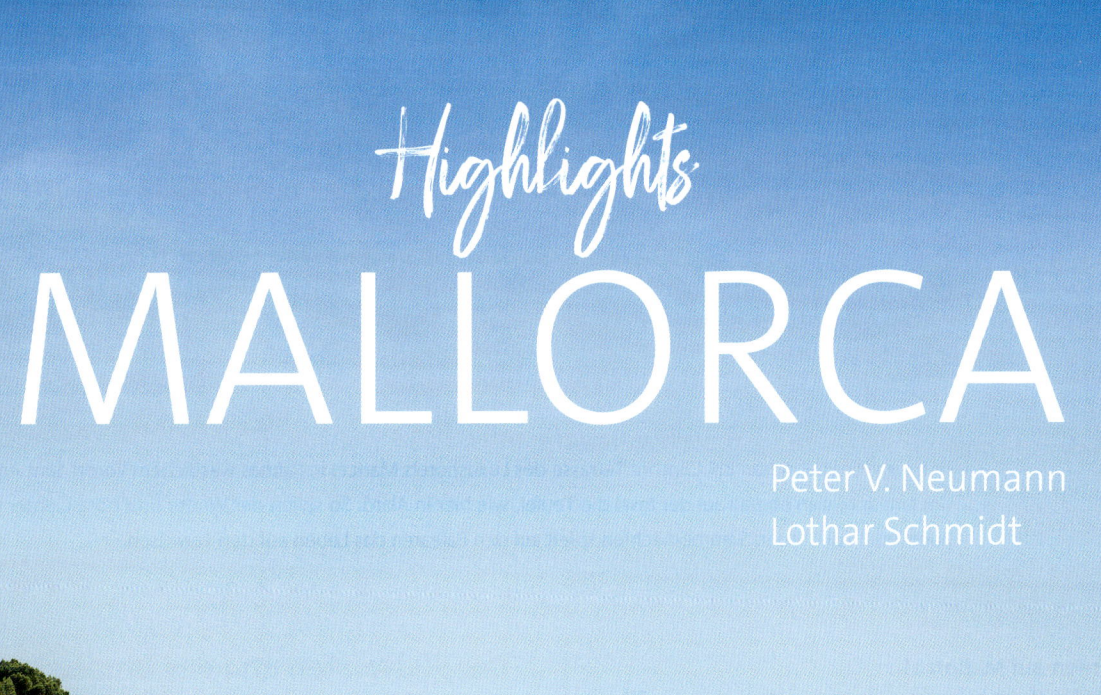

Highlights
MALLORCA

Peter V. Neumann
Lothar Schmidt

BRUCKMANN

v. l. n. r.: Hier saß schon Bill Clinton: Terrasse des Luxushotels Maricel in Palmas westlichem Vorort Sant Agusti. Im Januar tanzen überall auf der Insel die Teufel, wie hier in Alaró. So sollen der Winter und böse Geister vertrieben werden. In den lauen Sommernächten spielt auf den Balearen das Leben auf den Terrassen.

Inhalt

v. l. n. r.: Im Frühling überzieht ein Blumenmeer mit wechselnden Farben die Insel. Die historische Straßenbahn von Sóller zum Hafen ist ein beliebtes Fotomotiv. Im Sommer lockt das warme, kristallklare Wasser. Der Untergrund bestimmt die Farbe, von strahlendem Blau – wie hier in der Cala S'Amonia – bis zu geheimnisvollem Türkis.

MITTELMEER

Musclo des Llore

Racó de Sa Figuera
Cala es
Codolar

Morro de sa Corda
Sa Calobra ● **23**

Puig Roig
1002 m

Morro de Cala
S'ILLETA

Puig de Bàlitx
578 m

Puig Major
1445 m

Embalse de
Gorg Blau

Lluch

Port de Sóller
Cap Gros

21 Fornalutx **22**

Embalse
de Cúber

Caimari

Punta de Deià
Punta de sa Foradada

Cala
de Deià

20 Lluc Alcári
Deià

Embalse de Cúber

Mancor

Son Maroig
Miramar

"Der rote Blitz"
Son Vidal

Sóller

Biniamar

Port de Valldemossa
Cala de Valldemossa

19 Puig des Teix
1064 m

Coll de
Sóller

Castell d'Alaró
26

Orient

Lloseta

Platja de Son Bunyola

Port des
Canonge

18 Valldemossa

Alaró

Banyalbufar

Bunyola

Raixa und
Gärten
von Alfàbia

Binissalem
42

Mola de
Planicia
932 m

15

Esporles

25 Son Amar

Consell

Punta de Son Serralta
Cala Estellencs
Punta de s'Encletxa

16 Sa Granja ★

Palmanyola

Santa María
del Camí

Biniali

Estellencs

Establiments

Son Sardina

sa Cabaneta

Cala de ses Ortigues
Penyal de s'Evangèlica

Moleta de
s'Esclop
926 m

Son Net

Pórtol

ses Olleries

Punta des Fabioler

Galilea

Parc Natural Es
Galatzó

Son Vida

Sa Vileta

Pla de na Tesa

Pontiró

Cap de Tramuntana

17

Santa Eulàlia

Son Ferriol

Son Gual

SA DRAGONERA

Sant Telm

Capdellà

Gènova

1 **12**

sa Casa Blanca

Cap des
Llebeig

s'Arracó

Castell
de Sant Telm

Andratx

Calvià

Palma de
Mallorca

Sant Jordi
s'Aranjassa

Punta Galinda
Cala en Tió

Sant Augustí

Can Pastilla

Las Maravillas

14

Port d'Andratx

Peguera

Palma Nova

Tristán ★ Portals Nous

Platja de Palma
Palma Aquarium

ses Cadenes

Cala d'Egües

Cas Català

I. DEL PAS
I. DE LA CALETA

s'Arenal

Cap de sa Mola

Camp
de Mar

Santa Ponça

Magaluf

Punta de sa Porrassa
I. DE SA PORRASSA

Platja de s'Arenal

Llucmajor

Cap des Llamp

Cap
Andritxol

Cala Vinyes

Cala Blava

T. de Son Verí

ES MALGRAT

Punta Prima

sa Porrassa

13

Badia de Palma

Cap Enderrocat

les Palmeres

El Toro

Cala Portals Vells
Portals Vells
Cala Figuera
Cap de Cala

I. DEL TORO

Cala
Rafeubetx

Badia Blava

El Dorado

Badia Gran

Cap de
Regana

Can Ripoll

Cap Roig

Cala Pi
Vallgorne

Cap Blanc

Cala
Carril

Cala
Pi

s'Es
de M

Punta
Capocorb

Vilanova, Barcelona 8 h

Taragona 7 h

Valencia 9 h

Ibiza 4,5 h

Ibiza 4,5 h; Denia 8,5 h

Menorca 6,5 h

Serra de na Burguesa

Serra d'Alfàbia

Serra de Tramuntana

Mas

Rand

Ran

Cap de Catalunya Cap de Formentor **29**
EL COLOMER
Punta Cala Sant
Galera Vicenç
PENÍNSULA
DE FORMENTOR
Els Farallons
Cala de
Sant Vicenç
Cala Sa I. DE FORMENTOR
Punta Beca Solleric Cala
Pi de la
Puig Gros de Posada
Ternelles 838 m ▲ Punta de
l'Avançada Punta Sabater
Port de
Ternelles Pollença Badia de ses Caletes Cap des Pinar
Pollença
28 Cala Solana Cap de Menorca
Pollença Punta de Santuari
Manresa de la Victòria
Mortitx Alcúdia Es Mal Pas Cap de Menorca
Son Màrc Ca n'Aixartell
442 m **30** Alcanada
Puig Tomir Port d'Alcúdia
1102 m Cala Poncet
Llac Gran
Crestatx s'Oberta Platja d'Alcúdia
Barracar Son Cladera Torrent de **B a d i a   d' A l c ú d i a**
Campanet **27** Sant Miguel Naturpark Cap de Ferrutx
Moscari S'Albufera **31** Platja de Muro
elva sa Pobla Es Pla d'es Caló Cala Fosca
Búger Cas Capellàns Cala Font
Ermita de Son Sant Martí Can Picafort Betlem **33** Cala Matzocs
Sant Vicenç Torrent de Muro Necròpolis Ca los Cans Naturpark Cala Torta
Muro Punta Llarga de Son Real Ermita Llevant Cap des Freu
Son Real Punta de Betlem Punta de
Llubí Torrent de Llarga na Foguera
Binicaubell Sa Canova Colònia Massís d'Artà Cala Agulla
Santa de Sant Pere Cala Rajada Punta
Margalida Maria de la Salut Síquia Real Talaiot **32** Artà **34** de Capdepera
Costix Ariany Puig d'Alpare Sos Fulles Capdepera Son Moll
ncelles 487 m Cala d'es Carregador
Ruberts Sineu **44** Talaiot de Punta es Morràs
Muntanya de Calicant ses Païsses Coves d'Artà
Lloret de 472 m Serra de Calicant Canyamel Cap Vermell
Vistalegre Petra Calicant Costa de
Son Maiol Els Calderers **45** Sant Canyamel Costa d'es Pins
Sant Joan **43** Rotana Llorenç Son Cap des Pinar
Ermita de Servera Port Nou
Ermita N.S. de Bonany Basílica Cala Bona Badia de
de la Pau Vilafranca paleocristiana Son Servera
de Randa Ermita de Son Carrió Cala Millor
Puig de Randa Santa Creu **Manacor** Talaiot de sa Coma Platja de Sant Llorenç
49 m Porreres sa Gruta **35** Cala Moreia
Son Mesquida Cala Morlanda
Santuari de Coves dels Hams Punta Rasa
Monti Sión Mola des Fangar Ermita Coves del Drac Porto Cristo
318 m des Frare (Port de Manacor)
Son Macià Cala Mandia
Burg Santueri Felanitx Cala Estany
Campos **37** Cala Falcó
Coves de N'Hereua Kloster Sant **36** Coves del
Cas Concos Salvador Pirata
Cala Magraner
Porto Colom Cala Bota
Ermita de s'Horta Cala de s'Algar Cales de
Sant Blai Calonge Sa Punta Mallorca
Santuari de la Cova de Cala Marçal Cala Murada
Consolació Cala sa Nau Cala sa Nau
s'Alquería Cala Ferrera
sa Ràpita Santanyí Cala d'Or
Platja de **40** Botanicactus **38** Portopetro Punta des Corb Marí
sa Ràpita ses Salines **41** Cala Cala Mondragó
Platja des Trenc Colònia Santanyí Punta des Niu de
NA LLARGA Estany des s'Almunia Cala Figuera **39**
Punta Volantina Tamarells Cala
NA GUARDÍS Estany de Llombards
NA MOLTONA ses Gambes Cala s'Almunia
Cala Figuereta
Cala en Tugores Cala Marmols
Punta Negra
Cap de ses Salines

Vilanova 6 h
Menorca 3.5 h

MENORCA **49**
MALLORCA
IBIZA **50**

N
0   5 km

Highlights
■ Palma und Umgebung
■ Der Südwesten und das Tramuntana-Gebirge
■ Die großen Buchten/Die Halbinsel von Artà
■ Die Ostküste und der flache Süden
■ Das ursprüngliche Inselinnere
■ Inseln in der Umgebung

Schöner geht es kaum – die Caló des Moro im Südosten Mallorcas.

Buntes Treiben herrscht auf den Wochen-
märkten wie hier in Llucmajor.

Entlang dem Strand von Port de Pollença
zieht sich eine lange Promenade.

Noch immer fahren die Fischer vom Hafen von Palma aus mit traditionellen Holzbooten, den Llaüts, aufs Meer.

Weiß oder rosa blühen die Mandelbäume
schon Ende Januar in geschützten Lagen.

Extremkletterer pflegen selbst im Winter ihr Hobby an einem spektakulären Überhang an der Steilküste (oben). Fischer flicken ihre Netze im pittoresken Hafen von Cala Figuera (rechts).

Willkommen auf Mallorca!

Eine Ferieninsel mit besonderem Ambiente

Mallorca ist ein Klassiker für den Tourismus aus dem deutschsprachigen Raum. Seit den Fünfzigerjahren des vergangenen Jahrhunderts bis in die Gegenwart steigt die Beliebtheitskurve ungebrochen. Am Anfang waren es ein paar Tausend abenteuerlustige Reisende, die in umgebauten Bombern des Zweiten Weltkriegs auf dem Fleckchen Erde im westlichen Mittelmeer landeten. Heute sind es mehr als zehn Millionen Feriengäste, die jedes Jahr die schönsten Tage, ihren Urlaub, hier verbringen.

Der weitaus größte Teil der Inselbesucher kommt in den Sommermonaten, um an den unzähligen Stränden die strahlende Sonne und das badewannenwarme Meerwasser zu genießen. Sonnenhungrige Mitteleuropäer können tagsüber an den schönen Buchten rund um die Insel faulenzen. Besonders für Familien mit Kindern bieten die zahlreichen Freizeitmöglichkeiten am und im Wasser erlebnisreiche und erholsame Ferientage. Und abends ist in allen Urlaubsorten und besonders in der Insel-

hauptstadt Palma das Angebot an kulturellen Events, aber auch an Bars, Restaurants und Diskotheken überwältigend.

Touristen aus Deutschland, Österreich und der Schweiz sowie von den Britischen Inseln machen den Großteil der Reisenden aus. Immerhin rund 2 Mio. Urlauber kommen vom spanischen Festland, und weitere knapp 2 Mio. Urlauber haben den weiten Weg aus Asien, Südamerika oder einer anderen Region außerhalb Europas nach Mallorca gefunden. Sehr hoch ist auch

der Anteil der Inselliebhaber, die das Eiland im Mittelmeer immer wieder frequentieren. Rund 100 000 dieser Stammgäste, sozusagen Wiederholungstäter, wohnen inzwischen fest auf Mallorca oder besitzen hier eine Villa oder ein Appartement als Zweitwohnsitz. Zahlreiche und oft preisgünstige Flugverbindungen mit mehr als 20 deutschen Städten, die relativ hohe Sicherheit und das ausgeglichene Klima der Schönwetterinsel sind Motive für diese große Beliebtheit. Hier stillen viele Deutsche ihre seit Goethe kultivierte Sehnsucht nach dem Süden mit seinen lebensfrohen Menschen und dem unbeschwerten Lebensgefühl.

Weit mehr als Sonne und Strand

Trotz des sommerlichen Massenansturms hat Mallorca bis heute viel von seiner Ursprünglichkeit, seinem unaufdringlichen Charme und besonderen Ambiente bewahrt. Auch außerhalb der Hochsaison bietet die Insel viele attraktive Alternativen. In den stilleren Monaten finden Wanderer, Radfahrer und Naturfreunde Erholung und landschaftliche Schönheit auf den kaum bevölkerten Wegen durch die Berge oder das fast unberührte Binnenland. Aktivurlauber und Sportler können selbst im Winter ihren vielfältigen Hobbys nachgehen. Besonders im Frühjahr nutzen viele Radfahrer – vom Profi-Rennstall bis zu privaten Radwanderern – das freundliche Klima für Aufbautraining oder erste Ausflüge. Schon Ende Januar, wenn Hunderttausende von Mandelbäumen ihr weißes oder rosa Blütenkleid tragen, ziehen sich lange, bunte Kolonnen auf ihren leichten Alu- und Carbonrennern durch die Landschaft. Auch Fußballteams trainieren in der würzigen, frischen Inselluft, während zu Hause noch Väterchen Frost sein strenges Regiment führt. Und die wachsende Zahl der »Forscher« kann mit Neugier und Lust die einheimische Gastronomie, das vielseitige Kulturleben und die mehr als 2000 Jahre alte Geschichte der Insel entdecken. Klassische Musik bieten Festivals wie in Deià, Pollença und Palma. Ein romantisches Chopin-Konzert mit Fackellicht im alten Kartäuserkloster von Valldemossa bleibt ebenso unvergesslich in Erinnerung wie das knusprige Zicklein im abgelegenen Berggasthof.

Ein kleiner Kontinent für sich

Mallorca liegt im westlichen Mittelmeer, rund 200 Kilometer von Barcelona, der katalanischen Hauptstadt am gegenüberliegenden Festland, entfernt. Doch auch Afrika ist nicht weit. Nach Algier sind es gerade einmal 300 Kilometer. Die Nähe des großen Nachbarkontinents macht sich besonders bemerkbar, wenn heiße Saharawinde im Sommer feinkörnigen, rotgelben Staub auf die Insel wehen. Falls die Staubwolken von Niederschlägen begleitet werden, regnet es »Blut« auf der Insel. Fahrzeuge, Gebäude und die Vegetation werden mit den rostbraunen Tropfen überzogen, auch die nicht rechtzeitig von der Leine genommene Wäsche.

Mit 3684 Quadratkilometern ist Mallorca die größte der vier Hauptinseln der Balearen, zu denen noch das nördlicher gelegene Menorca und die südlicher auf der Höhe von Valencia liegenden Inseln Ibiza und Formentera gehören. Die Balearen gelten als Gipfel eines versunke-

Für jeden Tag des Jahres hat die Treppe des Kalvarienbergs in Pollença eine Stufe.

nen Landes, das sich von der Südspitze der Iberischen Halbinsel bis zum französischen Zentralmassiv erstreckte. Durch das Abschmelzen der riesigen Gletscher in der letzten Eiszeit füllte sich das Mittelmeerbecken. Große Landstriche senkten sich ab und verschwanden in den Fluten. In früherer Zeit war die Insel allerdings Bestandteil des Bodens des Urmeeres. Selbst auf den höchsten Bergspitzen gibt es urtümliche Meeresfossilien. Das gewaltige Gebirge war beim Gegendriften der afrikanischen und der euroasiatischen Erdscholle entstanden.

Die große Bucht der Hauptstadt Palma mit dem Flughafen Son Sant Joan liegt im Süden. Das herausragendste Merkmal der Insel ist jedoch der gewaltige Gebirgszug der Serra de Tramuntana, der sich über fast 100 Kilometer von der Südwestspitze bis zum nördlichen Cap Formentor erstreckt. Während die Berge zum Meer hin schroff abfallen und bizarre Landschaften bilden, sind die Hänge zur Landseite flacher. Den Norden dominieren die beiden großen Buchten von Pollença und Alcúdia. Ihre flachen Sandstrände sind sehr kinderfreundlich.

Dazwischen liegt die felsige Halbinsel La Victoria. Im Hinterland wird die fruchtbare Ebene von Sa Pobla durch den Naturpark S'Albufera, dem größten Feuchtgebiet, von der Küste getrennt. Die trockengelegten Sümpfe bei Sa Pobla sind eines der wenigen Reisanbaugebiete in Europa. Eine kleine Welt für sich bildet die Halbinsel von Artà, die sich nordöstlich weit ins Mittelmeer schiebt. Dort thront über Capdepera die größte mittelalterliche Burganlage Mallorcas. Die Ostküste weist mehrere Dutzend fjordähnliche Einschnitte auf, die Cales. Diese meist von Felsen umrahmten Badestrände werden durch die Berge der Serra de Llevant vor den kalten Nordwinden geschützt. Hier liegen einige der schönsten Fischerdörfer wie Portocristo, Portocolom und Cala Figuera. Nach Süden enden große, landwirtschaftlich genutzte Ebenen in weit geschwungenen, flachen Sandstränden. Viele sind nahezu unbebaut. Wie in der Karibik locken weißer Sand und kristallklares Wasser. Die Strände sind von Felsnasen unterbrochen, den Vorboten der großen Steilklippe, die den Inselsüden von der Bucht der Hauptstadt Palma trennt.

Eine attraktive Wanderroute führt auf die felsige Halbinsel La Victoria mit herrlichen Ausblicken auf die Bucht von Pollença.

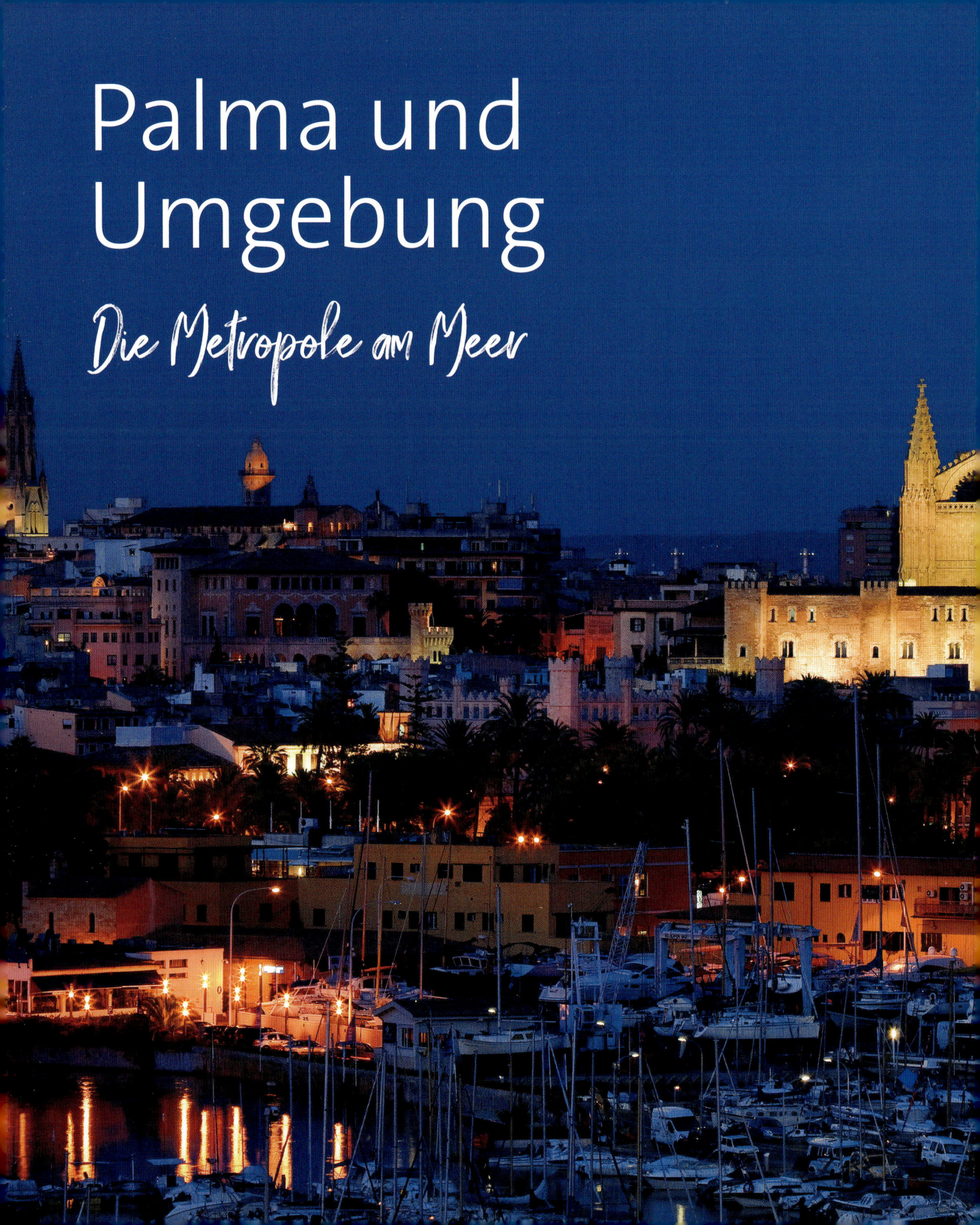

Palma und Umgebung

Die Metropole am Meer

Majestätisch wirken Kathedrale und Königspalast bei Nacht (links).
Zum Essen und Ausgehen bietet Palma viele Möglichkeiten (oben).
Ein Muss für Kunstliebhaber ist der Besuch des Miró-Museums in
Palmas Vorort Cala Major (unten).

Palmas Altstadt lässt sich entspannt zu Fuß erkunden.

Kurz und knapp

Start: Vor dem alten Rathaus von Palma, Plaça de Cort
Länge: 5 km
Dauer: 2 Stunden ohne Besichtigungen
Beste Reisezeit: Das ganze Jahr über
Sehenswertes: Die Top-Highlights der Tour sind die Kathedrale La Seu, Sa Lotja, das Castell de Bellver und die Fundació Miró.
Unterkunft: Nur wenige Schritte vom Ausgangspunkt entfernt liegt das Hotel Cort. Mit seinen individuell eingerichteten Zimmern, der Dachterrasse mit Minipool und schickem Lokal ist es seinen Preis wert, www.hotelcort.com.

Weitere Infos

Um die Museen und Sehenswürdigkeiten in Ruhe genießen zu können, lohnt es sich, während des Mallorca-Aufenthalts mehrmals nach Palma zu kommen. Die außerhalb des Zentrums liegenden Ziele, wie etwa das Castell de Bellver, lassen sich gut mit dem Hop-On-Hop-Off-Sightseeingbus anfahren: https://city-sightseeing.com.

Spaziergang durch Palma

Kunst, Kultur und Einkaufen

Heute unvorstellbar, aber es gab Zeiten, da machten viele Mallorca-Urlauber einen Bogen um die Inselhauptstadt. Mittlerweile locken der Charme der Altstadt, die Shoppingmöglichkeiten und die schicken Hotels immer mehr Citybreaker. Was auch immer einen anzieht: Palma und seine Schätze sollte man unbedingt kennenlernen.

P alma ist das Tor zur Insel. Wer nach Mallorca reist, ob mit Flugzeug oder Schiff, kommt hier an. Die Inselmetropole grüßt mit einer beeindruckenden Kulisse: Rund um die weite Bucht von Palma ragt hinter dem Hafen die Stadt auf. Gut auszumachen ist La Seu, die großartige Kathedrale, die Besucher geradezu magisch anzieht. Wer mit dem Mietwagen kommt: Am Fuß der Kathedrale kann man ihn in einem riesigen Parkhaus abstellen. Die Hauptstadt ist aber auch mit öffentlichen Verkehrsmitteln gut zu erreichen.

Die meisten Sehenswürdigkeiten lassen sich zu Fuß erreichen. Die entspannte Stadttour beginnt am alten **3** **Rathaus,** dem Ajuntament an der Plaça de Cort. Von hier aus sind es nur wenige Schritte bis zum Palau March, den sich der Magnat Juan March (1880–1962) erbauen ließ und der mit viel Kunst lockt. Der Stadtpalast grenzt fast an den königlichen Palast, den **2** **Palau Reial de l'Almudaina** an, gegenüber der **1** **Kathedrale La Seu.**

Vom Mirador an der Längsseite von La Seu genießt man einen herrlichen Ausblick über die Bucht. Vorbei am Diözesanmuseum auf der Rückseite der Kathedrale, das unter anderem in einem spannenden Raum die Umbauarbeiten des Modernisme-Architekten Antoni Gaudí an der Kathedrale dokumentiert, betritt man die Gassen des ältesten Bereichs der Stadt. Eine Vorstellung von der alten arabischen Kultur Mallorcas bekommt man in den Banys Àrabs, den arabischen Bädern in der Gasse Can Serra. Weiter südlich wartet das **4** **Kloster Sant Francesc** mit seinem beeindruckenden spät-

gotischen Kreuzgang und einer ruhigen Basilika, in der der Philosoph Ramon Llull seine letzte Ruhe fand.

Stille Patios und lebendige Einkaufsstraßen

In den Gassen hinter der Kathedrale öffnen sich hinter schmiedeeisernen Gittern immer wieder beeindruckende **5** **Patios,** Innenhöfe herrschaftlicher Paläste. Je näher man wieder zum Rathaus kommt, desto voller wird es. Immer viel los ist auf dem umschlossenen Hauptplatz, der Plaça Mayor, und in den Einkaufsstraßen Sant Miguel und Sindicat.

Wer mag, schaut sich die Kunstwerke in der **6** **Fundació Juan March** an und wirft einen Blick in die Markthalle **7** **Mercat de Olivar,** bevor es über die Carrer Unió und den Prachtboulevard **7** **Passeig del Born** wieder Richtung Meer geht. Vorbei an **8** **Sa Llotja,** dem schönsten Profanbau des mittelalterlichen Palma, kommt man durch das Viertel Sant Pere mit seinen vielen Lokalen zum beeindruckenden Museum für moderne Kunst, dem **6** **Museu Es Baluard.** Dort gibt es nicht nur eine hochkarätige Sammlung und spannende Wechselausstellungen zu sehen, die Aussicht von der Caféterrasse über den Hafen ist jede Mühe wert. Später kann man dann am **8** **Hafen** entlang wieder zurück in Richtung Kathedrale und Ajuntament spazieren.

Mit dem Bus zur Burg

Etwas außerhalb des Zentrums, nahe dem Hafenviertel El Terreno, liegen drei weitere Highlights. Sie sind gut mit dem Sightseeingbus zu erreichen. Den Anfang macht das **10** **Poble Espanyol,** das »Spanische Dorf«, mit seinen romantischen Nachbauten historischer spanischer Gebäude. Beeindruckender und historisch authentisch ist die Rundburg **9** **Castell de Bellver** mit einem runden Innenhof und einer

atemberaubenden Aussicht von der Dachterrasse. Kunstliebhaber freuen sich auf einen ausgiebigen Besuch der **11** **Fundació Miró,** wo sie nicht nur zahlreiche Werke des spanischen Künstlers sehen können, sondern auch sein ehemaliges Atelier und Wohnhaus.

Eine Kunstsensation war die Neugestaltung der Petrus-Kapelle durch Miquel Barceló (rechts unten). Das gewaltige Mittelschiff der Kathedrale wird von schlanken Säulen getragen (oben). Am Karfreitag werden die Stufen der Kathedrale zur Theaterbühne (rechts oben).

1 Die Kathedrale »La Seu«

Ein Meisterwerk der Gotik

Mit dem Bau der gewaltigen Kathedrale von Palma wurde im Jahr 1230 auf Befehl von König Jaume I. begonnen, kurz nach der Eroberung der von den Arabern beherrschten Insel durch die christlichen Festlandspanier, die hier ein Zeichen setzen wollten. »La Seu«, was so viel wie »Bischofssitz« bedeutet, ist eine architektonische Meisterleistung der Gotik.

Für die heute in die Kirche integrierte Dreifaltigkeitskapelle wurden die Häuser rund um die maurische Hauptmoschee abgerissen, die 1412 schließlich ganz der Spitzhacke zum Opfer fiel, um das Hauptschiff der Kathedrale weiterbauen zu können. Erst 1601, mehr als 300 Jahre nach der Grundsteinlegung, war das Hauptschiff fertig. In den nächsten Jahrhunderten wurde der Kirchenbau um zwei Nebenschiffe mit insgesamt 17 Kapellen erweitert. Das Westportal gegenüber dem Almudaina-Palast musste 1851 nach einem Erdbeben neu gestaltet werden.

Gewaltige Ausmaße

Die Kathedrale ist einer der größten Sakralbauten der Welt, und um sie in ihrer gesamten Größe zu erfassen, empfiehlt es sich, das Bauwerk einmal ganz zu umrunden. Das Hauptschiff ist fast 120 Meter lang, 40 Meter breit und erreicht eine Höhe von 44 Metern. Neben dem reich verzierten Westportal ist besonders die dem Meer zugewandte Seite mit dem Miradorportal und seiner katalanischen Spitzbogenarchitektur sehenswert. Die Steinfiguren in dem Bogenfeld stellen Szenen des Letzten Abendmahls dar. Im Abendlicht erscheint die Silhouette des Gotteshauses fast wie ein riesiger Drachen. Außerhalb der Messen betritt der Besucher die Kathedrale durch das kleine Portal an der Plaça de la Almoina auf der Nordseite. Die Eintrittskarten gibt es im kleinen Laden, in dem auch Andenken und Kerzen gekauft werden können.

Die Kathedrale »La Seu«

Im Eintrittspreis ist der Besuch des Museu de la Seu eingeschlossen. In der alten Sakristei und in den Kapitelsälen sind mittelalterliche Gemälde, Reliquien und sakrale Gegenstände zu sehen. Eindrucksvoll ist ein übermannshoher, vergoldeter silberner Kandelaber aus dem 16. Jahrhundert.

Mystisches Licht

Beim Betreten der Kathedrale beeindruckt das geradezu mystische Licht, das durch die 35 großen Fenster aus buntem Glas fällt. Die beste Zeit ist am Morgen, wenn die Sonne vom Osten her die große Rosette in der Apsis hinter dem Hauptaltar zum Erglühen bringt. Die kunstvoll gearbeitete Riesenscheibe hat einen Durchmesser von 12,5 Metern und ist damit eine der größten der Welt. In den Stunden am späten Nachmittag hüllt die tief stehende Sonne vom Westen her den Raum in weiche Farben. Nur 14 schlanke Pfeiler tragen die immense Deckenlast. Ihre Anordnung lässt den Blick

frei vom Westportal bis zum Hauptaltar, der von einem spinnennetzartigen, siebeneckigen Baldachin überspannt ist. Dieser sowie die 50 modernistischen Leuchter wurden vom katalanischen Jugendstilarchitekten Antoni Gaudí Anfang des 20. Jahrhunderts in die Kathedrale eingebracht. Gaudí war zunächst der letzte Künstler, der am Innenraum gestalterisch Hand anlegen durfte – bis dann Miquel Barceló kam, das mallorquinische Wunderkind der modernen Kunst. Der zu Weltruhm gelangte Maler und Bildhauer aus Felanitx sorgte 2007 mit der Neugestaltung der Petruskapelle für eine Kunstsensation. Wochenlang bildeten sich Schlangen von Kunstliebhabern aus aller Welt vor der 16 Meter hohen Keramik, die die wundersame Vermehrung von Brot und Fischen und die Auferstehung Christi darstellt. Das reich mit mediterranen Motiven illustrierte Relief und die fast bedrohlich wirkenden, dunklen Fenster heben die Petruskapelle deutlich von den anderen prunkvoll ausgestatteten Kapellen ab.

VIA CRUCIS AUF DER TREPPE

Auf der breiten Steintreppe unterhalb der Türme der Kathedrale wird jeden Karfreitag als einer der Höhepunkte der religiösen Feierlichkeiten des mallorquinischen Osterfestes eine Via Crucis, der Leidensweg Christi von der Gefangennahme bis zur Kreuzigung, sehr ausdrucksstark aufgeführt, eine Art Oberammergauer Passionsspiele – Kurzfassung auf Spanisch. Die dramatischen Verse des einheimischen Dichters Llorenç Moyà werden von beeindruckender Musik begleitet. Wegen der greifbaren Nähe zwischen den Schauspielern der Theatergruppe »Taula Redonda« und den zahlreichen Zuschauern ergibt sich eine einzigartige Stimmung. Die Aufführung beginnt um 12 Uhr und ist kostenlos.

WEITERE INFORMATIONEN
Kathedrale La Seu, Museu de La Seu:
April, Mai Mo–Fr 10–17.15 Uhr, Juni–Oktober bis 18.15 Uhr, November–März bis 15.15 Uhr, Sa ganzjährig 10–14.15 Uhr; an Sonn- und Feiertagen keine Besichtigungen.

2 Almudaina-Palast – der Königssitz

Römer, Mauren, Christen

Der Köngspalast erinnert nicht nur durch seinen Namen an seinen arabischen Ursprung: Almudaina ist das arabische Wort für Zitadelle. Schon die maurischen Wesire hatten nach der Eroberung im Jahr 902 die Grundmauern der alten römischen Burganlage für den Bau ihres Regierungssitzes genutzt. Die beiden Türme am Haupteingang legen davon heute noch Zeugnis ab.

Wertvolle Wandteppiche und Gemälde zieren die Räume der Königin im Palast (unten). Zu Füßen des Königspalastes Almudaina liegt ein herrlicher Garten mit erfrischenden Wasserspielen (rechts oben). Gotische Spitzbögen stützen die Decke des Tinell-Saales (rechts unten).

Eine breite Treppe führt gleich am Anfang der unterhalb des Königspalastes gelegenen Avinguda Antoni Maura zum Eingang an der Carrer Palau Reial und zum Mirador, dem Vorplatz der Kathedrale, der dem Meer zugewandt ist. Neben diesem Aufgang liegt hinter dicken Mauern ein verstecktes Wasserbassin, Rest des alten Privathafens der jeweiligen Herrscher. Ein paar Schwäne fungieren als professionelle Fotomodelle. Ein großer arabischer Bogen ist noch im Original erhalten. Durch diesen Bogen gelangten die berechtigten Schiffe in den Königshafen, der bis in die Neuzeit direkt mit dem öffentlichen Hafen an der Mündung des Stadtbaches Sa Riera verbunden war. Der breite Meeresarm reichte damals noch weit in die heutige Innenstadt, etwa bis zum Ende des Passeig des Born.

Der schattige Garten des Königs

Man kann vor dem Aufstieg unterhalb des Almudaina-Palastes im schattigen Königsgarten S'Hort des Rei eine Pause machen und in der sehenswerten Anlage mit ihren erfrischenden Wasserspielen und der üppigen Blumenpracht spazieren. Am Eingang steht die Figur eines

STILVOLL ODER GÜNSTIG IN DER ALTSTADT ÜBERNACHTEN

Die historische Altstadt von Palma hatte als touristischer Standort früher kaum Bedeutung. Doch immer mehr Besucher, die das besondere Flair der geschichtsträchtigen Metropole aus nächster Nähe erleben wollen, wählen eine Unterkunft im mittelalterlichen Zentrum. Die klassischen Palacio Ca Sa Galesa und Dalt Murada haben durch ein halbes Dutzend spektakulär gestalteter Boutique- und Designhotels kräftig Konkurrenz bekommen. Meist 5-Sterne-Luxus bieten die Minihotels Can Alomar, Calatrava, Can Cera, Posada de Terra Santa, Architect Hotel und das prunkvolle Cort am Rathausplatz. Für schmälere Geldbeutel bietet das Youthhostel Central Palma am Plaza Quadrado Unterkunft ab ca. 40 €.

WEITERE INFORMATIONEN
Almudaina-Palast: Carrer Palau Reial, Tel. 971 71 43 68, April–September Di–So 10–20 Uhr, Oktober–März Di–So 10–18 Uhr.

Steinschleuderers. Sie erinnert daran, dass die Bewohner Mallorcas vor mehr als 2000 Jahren gefürchtete Kämpfer in den Heeren der Karthager und später der Römer waren. Der großen Durchschlagskraft der mit Bastschleudern abgefeuerten, runden Kieselsteine war im Altertum kaum eine Panzerung gewachsen. Großer Beliebtheit bei den Touristen erfreut sich am anderen Ende des Königsgartens die Skulptur *Personatje* des katalanischen Weltkünstlers Joan Miró, im Volksmund respektlos »das Ei« genannt. Auch von hier aus gelangt man über eine lange Steintreppe zur Carrer Palau Reial und zum Königspalast.

Lebendige Geschichte
Nach der Eroberung Mallorcas durch die Festlandspanier im Jahre 1229 wurde der Almudaina-Palast nach dem Geschmack der neuen Herrscher umgebaut und erheblich erweitert. Die Kapellen Santa Ana und Sant Jaume, der Innenhof der Königin, die prunkvoll gestaltete Sala Mayor mit ihrer kunstvoll geschnitzten Holzdecke, in der heute der spanische König Felipe VI. während seines jährlichen Mallorca-Urlaubs im Sommer seine Audienzen gibt, und der schon beschriebene Königsgarten wurden hinzugefügt. Der maurische Einfluss blieb lediglich an den beiden Türmen am Haupteingang erhalten. Nur ein Teil des Palastes ist für die Besichtigung freigegeben; der Eingang befindet sich beim ersten Portal, vom Meer aus gesehen. Gut die Hälfte des Gebäudes wird noch heute vom spanischen Militär genutzt.

Man kann sich entweder einer der Führungen anschließen, die in verschiedenen Sprachen durchgeführt werden, oder den Palast individuell erforschen. Da die spärlichen Hinweisschilder zu den Räumen jedoch nur auf Spanisch abgefasst sind, empfiehlt es sich, an der Kasse einen Audioguide mit Erläuterungen auf Deutsch auszuleihen.

Rund um die Plaça de Cort, an der sich
das alte Rathaus befindet, reihen sich herrschaftliche Stadthäuser.

3 Rund um das alte Rathaus

Enge Gassen, kleine Läden

Der Carrer Palau Reial endet auf dem Rathausvorplatz Plaça de Cort. Das beeindruckende
mittelalterliche Rathaus, das Ajuntament, in seiner heutigen Form Ende des 16. Jahrhunderts
erbaut, glänzt durch seine prächtige Fassade. Der Rathausplatz ist ein beliebter Treff und
Schauplatz zahlreicher populärer Feste.

Bemerkenswert sind die vorspringenden, geschnitzten Dachtraufen, die das Werk eines
mallorquinischen Schiffszimmermanns sind.
Das Rathaus birgt ein wertvolles Bild des heiligen Sebastian, des Stadtheiligen von Palma,
das dem holländischen Meister Anton van Dyck
zugeschrieben wird. In der Vorweihnachtszeit
ist in der Rathaus-Vorhalle die aus Hunderten
von Einzelteilen liebevoll zusammengestellte
Weihnachtskrippe der Stadt zu bewundern.

Treff am alten Ölbaum

In der Mitte des Rathausvorplatzes steht ein
mehrere Hundert Jahre alter Olivenbaum. Dieser knorrige Geselle ist nicht nur ein beliebtes
Fotomotiv, er ist auch Treffpunkt für die von
der Stadt Palma organisierten Themenrund-
gänge durch die Altstadt. Die etwa zwei
Stunden dauernden Rundgänge gibt es auch
auf Deutsch und zeigen »Das monumentale
Palma« oder »Jugendstil in Palma« oder führen zu den beeindruckendsten Patios, den
wunderschönen Innenhöfe der Altstadt
(www.rutasdepalma.com).
Am Rathaus vorbei gelangt man auf die direkt
dahinterliegende Plaça de Santa Eulalia. Die
Kirche gleichen Namens ist eine der ältesten
der Stadt und lädt zur Besichtigung ein. Die
Terrasse des Café Moderno in der Mitte des
Platzes unter den hohen Bäumen ist angenehm
zum Rasten, auch beliebt bei Beamten, Politi-
kern und Studenten zum Entspannen.

4 Sant Francesc – ein Ruhepol

Das Grab von Ramon Llull

Die schmale Carrer Sant Francesc führt vom Rathaus auf den Vorplatz des Klosters von Sant Francesc. Davor steht die Bronzeskulptur von Fray Junípero Serra. Der Franziskanermönch gelangte als Missionar und Gründer heute bedeutender Städte in Kalifornien wie San Diego, Los Angeles und San Francisco zu Weltruhm.

Junípero Serra, geboren 1713 im Dorf Petra, kam nach seinem Tod im Jahr 1784 zu großen Ehren: Mit hoch erhobenem Kreuz steht seine Statue – als einziges Abbild eines Spaniers – in der Ehrenhalle des Capitols (National Statuary Hall of Fame) in Washington. Seine sterblichen Überreste haben in der Mission von Monterey ihre letzte Ruhestätte gefunden. Teile des Klosters und die prächtige Basilika, deren Grundstein im Jahr 1281 gelegt wurde, können besichtigt werden.

Ein ungewöhnlicher Gelehrter

Durch den spätgotischen Kreuzgang führt der Weg zur Basilika. Dort, hinter dem barocken Hochaltar in die Wand eingelassen, ruhen in einem Alabastersarg die Gebeine des mallorquinischen Universalgenies Ramon Llull (1232–1316). Der junge Edelmann machte am Hof von König Jaume I. als Erzieher des späteren Königs Jaume II. Karriere. Mit 40 Jahren beschloss er, sein Leben der Kirche und der Wissenschaft zu widmen. Die Bekehrung der Heiden wurde sein Hauptziel, gleichzeitig aber galt er als für seine Zeit ungewöhnlich tolerant Juden und Muslimen gegenüber. Mehrere Jahre studierte Llull Naturwissenschaften, Logik und Theologie, reiste nach Nordafrika, Rom und Paris. Nach Mallorca zurückgekehrt, zog er sich in eine Felsenklause auf dem Berg Randa zurück, wo er zahlreiche Schriften verfasste.

Einzigartig ist der fast quadratische Kreuzgang von Sant Francesc. Durch ihn gelangt man in die Kirche des Klosters.

5 Die Patios von Palma

Mittelalterliche Schmuckstücke

Die Patios, mittelalterliche Innenhöfe, sind die Schmuckstücke der historischen Altstadt von Palma. Früher waren sie wichtige Handelszentren (oben und rechts unten). Nicht nur hier, auch im Stadtpalast können Besucher in die Vergangenheit der Insel reisen (rechts oben).

Herausragende architektonische Sehenswürdigkeiten der Altstadt sind die zahlreichen Innenhöfe der Paläste und Patrizierhäuser, die berühmten Patios von Palma. Oft sind sie kunstvoll verziert, Wasser plätschert in ihrer Mitte. Heute schlummern die meisten der selbst im heißen Sommer erfrischend kühlen Höfe hinter dicken Holztoren oder wuchtigem Schmiedeeisen.

Schon der spanische Herrscher Karl V. war von den kunstvoll gestalteten Höfen beeindruckt. Der Monarch bezeichnete sie als einen der größten Schätze seines Reiches. Die heute stillen und meist der Öffentlichkeit nicht zugänglichen Schmuckstücke hatten im Mittelalter eine wichtige Funktion.

Zentren für Tratsch und Handel

Die Patios bildeten eine notwendige Erweiterung der engen arabischen Torstraßen, auf denen es kaum möglich war, Geschäfte zu betreiben oder auch nur etwas länger bei einem Plausch zu verweilen. Die ständig durch die Gassen ratternden Kutschen und Maultier-

karren zwangen die Menschen, in den schattigen Innenhöfen Zuflucht zu suchen. Dort wurde gehandelt, getauscht, man traf sich zum Tratsch. Tagsüber waren die Patios offen. Waren und Gewürze aus Afrika, dem Orient und allen Mittelmeerländern füllten die Verkaufstische der Händler. Beute aus Piratenüberfällen und Schmuggelware, wichtige Erwerbszweige der Mallorquiner jener Zeit, wurden in den Hinterzimmern verramscht. Viele der Patios haben gotische Elemente, wenn auch die meisten im 16. bis 18. Jahrhundert – einer wirtschaftlichen Blütezeit – nach dem Geschmack der damaligen Epoche umgebaut worden sind.

Wer das Glück hat, zu Ostern oder Fronleichnam auf der Insel zu sein, sollte einen ausgiebigen Rundgang durch die Altstadt nicht versäumen, denn an diesen Tagen sind mehr als 40 festlich geschmückte Patios geöffnet. In einigen finden sogar Kammerkonzerte und Theateraufführungen statt. Es gibt aber auch einige besonders schöne Innenhöfe, die immer für die Allgemeinheit zugänglich sind. In der Carrer de Sant Roc Nummer 4, die von der Nordseite der Kathedrale ausgeht, hat die Stadt ein Informationszentrum (Juni–September) für die Route durch die Innenhöfe eingerichtet. Dieses 1950 von Grund auf renovierte Stadthaus besitzt selbst einen barocken Patio mit großen Bögen und Säulen im ionischen Stil.

Rundgang zu den Innenhöfen

Der Carrer Portella mündet leicht nach links in den Carrer Morey. In dieser Gasse befinden sich einige der schönsten Patios der Altstadt. In der Nummer 9 liegt Can Oleza mit einem wunderschönen Barockhof: ionische Säulen, weit gespannte Bögen aus Marés-Sandstein und schmiedeeiserne Geländer. Can Ordines d'Almadrà (Nummer 5) hat nicht nur einen typischen Patio, es beherbergt auch eine sehenswerte Sammlung spätgotischer Skulpturen. Der römische Grabstein unter der breiten Treppe wurde bei Renovierungsarbeiten gefunden. Spektakulär ist auch der Patio von Can Amorós (Nummer 1) mit Bögen und Säulen aus rotem Marmor. In der Mitte des Carrer Morey führt der Weg weiter in die schmale Gasse Almudaina. Der Eingang wird von einem arabischen Torbogen überspannt, dessen Unterbau sogar auf römische Zeiten zurückgeht. Dies war eines der Tore zum verschlossenen, mit einer hohen Mauer umgebenen Palastgelände der maurischen Wesire.

Geht man den Carrer Zanglada weiter Richtung Kathedrale, stößt man auf den Carrer Estudio General, der auf dem Carrer Palau Reial gegenüber dem Palau March endet. In der Nummer 7 hat die Handelskammer Mallorcas ihren Sitz. Im sehenswerten Innenhof fällt besonders ein Relief auf, das die Übergabe der Stadt von den Mauren an König Jaume I. darstellt.

MUSEUM DER INSEL

Über einen schönen Innenhof können Besucher einen alten Stadtpalast betreten, der das für die Mallorquiner wohl wichtigste Museum beherbergt, das Museo de Mallorca. Nachdem es viele Jahre restauriert wurde, taucht man in den Sälen des Palast-Ensembles in die ungemein reiche Geschichte der Insel ein. Sie beginnt mit Funden aus der Frühphase der Talayot-Kultur. Dann kommen die Römer, Goten, Byzantiner und Araber, und alle haben Keramiken, Schmuck, Waffen und andere Objekte hinterlassen. Kuriose und meisterliche Malereien sind ebenso eine Entdeckung wie die Jugendstilkeramiken der mallorquinischen Porzellan-Manufaktur »La Roqueta«, die nur zwischen 1897 und 1918 existierte.

WEITERE INFORMATIONEN
Museo de Mallorca:
Carrer de la Portella 5,
Tel. 971 17 78 38, Di–Fr 10–18 Uhr,
Sa/So 11–14 Uhr.
Centro Cultural Can Balaguer:
Schöner Stadtpalast mit historischem Mobiliar, Teppichen etc.
Carrer de la Unió 3, Tel. 971 22 59 00,
Di–Sa 10–19 Uhr, So 11–14 Uhr.

Moderne Kunst findet man in Palma auf Schritt und Tritt, wie hier auf der Terrasse des Palau March (oben). Ab 1900 erlebte die Inselhauptstadt eine Blütezeit des Jugendstils. Ein Beispiel ist das Grand Hotel an der Plaça Weyler (rechts).

6 Museen und Kunst in Palma

Moderne Kunst auf allen Wegen

Mallorca blickt auf mehr als 2000 Jahre Geschichte und deswegen auch auf eine ebenso lange Kultur- und Kunstgeschichte zurück. Die Insel und besonders ihre Hauptstadt sind eine wahre Fundgrube für Kunstinteressierte. Neben der klassischen Kultur, sichtbar in den Kirchen und Museen der Altstadt, ist Palma heute ein wichtiges Zentrum zeitgenössischer Kunst in Europa mit einem Dutzend Museen und mehr als 40 Galerien.

Die »Modern Art« spielt sich aber nicht nur in Museen und Galerien ab, sondern auch auf Plätzen und Boulevards wie am Passeig des Born oder dem Passeig Maritim. Interessante Skulpturen internationaler Künstler bringen so Kunst dem Besucher ganz beiläufig näher. Dazu dient auch jedes Jahr die »Nit de l'Art« im September. Die gesamte Altstadt verwandelt sich für eine Nacht in einen Kunst-Event. Tausende von Interessierten ziehen durch die engen Gassen der Altstadt, bestaunen die Ausstellungen im Palau Solleric, Sa Llotja und in den zahlreichen teilnehmenden Galerien und Museen, knabbern dabei Snacks und verkosten den kredenzten Wein oder Sekt.

Umstrittene Avantgardisten

Das außergewöhnliche Licht Mallorcas hat schon früher viele Maler angezogen. Vor mehr als 100 Jahren verbreiteten katalanische und britische Landschaftsmaler mit ihren spektakulären Bildern den Ruf der Insel als irdisches Paradies. Nur Hafenstädte wie Palma und wenige Fischerdörfer lagen damals am Meer. Strände und Calas waren noch nicht mit Beton, sondern mit einem dichten Piniengürtel umsäumt. Einer der wichtigsten Künstler dieser Epoche war der Katalane Hermen Anglada i Camarasa, der 1913 die »Schule von Pollença« gründete. Seine Werke sind heute im Gran Hotel an der Plaça Weyler in Palma zu bewundern (siehe rechte Seite).

Sehr umstritten war die Neugestaltung des Innenraums der Kathedrale La Seu durch den katalanischen Jugendstilarchitekten Antoni Gaudí (um 1910). Die riesige »Dornenkrone« über dem Hauptaltar ist das auffälligste Detail seiner Arbeit. Fast ein Jahrhundert später durfte wieder ein Avantgardist seine Handschrift im altehrwürdigen Gotteshaus hinterlassen. Der Mallorquiner Miquel Barceló hat mit einem riesigen Keramikrelief in der Kapelle Sant Pere für die neueste Kunstsensation der Hauptstadt gesorgt (siehe Seite 31).

Kunst und schöne Aussicht

Das Museum der Stiftung Pilar i Joan Miró und das unverändert gebliebene Atelier des 1983 verstorbenen Künstlers stehen im Vorort Cala Major. Highlight der Kunstszene seit 2004 ist das Es Baluard Museu d'Art Modern i Contemporani in einer renovierten Bastion, die Teil der alten Stadtmauer war und im Westen die Altstadt Palmas abschließt. Auf mehreren Stockwerken sind unter anderem Werke von Miró,

Tàpies und Picasso, aber auch Anselm Kiefer zu sehen. Von der Terrasse des Museumscafés, auf der die umstrittene Stahlskulptur *El Toro* des Avantgarde-Architekten Santiago Calatrava steht, hat man einen herrlichen – und kostenlosen – Blick auf den Hafen.

Ein echtes Highlight ist in der Fußgängerzone Carrer Sant Miguel Nummer 11 das Museu Fundación Juan March (nicht zu verwechseln mit der Fundació Bartolomé March neben dem Almudaina-Palast). In dem wunderschönen Patrizierhaus werden unter anderem Werke von Picasso, Dalí, Miró und Miquel Barceló gezeigt. Ständig wechselnde Ausstellungen von meist jungen Avantgardekünstlern runden das Angebot ab. Das Gran Hotel an der Plaça Weyler – eine Augenweide ist allein die prächtige Jugendstilfassade – beherbergt heute die Kulturstiftung einer Bank. Hier sind Skulpturen von Eusebio Arnau ausgestellt, Landschaftsbilder von Santiago Rusinyol und fast die gesamte Hinterlassenschaft des katalanischen Malers Hermen Anglada i Camarasa, der lange in Pollença lebte und als Vater der gleichnamigen Malerschule gilt. Im Erdgeschoss liegen eine schöne Cafeteria und eine gut sortierte Buchhandlung. Wenige Meter weiter präsentieren sich auf der anderen Seite an der Plaça del Mercat die sehenswerten Jugendstilfassaden zweier Patrizierhäuser, die vom Carrer Santacilia getrennt sind. Die fast identischen Häuser wurden 1911 von den Architekten Francesc Roca und Guillem Reynés, Schülern von Antoni Gaudí, erbaut.

Moderne Galerien

Rund 40 Galerien, die meisten im Stadtzentrum, zeugen von der sehr lebendigen Kunstszene. Bei vielen kann man per Internet einen Blick auf die laufenden Events werfen. Das Panorama der ausgestellten Werke ist denkbar weit gespannt. Vertreter der Klassischen Moderne wie Miró, Tàpies oder Dalí sind ebenso vertreten wie die sogenannten jungen Wilden, Avantgardisten der letzten Generation. Neben Malerei werden auch Skulpturen, Fotografie, Objektkunst bis hin zur Live-Performance geboten. Informatio-

Absolute Highlights sind die Skulpturen im Garten des Museums Miró in Cala Major (unten) und auf der Terrasse des Palau March, gleich neben der Kathedrale (rechts oben). Abends laden authentische Restaurants zum Genießen ein (rechts unten).

SCHICKE HERBERGE UND EDLE BAR

In der Kneipengasse Apuntadors liegt das Hotel Tres (Nr. 3). Dort wurde in einem Altstadtpalast eine schicke, sehr funktionale Stadtherberge geschaffen, ideal für kurze Stadtaufenthalte. Spektakulär ist vor allem die Dachterrasse mit Pool, Bar und Sauna und grandioser Aussicht (Tel. 971 71 73 33, www.hoteltres.com). Ein kleines Kunstwerk ist die Edel-Bar Abaco, die sich trotz ihrer Fantasiepreise seit mehr als 25 Jahren ungebrochener Beliebtheit erfreut. Das mit prächtigen Blumenarrangements und tonnenweise frischem Obst dekorierte Haus bietet ein einzigartiges, wenn auch sehr eigenwilliges Ambiente. Mit Kameras bewaffnete Touristen in kurzen Hosen werden aber abgewimmelt. Carrer Sant Joan 1 (Tel. 971 71 49 39, www.bar-abaco.es).

nen über aktuelle Ausstellungen erteilt ein alle zwei Monate aufgelegter Flyer, der in den Kunsthandlungen und in den Informationspunkten der Insel ausliegt. Viele hilfreiche und spannende Adressen und Websites gibt es unter www.artsmallorca.com.

Klassische Kunst aller Epochen

Großes Gewicht haben die Museen, die klassische Kunst aus verschiedenen Bereichen ausstellen. Der Besuch des Museu Diocesà im Palau Episcopal, dem Amtssitz des Bischofs von Palma, gleich am Ostende des Mirador auf der Seeseite der Kathedrale, gleicht einer kunsthistorischen Zeitreise vom Mittelalter bis in die Gegenwart. Die mehr als 200 Objekte sind nach geschichtlichen Epochen gruppiert und ermöglichen einen hervorragenden Einblick in die Entwicklung von Malerei und Plastik seit der Zeit der Eroberung Mallorcas durch die christlichen Festlandspanier im 13. Jahrhundert. Das Highlight der gotischen Sammlung ist ein heiliger Georg von Pere Niçard aus dem 15. Jahrhundert. Besonders umfangreich ist die Barockzeit dokumentiert, Prunkstück ist die Madon-

nenfigur *Mare de Déu del Roser*. Gleich neben dem Almudaina-Palast liegt der Palau March, ein Eckpfeiler der Altstadt. In dem prunkvoll ausgestatteten Stadtpalast befindet sich das Museum der Stiftung March. Neben einem herrlichen Ausblick auf den Hafen bietet die Terrasse Skulpturen von Henry Moore und Auguste Rodin.

Der Palast mit seinen imposanten Räumen ist schon an sich einen Besuch wert. Er birgt eine Kunstsammlung aus mehreren Epochen, eine neapolitanische Weihnachtskrippe, kartografische Werke des Mittelalters und Wandfresken von Josep Maria Sert, so die riesigen in Gips modellierten *Vorhänge*.

Vor der hohen Stadtmauer am Mirador vor der Kathedrale liegt der Komplex Ses Voltes. Seinen Namen hat die ehemalige Kaserne von den großen, halbrunden Gewölben (Voltes), die das Dach tragen. Im Hauptgebäude finden Kunstausstellungen statt, der Eintritt ist frei. Auf der Bühne vor dem Ausstellungsraum finden oft Konzerte von Rock bis Klassik statt. Auch für Volkstänze und die berühmten menschlichen Türme der »Castellers« wird der Platz genutzt.

WEITERE INFORMATIONEN

Es Baluard Museu: Di–Sa 10–20 Uhr, So bis 15 Uhr
Col.Lecció March: Mo–Fr 10–18.30 Uhr, Sa 10.30–14 Uhr
Gran Hotel/Fundació La Caixa: Di–Sa 10–21 Uhr, So bis 14 Uhr
Museu Diocesà: Juni–September Mo–Fr 10 bis 19.15 Uhr, Oktober–April bis 18.15 Uhr, Sa ganzjährig bis 14.15 Uhr
Palau March: April–Okober Mo–Fr 10–18.30 Uhr, November–März bis 17 Uhr; Sa ganzjährig 10–14 Uhr.

7 Shopping im Zentrum

Ein Paradies für Markenfans

Palma ist eine attraktive Einkaufsstadt, die den Vergleich mit anderen europäischen Metropolen nicht scheuen muss. Die Hauptstadt hat überdies den Vorteil, dass sich die meisten Geschäfte im leicht überschaubaren Zentrum befinden. Gerade die Insellage, weit weg von konkurrierenden Städten, scheint die Präsenz nationaler und internationaler Spitzenfirmen zu begünstigen – ein echtes Einkaufsparadies.

Kulinarische Highlights findet man unter anderem in der Markthalle Mercat de l'Olivar (unten). Kleine Boutiquen mit ausgesuchter Mode machen den Charme des Zentrums aus (rechts).

Ein Bummel durch Palmas eleganteste Einkaufsstraße Avinguda Rei Jaume III. empfiehlt sich besonders für Shopping im gehobeneren Stil, aber auch, um sich nur die Nasen an den Schaufenstern der zahlreichen Geschäfte mit Spitzenmarken platt zu drücken. Die breite, auf beiden Seiten von hohen Arkaden gesäumte Prachtstraße wurde erst vor rund 100 Jahren gebaut. Dafür hatte man eine riesige Schneise geschlagen, von der Plaça Rei Joan Carles I., auch Platz der Schildkröten genannt, westwärts bis zum Bett des umgeleiteten Stadtbaches Sa Riera durch das Altstadtviertel mit seinen engen Gässchen.

Die einheimischen Erzeuger glänzen vor allem mit Lederwaren. Elegante Schuhe von der Insel sind schon lange kein Geheimtipp mehr. Alle namhaften Firmen sind auf der Jaume III. vertreten, so auch die Edelmarke Camper, die ihre Wurzeln in der Schuhstadt Inca hat und deren Produkte in eigenen Geschäften weltweit verkauft werden.
Im westlichen Teil der Jaume III. liegt auf der linken Seite das alte Kaufhaus von El Corte Inglés, der bedeutendsten spanischen Warenhauskette. Das neue Kaufhaus dieser Kette in Palma steht an den Avingudas in der Nähe der Plaça Espanya.

Flanieren auf dem Passeig des Born

An der Plaça Rei Joan Carles I. trifft die prächtige Einkaufsstraße Jaume III. auf den Carrer Unió, die verkehrsberuhigte Carrer Sant Jaume und die beliebte Promenade Passeig des Born. Dort liegt linker Hand die Bar Bosch, aus unerklärlichen Gründen seit jeher einer der beliebtesten Treffs der Palmesaner und vieler ausländischer Residenten. »Der Born«, wie die Palmesaner sagen, war viele Jahrzehnte die populärste Flaniermeile der Stadt. Sie führt vom Zentrum zur alten Hafenmole Moll Vell.

Von den zahlreichen Theatern, Kinos, Straßencafés und Restaurants ist nicht viel übrig geblieben. Banken, Lokale und Modegeschäfte haben sich breitgemacht, darunter auf der rechten Seite Spaniens erfolgreichste Modefirma Zara mit einem mehrstöckigen Textilkaufhaus. Neues Highlight ist daneben das sehenswerte »Rialto« im alten Kino, mit einer Mischung aus Eleganz und Kuriosem.

Typische Inselprodukte

Im Zentrum von Palma haben nur wenige der Tante-Emma-Läden den Ansturm der modernen Verkaufsplätze überlebt. Diese Krämerläden haben in der Altstadt in erster Linie folkloristisch-touristische Funktion, wie das berühmte Feinkostgeschäft im Carrer Santo Domingo mit seinen von der Decke hängenden Würsten und Schinken.

Zum Shoppen ist auch die Zone zwischen dem Rathaus, der Plaça Major und den Fußgängerzonen des Carrer Sant Miguel und des Carrer Sindicat bis zu den Avingudas und der Plaça Espanya attraktiv. Viele Jahrzehnte war die Plaça Major der Marktplatz Palmas. Um dieses Herz des Handels gruppierten sich in den umliegenden Straßen Geschäfte mit Utensilien für den täglichen Gebrauch. In Straßen wie Sant Miguel und Sindicat gibt es praktisch kein Haus ohne Geschäft. Einige der traditionsreichen Läden haben dem Ansturm von McDonald's und Jeansboutiquen bis heute widerstanden, wenn auch ihre Zahl unwiderruflich schrumpft. In der immer quirligen Carrer Sant Miguel bieten Bordados Valldemossa (Nummer 26) noch mallorquinische Klöppelspitzen und wertvolle Stickereien an. Aber es gibt sie noch, die alteingesessenen Geschäfte. Man findet sie etwas abseits der Touristenautobahnen in den Gassen in Richtung Plaça Espanya oder auch im Trendviertel Santa Catalina, wo sie perfekt mit den schicken Retroläden harmonieren. Santa Catalina ist auch für alle interessant, die den Aromen der Insel auf der Spur sind. Bester Anlaufpunkt für sie ist der Mercat de Santa Catalina. Der ist einerseits eine klassische Markthalle, aber mitt-

Beim Bummeln kann man sich mit Backwaren direkt aus der Bäckerei stärken (unten) oder mit herzhaften Spezialitäten aus dem Mini-Feinkostgeschäft Colmado Santo Domingo (ganz unten). Exklusive Boutiquen säumen die Straßen des Zentrums, während auf Märkten frische Lebensmittel angeboten werden (rechts oben und unten).

lerweile ebenso ein Feinkostmarkt mit Stehlokalen für die Nachbarn und Foodies der Welt.

Mallorcas kulinarisches Schaufenster

Ist man schon auf dieser Höhe der Carrer Sant Miguel, lohnt ein Abstecher in die nahe Markthalle Mercat de l'Olivar, dem bunten kulinarischen Schaufenster Mallorcas. An Dutzenden von Ständen wird frisches Obst und Gemüse in unglaublicher Vielfalt angeboten. Die besten Metzgereien Palmas sind vertreten, spektakulär die große Fischhalle. Es ist schon ein Genuss, in der Fischerkneipe in der Halle die eben aus der Fritteuse geholten Bratfischlein oder Calamares zu vertilgen. Frischer gibt es das sicher nirgendwo. L'Olivar ist nicht nur bei den Einheimischen beliebt, in den letzten Jahren haben viele ausländische Residenten die Scheu vor dem Unbekannten abgelegt und nutzen die Gelegenheit, ausgezeichnete und frische Produkte zu kaufen.

Im Carrer Colom und Carrer Jaume II., die beide zwischen Rathausplatz und Plaça Major verlaufen, sind die Läden etwas luxuriöser, aber auch teurer. In den Seitengassen umwirbt eine Vielzahl kleinerer Geschäfte den neugierigen Besucher. Die große Bedeutung, die einzelne Zünfte

früher für ihre jeweilige Straße hatten, ist noch immer im Carrer Argenteria zu sehen: In der Straße der Silberschmiede kann man in vielen meist winzigen Juweliergeschäften kleine Andenken aus Gold und Silber erwerben.

Einige Antiquitätengeschäfte sind links der Sant Miguel angesiedelt, an der zur Blumenrambla führenden Gasse Costa del Pols. Die Blumenrambla selbst ist zwar wegen der üppigen Blumenläden ein optisches Highlight, zum Shoppen aber weniger attraktiv. Etwa in der Mitte der Rambla liegt die deutsche Buchhandlung Dialog, gut sortiert mit deutscher Literatur und einer großen Auswahl an Mallorca-Büchern.

An der Plaça Weyler und der Carrer Unió wird es wieder edel. Exklusive Modeboutiquen wie Adolfo Dominguez, bekanntester Modemacher, warten an der Plaça Mercat in Jugendstilhäusern auf betuchte Kunden. Die gesalzenen Preise kann man sich in umliegenden Konditoreien und Schokoladengeschäften versüßen. Schon die üppigen Schaufensterdekorationen sind eine verführerische Augenweide. Von der Plaça del Mercat steigen mehrere enge Gassen zur historischen Altstadt empor. Sie sind voll mit Boutiquen, kleinen Spezialitätenläden und Souvenirshops.

Palmas meistfotografierter Spezialitätenladen ist in der Carrer Santo Domingo beim Rathaus.

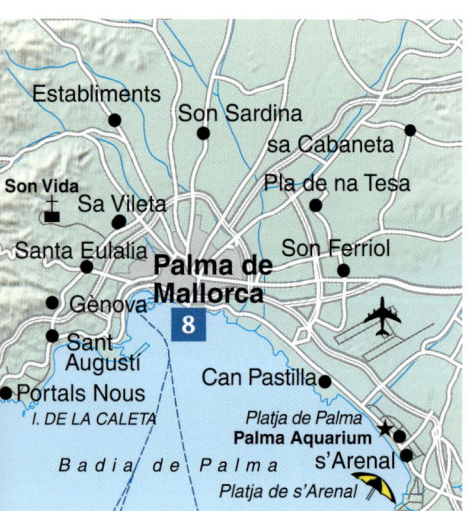

Hafen und Kathedrale bei Nacht (oben), was auch von der Terrassenbar Varadero im Hafen genossen werden kann (rechts oben). Sa Llotja, die alte Seehandelsbörse, ist eines der schönsten Gebäude Palmas (rechts unten).

8 Der Hafen und Sa Llotja – sehr lebendig

Fischerboote und Superjachten

Palma ist als Hauptstadt das politische Zentrum und auch der wirtschaftlich dominierende Ort der Balearen. Großen Anteil daran hat der Hafen, über den rund 70 Prozent des gesamten Frachtaufkommens kanalisiert werden. Die Stadt ist so zur achtgrößten Spaniens gewachsen. Eigentlich sind es mehrere Häfen, die von der alten Mole Moll Vell vor der Kathedrale bis zur neueren Westmole an der Bucht von Palma liegen.

Ein ausgedehnter Spaziergang am Hafen ist nicht nur für nautisch Interessierte ein Erlebnis. Vom einfachen Fischerboot, von Seglern aus aller Welt über die modernen Luxusjachten des Geldadels bis zu den modernen Schnellfähren und schwimmenden Hotels der Kreuzfahrer bietet sich ein breites Bild von dem, was auf den Weltmeeren unterwegs ist – und wer. Schon die Römer hatten den Hafen von Palma mit einer befestigten Hafenmole versehen, die als Fortsetzung der heutigen Avinguda Antoni Maura in die Bucht hineinragte. Sie hatten dabei die primitiven Anlegestellen der Bewohner der Talaiot-Zeit (zwischen 1400 und 800 v. Chr.) erweitert, die an der Einmündung des Torrent de Sa Riera unterhalb des späteren Stadthügels lagen. Aus alten Schriften geht hervor, dass der Meeresarm bis weit über den Passeig des Born ins heutige Zentrum reichte. Unterhalb des Almudaina-Palastes ließen die arabischen Herren im 10. Jahrhundert den Königshafen anlegen, den ein großer Steinbogen schützte, welcher wiederum als letzter Zeitzeuge noch heute besteht.

Der Hafen als Nachrichtenbörse

Im Mittelalter herrschte reges Leben auf den Molen unterhalb der Kathedrale bis Porto Pi. Palma war einer der wichtigsten Umschlagplätze im Mittelmeer. Der Hafen war mit Wach- und

Leuchttürmen geschützt. Die mehr als 450 Meter in die Bucht ragende Hauptmole besaß eine breite Straße. Dieser Passeig de la Riba war für die Palmesaner viele Jahrhunderte ein beliebtes Ausflugsziel. Auf der Mole traf man Freunde, tauschte Neuigkeiten aus. Der Hafen war in der Zeit ohne Fernsehen und Flugzeuge die wichtigste Nachrichtenbörse.

Erst ab den Fünfzigerjahren des vergangenen Jahrhunderts wurde er erheblich erweitert, der Ausbau dauerte mehr als 20 Jahre. Obwohl er für den Personentransport durch das Aufkommen des Massenflugverkehrs an Bedeutung verlor, ist er dennoch ein wichtiges Einfallstor nach Mallorca. Rund 2,4 Millionen Passagiere nutzten 2018 die Terminals, darunter mehr als 1,8 Millionen Kreuzfahrer, eine Sparte, die immer mehr Gewicht für die Inselökonomie bekommt.

Durch die große Veränderung ging das familiäre Ambiente auf der alten Hafenmole für immer verloren. Die Spezialisierung führte dazu, dass mehrere Häfen entstanden – der Fischereihafen, der Fährhafen bei Porto Pi und der Industriehafen im westlichen Bereich. Dazwischen liegen mit dem königlichen Jachtklub Real Club Nautico und dem Club de Mar zwei große

Sport- und Vergnügungshäfen. Heute tummeln sich tagsüber Spaziergänger und Touristen hauptsächlich am Rand des Hafens auf dem Fuß- und Radweg, der dem Passeig Maritim und der Küste folgt.

Zentrum des Nachtlebens

Nach Einbruch der Dunkelheit verlagert sich das Leben auf die Landseite. Dort spielt sich in einer kaum enden wollenden Kette von Terrassencafés, Restaurants, Musikpubs und Diskotheken ein großer Teil des Palmesaner Nachtlebens ab. Unter den Tempeln der Nacht ragt Palmas ältester Nightclub Tito's schon wegen seiner spektakulären Beleuchtung heraus. In diesem legendären Lokal schwoften schon die Großeltern der heutigen Tänzer. Aus den zahlreichen Stadthotels verschiedener Kategorie ragt das klassische Hotel Meliá Palma Marina heraus, oft Zentrum von offiziellen Veranstaltungen.

Auf der Ostseite der alten Mole vor der Kathedrale gibt es keine Hafeneinrichtungen. Hier zieht sich am Ufer ein schmales Sandband um die Bucht bis zum kleinen Fischerhafen von Portixol herum. Dies ist die Platja de Can Pere Antoni, der einzige Stadtstrand in Zentrumsnähe.

BARS UND BOOTE

Auf der Terrasse zwischen Moll Vell und Contramoll kann man von der Hafenbar El Pesquero aus den Fischern beim Flicken ihrer blauen Netze zusehen. Ein guter Platz für eine Rast ist auch die Bar Darsena, direkt am Wasser, etwa auf Höhe des Stadtparks Sa Feixina. Die historische Altstadt kann man sehr schön von der Bar Varadero auf der alten Hafenmole Moll Vell aus bewundern.

Auf der Höhe des Auditoriums liegt die Anlegestelle für die Ausflugsboote. In einem Pavillon werden die Tickets verkauft. Die billigste Bootsfahrt kostet 10 Euro und führt eine Stunde durch die Bucht von Palma. Es stehen aber auch Tagesausflüge mit Motorschiffen – viele mit gläsernem Boden – und Segel-Katamaranen zur Auswahl. Die Preise – Essen und Trinken meist inklusive – betragen zwischen 35 bis 54 Euro.

WEITERE INFORMATIONEN

Bar Tito's: Paseo Maritimo s/n, Tel. 971 73 00 17, www.titosmallorca.com; **Hotel Meliá Palma Marina:** Paseo Ingeniero Gabriel Roca 29, Tel. 971 28 14 00, www.melia.com.

9 Castillo de Bellver – einzigartig

Viel Geschichte mit herrlicher Aussicht

Hoch über dem alten Hafenviertel El Terreno thront im Westen der Stadt das Rundschloss Castell de Bellver auf dem 112 Meter hohen, mit dichtem Pinienwald bewachsenen Burgberg. Der Besuch ist schon wegen der spektakulären Aussicht von der Dachterrasse auf Palma und seinen Hafen ein touristisches Muss. Das zweistöckige Gebäude hat eine kreisrunde Grundform, die es einzigartig in Spanien macht.

Das mittelalterliche Bauwerk ist weithin sichtbar und neben der Kathedrale das Wahrzeichen der Bucht von Palma. Das Kastell wurde unter König Jaume I. begonnen, aber erst unter Jaume II. 1309 fertiggestellt. Die Herrscher nutzten es als Jagdschloss und Sommerresidenz. Drei Verteidigungstürme sind in die Mauern integriert und heben sich halbrund nach außen ab. Nur der 34 Meter hohe Hauptturm Torre de Homenaje, der Huldigungsturm, steht einige Meter losgelöst von der Burgmauer, mit dem Flachdach des Schlosses durch eine Steinbrücke verbunden. Die klare romanische und gotische Architektur sieht man besonders am großen Innenhof, der von zwei übereinanderliegenden Säulengängen eingefasst ist. Im Erdgeschoss vermittelt das städtische Museum für Geschichte mit vielen Fundstücken aus der Römerzeit und dem Mittelalter einen guten Einblick in die mehr als 2000-jährige Geschichte der Stadt. Im ersten Stock, der Beletage, sind die Kapelle San Marcos, der Thronsaal und eine Skulpturensammlung zu sehen. Wer schwindelfrei ist, sollte die steile Treppe zur Dachterrasse emporklettern. Man wird mit einem grandiosen Blick auf die gesamte Stadt, den Hafen und die Bucht belohnt. Deutlich erkennt man die verschiedenen Stadtteile und die sternförmig gezackte Schneise der Avingudas, die den Verlauf der alten Stadtmauer nachzeichnet.

Ein Wahrzeichen der Stadt ist das Rundschloss Castell de Bellver mit seinem arkadengesäumten Innenhof (oben). Um Sa Llotja ist am Hafen ein vor allem nachts attraktives Ausgehzentrum mit vielen Bars und Restaurants entstanden (rechts oben und unten).

Die Häfen und die Küstenorte beiderseits der Stadt können klar ausgemacht werden. Selbst den Flugzeugen am fast 20 Kilometer entfernt liegenden Flughafen Son Sant Joan kann man bei Abflug und Landung zuschauen.

Jagdschloss und Foltergefängnis

Bellver hatte im Lauf seiner Geschichte verschiedene Funktionen. Viele Jahrhunderte diente es als Gefängnis und Hinrichtungsstätte. So wurden bei einem Pogrom gegen die Juden Ende des 14. Jahrhunderts einige von den dort zusammengetriebenen Andersgläubigen mit Teer übergossen und brennend über die Mauer in den Burggraben geworfen. Im Mittelalter diente der Turm Torre de Homenaje als Schuldturm. Im Spanischen Bürgerkrieg sperrten 1936 die auf der Insel schnell siegreichen aufständischen Militärs die Führer der republikanischen Parteien dort ein. Mehrere prominente Republikaner, so Emili Darder, der Bürgermeister von Palma, wurden im Innenhof erschossen. Ältere Bewohner des am Fuß des Burgbergs liegenden Hafenviertels erzählen von den entsetzlichen Schreien der gefolterten Gefangenen, die nachts bis in die Stadt zu hören waren. Zur Erinnerung an diese Opfer des spanischen Faschismus wurden am Fußweg zum Schloss und im säulenumspannten Innenhof Gedenktafeln angebracht.

Alle Wege führen nach Bellver

Bellver ist Haltestelle des Hop-On-Hop-Off Sightseeing-Busses. Wer den Anstieg zu Fuß über mehrere Hundert Stufen nicht scheut, kann von der Plaça Gomila über den Carrer Bellver in etwa 30 Minuten das Schloss erreichen. Auch eine Taxifahrt zum Schloss lohnt sich, für die Rückfahrt gibt es oben einen Taxistand. Die Anfahrt mit dem eigenen Auto erfolgt über die Avinguda Joan Miró und dann nach rechts (ausgeschildert) durch den langsam ansteigenden Carrer Camilo José Cela. Nach dem Torbogen führt die kurvige, aber gut ausgebaute Straße durch den Wald bis zum Schloss hinauf. Von der Ringautobahn Via de Cintura nimmt man am besten die Ausfahrt Son Dureta stadteinwärts, biegt dann nach dem ehemaligen Krankenhaus bei der nächsten Ampel nach rechts ab in den Carrer Son Armadans und nach 500 Metern wieder nach rechts in den Carrer Camilo José Cela.

KULTVIERTEL EL TERRENO

Das unterhalb des Rundschlosses liegende alte Hafenviertel El Terreno hat viele Gesichter und ist immer einen ausgedehnten Bummel wert. Am neonüberfluteten Passeig Maritim trifft sich nachts die Schickeria. Das oberhalb des Hafens gelegene Terrain um die Plaça Gomila war früher die angesagteste Szene des Nachtlebens. Hier trafen sich Hippies und Intellektuelle, Gays, Nachtschwärmer und Abenteurer. Viel ist von diesem besonderen Ambiente nicht übrig geblieben. Heute treibt sich vor allem Palmas alternative Szene in den düsteren Kneipen herum. Wesentlich ruhiger ist es in den oberen Gässchen, wo einst die reichen Palmesaner ihre Sommerresidenzen erbauten. Seit den Zeiten von Rubén Darío und Gertrude Stein ist dieses Viertel mit seiner farbenprächtigen Vegetation ein bevorzugter Ort der Boheme Mallorcas.

WEITERE INFORMATIONEN

Castell de Bellver: April–September Di–Sa 10–19 Uhr, Oktober bis März Di–Sa 10–18 Uhr, So ganzjährig 10–15 Uhr.

Begehrte Insel – Tourismus auf Mallorca

Die ersten Besucher kamen vor über 150 Jahren. Heute reisen rund zehn Millionen Menschen Jahr für Jahr nach Mallorca, und jeder bringt seine individuelle Vorstellung von Urlaubsglück mit. Daher wundert es nicht, dass die größte Baleareninsel nicht nur vom Tourismus lebt, sondern dass er hier auch immer wieder neu erfunden wurde.

Traditionelle Hotels (unten) und Bodegas wie die Casa Manolo in Ses Salines (oben) bewirten seit Jahrzehnten Gäste auf Mallorca.

Sie sind die ersten Promiurlauber auf Mallorca: George Sand und Frédéric Chopin. Dabei ist die Insel, als das Künstlerpaar am 8. November 1838 im Hafen von Palma de Mallorca anlegt, auf Reisende noch gar nicht vorbereitet. Es gibt noch nicht einmal ein Hotel. Der nicht eben komfortable Aufenthalt in der leerstehenden Kartause von Valldemossa ist der Beginn des Mallorca-Mythos als Reiseziel.

Ab dem ausgehenden 19. Jahrhundert zieht es immer mehr Menschen auf die Baleareninsel. Die ersten Reiseführer werden geschrieben, und in Palma eröffnet 1903 das prachtvolle Gran Hotel. Zwei Jahre später wird der »Fomento de Turismo« gegründet, er ist einer der ältesten Tourismusverbände der Welt und rührt bis heute die Werbetrommel. In jener Zeit ist das Reisen einigen wenigen vorbehalten: adeligen Müßiggängern, wohlhabenden Privatiers, Künstlern mit viel Zeit. Zur Jahrhundertwende lockt es viele Maler, das Licht der Tramuntana-Küste auf die Leinwand zu bannen.

Die Ferienflieger landen

Das Jahr 1934 zählt inselweit beachtliche 88 000 Besucher. Deià, das schon früh zu einem Künstlerort wurde, zieht ebenso internationale Gäste an wie Cala Ratjada und das Luxushotel Formentor, das 1928 eröffnet und zu einem Jetset-Treff am Ende der Welt wird. Allerdings ist es mit dem schönen Leben im Süden schon bald vorbei. Während des Spanischen Bürgerkriegs (1936–1939) und des Zweiten Weltkriegs (1939–1945) bricht der Tourismus nahezu vollständig ein. Viele Hotels müssen dichtmachen, so auch das Gran Hotel von Palma, heute ein sehenswertes Kulturzentrum.

Trotz der Verbrechen des Franco-Regimes wird ab den 1950er-Jahren die Wirtschaftsblockade Spaniens aufgehoben und der Staat in die UNO aufgenommen. Innerhalb kürzester Zeit schnellen die Besucherzahlen in die Höhe. Aus rund 100 000 im Jahr 1950 werden 1970 1,85 Millionen Urlauber. Staatschef Franco fördert Mallorca massiv als Tourismusziel. Entscheidend für den Erfolg wird der Flugbetrieb, der zu Beginn über Son Bonet, dann über den 1960 eröffneten Flughafen Sant Joan abgewickelt wird.

Mallorca wird zunehmend auch für deutsche Urlauber interessant. Dafür sind gleich mehrere Faktoren verantwortlich: Im Wirtschaftswunderland steigen die Löhne, und der gesetzliche Mindesturlaub wird 1963 von 15 auf 18 Tage erhöht, 1970 dann auf 20 Tage. Außerdem fliegen ab 1960 erstmals zivile Düsenjets ferne Ziele an.

Anfang der 1970er-Jahre reisen bereits zwei Millionen Urlauber an. Zur Popularität von »Malle« trägt auch ein Mythos bei, der an einer Strandbude mit Namen »Balneario 6« entsteht. Das enthemmte und daueralkoholisierte Leben am »Ballermann« lockt gleichermaßen die Massen wie auch die Boulevardmedien, die aus Mallorca vor allem in Deutschland ein Dauerthema machen.

Neue Zielgruppen

Ab Mitte der 1980er-Jahre wandelt sich langsam die Stimmung. Weite Teile der Küste sind durch ausufernde Urlaubszentren und hässliche Hotels verbaut, die Insel kämpft mit einem Negativimage. Eine veränderte Tourismusstrategie und strengere Naturschutzauflagen sollen das Ruder herumreißen. Luxus und Qualität sind jetzt gefragt. Es werden Jachthäfen, Golfplätze und schicke Hotels gebaut. Ab den 1980er-Jahren ist immer mehr vom »anderen« Mallorca zu hören. Die Dörfer und Orte im Zentrum werden zu Reisezielen, der Finca- und Gourmettourismus nimmt langsam Fahrt auf. Nicht nur im Sommer, sondern auch in den übrigen Jahreszeiten sollen die Erholungsuchenden vom Reiz der Insel überzeugt werden.

Und sie kommen. Mallorca lockt nun auch Radsportler und Wanderer. Ende des vorigen Jahrhunderts erreichen die Besucherzahlen die Acht-Millionen-Marke. Die Urlauber beziehen urige Fincas und suchen auf den Bauernmärkten der Dörfer nach regionalen Spezialitäten. Zusätzlich strömen Tausende von Kreuzfahrtgästen in die Altstadt von Palma. Das jüngste Tourismuskapitel verzeichnet die Aufwertung von Palma als urbanes Trendziel mit neuen Luxushotels und trendigen Lokalen.

Bereits Ende der 1920er-Jahre kamen internationale Gäste an die Playa de Formentor.

Nachbauten historischer Gebäude fügen sich im Poble Espanyol zu einem spanischen Bilderbuchdorf.

10 Poble Espanyol – Spanien im Blick

Ein spanisches Fantasiedorf

In der nordwestlichen Vorstadt Palmas liegt das Poble Espanyol, wie es auf Katalanisch heißt. Das spanische Dorf ist ein kurioses Ensemble aus bekannten Gebäuden verschiedener Städte wie Sevilla, Toledo und Granada, die in verkleinertem Maßstab hier errichtet wurden.

Das Haus von El Greco in Toledo, die Arabischen Bäder von Palma, die Wasserspiele im Patio de Arrayanes und der begehbare Goldturm Torre de Oro sind einige Höhepunkte bei der Besichtigung dieser Fantasiestadt. Die winkligen Gassen mit Kopfsteinpflaster – Vorsicht mit hohen Absätzen – und die wuchtigen Mauern, die das Dorf vollständig einschließen, erwecken ein mittelalterliches Ambiente. Dabei ist die Anlage erst 1965 bis 1967 nach der Idee des Architekten Fernando Chueca Goitia erbaut worden, eine vergleichbare steht übrigens in Barcelona. Neben den historischen Gebäuden gibt es in einem Keller eine Bodega und mehrere Läden mit Kunsthandwerk und Souvenirs. Ein Rundgang dauert etwa 30 Minuten.

Bratwurst und Glühwein

Die früher im spanischen Dorf angesiedelten Kunsthandwerker sind mitsamt ihren Werkstätten und Läden verschwunden. Heute sind das Dorf und der außerhalb der Mauer gelegene Kongresspalast in Besitz eines deutschen Immobilienunternehmers. Die Anlage wird für Konferenzen, Messen, Konzerte, Feste und Kunstausstellungen genutzt.

Großen Erfolg hat der Weihnachtsmarkt mit spürbar deutscher Note. Zur Adventszeit gibt es nicht nur Stände mit Schmuck, Mode und Leckereien, sondern auch Bratwurst und Glühwein. Das spanische Dorf hat eine Haltestelle des Sightseeing-Busses.

www.puebloespanolmallorca.com

11 Fundació Miró – Publikumsmagnet

Ein Museum mit viel Leben

Das Territori Miró in Palmas Vorstadt Cala Major bietet ein außergewöhnliches Ambiente, das es nicht nur in der Kunstwelt Mallorcas einzigartig macht: Auf dem weitläufigen Gelände, das der Maler und Bildhauer 1983 der Stadt Palma vermachte, ist der Besuch seines Ateliers ein absolutes Muss.

Ein Muss für Kunstliebhaber ist der Besuch der Fundació Pilar und Joan Miró in Palmas Vorort Cala Major. Sein neben dem Museum liegendes Atelier wurde vollkommen beibehalten, und es erweckt den Anschein, als ob es der Meister gerade erst verlassen hätte.

Der im Jahr 1893 in Barcelona geborene und im katalanischen Tarragona aufgewachsene Künstler Joan Miró lebte nach langen Aufenthalten in Paris ab 1954 auf der Insel, zu der er seit jeher eine starke emotionale Bindung hatte. Seine Mutter und deren Eltern waren Mallorquiner, und Miró verbrachte schon als Kind die Sommer stets bei seinen Großeltern. Bei seinen Aufenthalten lernte er auch seine spätere Frau Pilar Juncosa kennen; die beiden heirateten 1929.

Farbenprächtige Traumwelten

Miró galt schon zu Lebzeiten als einer der wichtigsten Vertreter des Surrealismus. Der Strom von Kunstpilgern aus aller Welt nach Cala Major zeugt von der bis heute ungebrochenen Attraktivität der farbenprächtigen Bilderwelt und der abstrakten Skulpturen. Das Museum wurde einige Jahre nach Mirós Tod errichtet, um dem reichen Nachlass einen würdigen Rahmen zu geben. Die Wände sind mit Alabastersteinen durchsetzt, die gedämpftes Licht in die Säle fallen lassen. Kernstück ist die permanente Ausstellung mit bekannten Werken des katalanischen Genies. Das lichtdurchflutete Atelier, das von dem spanischen Architekten Josep Lluis Sert erbaut wurde, wirkt, als ob der Meister gleich wiederkommen würde. Im oberhalb des Museums liegenden Wohnhaus Son Boter können Skizzen des Meisters an den weiß gekalkten Wänden besichtigt werden. https://miromallorca.com

55

12 Palma Aquarium – unter Haien

Menschen, Tiere, Sensationen

Ein romantisches Candle-Light-Dinner an einer festlich gedeckten Tafel ist sicher ein unvergessliches Erlebnis, vor allem wenn über den Köpfen der Speisenden ein paar Haie und große Rochen ihre Kreise ziehen. Dies ist eines der Highlights aus dem Programm des Palma Aquarium an der Playa de Palma. Die lautlosen Meeresbewohner sind allerdings hinter den dicken Glasscheiben von Big Blue, dem größten Seewasserbecken des maritimen Freizeitparks.

Publikumsmagnet ist das Haibecken Big Blue (unten und rechts oben). Nicht weit von den Raubfischen tanzt am »Ballermann« jede Nacht der Bär, wie hier in der Riesendisco Megapark (rechts unten).

Palma Aquarium hat sich schnell zu einer beliebten Attraktion der Insel entwickelt. Das 2007 eingeweihte Meeresaquarium, das wegen seiner Lage an einem der wenigen unbebauten Küstenstreifen im Osten der Bucht von Palma umstritten war, kostete die Firma Coral World International damals rund 32 Millionen Euro. In insgesamt 55 Becken, die meisten mit Meerwasser gefüllt, tummeln sich mehr als 8000 Exemplare von mehr als 700 Arten von Meeres- und Flussbewohnern. Die Hälfte der Glasbecken hat die Fauna des Mittelmeeres zum Thema.

25 der exemplarisch dargestellten Biotope zeigen Exotisches aus dem Pazifik, dem Atlantik und dem Indischen Ozean.

Hochzeiten unter Wasser

Die Stars der Schau sind ohne Zweifel die elf verschiedenartigen Haie und die Rochen mit ihren langen Stachelschwänzen, die neben 1000 anderen Meeresbewohnern das mit rund 3,5 Millionen Litern Salzwasser gefüllte Big Blue bevölkern. Das spektakuläre Becken ist 8,5 Meter tief und somit eines der tiefsten Haibecken

Etwa 200 Meter vom Aquarium entfernt verläuft die kilometerlange Strandpromenade, die sich von Can Pastilla bis nach S'Arenal am östlichen Ende der Bucht hinzieht und auf der auch viele Cafeterias Erfrischungen anbieten. Eine kuriose Strandkneipe ist für Fussballfans ein lohnendes Ziel. Kurz vor Can Pastilla – vom Aquarium kommend – präsentiert sich an der Playa de Palma im »Alt Köln« der einzige Fanclub von Borussia Dortmund auf der Insel. Besonders zu den Übertragungen am Wochenende ist dann Hochstimmung in der gemütlichen Bar bei Helga und Udo.

WEITERE INFORMATIONEN

Palma Aquarium: Carrer Manuela de Los Herreros 21, Tel. 902 70 29 02; April bis Oktober 10–18.30 Uhr, November bis März bis 17.30 Uhr. www.palmaaquarium.com

Europas. Aber nicht nur die Wärter tauchen zum Reinigen der Glaswände und auch zum Füttern der Tiere in das Becken: Auch mutige Zeitgenossen, die einen gültigen Tauchschein besitzen, dürfen unter Aufsicht dort unter Wasser gehen. Selbst Unterwasser-Hochzeiten wurden schon im Big Blue zelebriert. Allerdings kann sich nur das Brautpaar dort das Jawort geben, besser gesagt: die Flossen schütteln. Die Hochzeitsgäste sitzen hinter der Glaswand im Trockenen.

Haie sind nach Meinung der Aquariumsdirektion viel besser als ihr von Hollywoodfilmen manipuliertes, übles Image. Noch nie hat ein Hai einen Menschen im Aquarium angegriffen. Auch in freier Wildbahn sind Attacken äußerst selten und mehr als Unfälle zu werten. Nur vier der weltweit mehr als 300 Haiarten können dem Menschen gefährlich werden, dessen Fleisch normalerweise nicht auf dem Speiseplan der Schnellschwimmer mit den scharfen Zähnen steht.

Aufklärung und Artenschutz

Abgesehen vom Nervenkitzel, den das Aquarium bietet, sieht sich das Haus auch als Informationszentrum. Es nimmt an globalen Hai-Schutzaktionen teil, da die meisten Arten vom Aussterben bedroht sind. Auch die weitverbreitete Angst vor den Piranhas, die viele Flüsse Südamerikas, Afrikas und Asiens bevölkern, ist nach

Meinung der Experten unbegründet: Der Beweis seien die Kinder der Eingeborenen, die ohne Scheu in den heimischen Flüssen baden und dabei keineswegs Angriffen dieser Fische ausgesetzt sind. Im Palma Aquarium kann man rund 50 verschiedene Arten bewundern.

Sehenswert ist auch der große Glaszylinder, in dem einige Quallenarten schweben, die – wie die auch als Ohrenqualle bekannte *Aurelia aurita* – vor allem aus dem Mittelmeerraum stammen. Alle Meerwasserbecken sind mit echten Korallen bestückt. Selbst die Zucht dieser exotischen Arten ist dem Palma Aquarium gelungen. Die Tiere sind auch in einigen Teichen auf dem Dach des Hauses zu bewundern. Dort leben in einem Dschungel mit künstlich erzeugtem subtropischem Klima Meeresschildkröten und andere Reptilien.

Aufklärung und pädagogische Arbeit ist neben dem rein kommerziellen Zweck des Aquariums ein wichtiger Teil des Programms, bekannte Experten kommen zu Seminaren und Vorträgen nach Palma. Eine besondere Attraktion sind auch Übernachtungen für Kinder unter dem Big Blue: Während die Kleinen unter Betreuung bei den Haien schlafen, können die Eltern eine freie Nacht verbringen. Für den Besuch des Aquariums sollte man sich mindestens zwei bis drei Stunden Zeit nehmen.

Der Südwesten und das Tramuntana-Gebirge

Romantisch und wild

Die wild zerklüftete Westküste ist ein Naturschauspiel (links).
Der Stolz der heutigen Seefahrer: Luxusjachten im Hafen Puerto
Portals (oben). Die Plaça de la Constitució ist Dreh- und Angel-
punkt des Lebens im Bergstädtchen Sóller (unten).

Wild und romantisch – die Costa Nord.

Traumhafte Küste

Kurvenrausch und grandiose Natur

Bis über 1400 Meter erhebt sich die Serra de Tramuntana. Der Gebirgszug verläuft entlang der Nordwestküste der Insel und schützt sie vor den mitunter kräftigen Winden. Die einmalig schönen Landschaften und romantischen Dörfer haben schon lange vor dem Einsetzen des Massentourismus Künstler und Schriftsteller fasziniert.

Mallorca ist nicht nur die größte, sondern auch die einzige Baleareninsel mit einem echten Gebirge. Immerhin elf Gipfel ragen mehr als 1000 Meter auf. Unter den Landschaften der Insel spielt die Serra de Tramuntana unbestritten die Hauptrolle. Nirgendwo ist es romantischer, nirgendwo dramatischer als im rund 100 Kilometer langen Gebirgszug. Für die Autotour sollte man sich zwei Tage Zeit lassen, denn erstens gibt es viel zu sehen und zweitens kommt man auf den kurvenreichen und manchmal sehr schmalen Sträßchen nur langsam voran. Los geht es beim ehemaligen Fischerort **14 Port d'Andratx.** Wer mag, legt einen Halt im Hauptort Andratx ein, was sich besonders mittwochs lohnt, wenn Markttag ist. Schön ist auch ein Abstecher nach **14 Sant Elm.** Hinter Andratx beginnt Mallorcas Traumstraße für Autofahrer, die Ma-10. Erst steigt sie langsam hinauf, ehe sie sich plötzlich zum Meer hin öffnet. In der großartigen Küstenlandschaft liegen die ruhigen Ortschaften **15 Estellencs und Banyalbufar** wie gemalt. Immer viel los ist in **18 Valldemossa,** das noch immer vom Mythos eines unbequemen Winteraufenthalts der Künstler Frédéric Chopin und George Sand profitiert. Künstler und Schriftsteller haben auch **20 Deià** berühmt gemacht, dessen Lage über dem Meer einfach traumhaft ist. An der Bucht Cala de Deià kann man gut eine Badepause einlegen und sich im Lokal Ca's Patró March stärken.
Fantastische Ausblicke gibt es auch auf den folgenden Kilometern der Ma-10. Wer das ehemalige **19 Kloster Miramar und das Landgut Son Marroig,** auf dem der österreichische Erzherzog Ludwig Salvator lebte, besuchen

möchte, wird den Blick von dort aus genießen können. Danach schlängelt sich die Straße ins Tal von Sóller. **21 Port de Sóller** punktet mit seiner schönen Hafenpromenade und dem Sandstrand, während **21 Sóller** der hübsche Hauptort ist und unter anderem ein sehr sehenswertes Jugendstilmuseum zu bieten hat. Noch malerischer ist das ganz aus Naturstein errichtete Dorf **22 Fornalutx.**

Wie im Hochgebirge

Hinauf zu den höchsten Gipfeln der Tramuntana steigt nun die Bergstraße. Noch mehr Kurven und Serpentinen bietet die Abfahrt nach **23 Sa Calobra,** von wo man zu Fuß zur Mündung der Schlucht Torrent de Pareis spazieren kann. Wer nicht schon im Tal von Sóller übernachtet hat, kann jetzt die Nacht im **24 Kloster Lluc** verbringen: In Mallorcas wichtigstem Wallfahrtsort gibt es eine angenehme und günstige Herberge. Weiter geht die Bergtour entlang der Südflanke der Serra de Tramuntana. Den spektakulärsten Blick über das Zentrum der Insel genießt man vom **26 Castell d'Alaró.** Die holprige Auffahrt sparen sich die Wanderer, die vom romantischen Weiler Orient zur Burg starten. Liebhaber prachtvoller Gärten und Herrenhäuser werden den Besuch der **25 Jardins d'Alfàbia und Raixa** vorziehen. Die Anlagen werden ebenso von den Wassern des Gebirges gespeist wie das Gutshofmuseum **16 La Granja,** das man über schmale Sträßchen erreicht. Noch enger wird die Strecke, die nach Puigpunyent zum **17 Naturpark La Reserva Puig de Galatzó** und ins Minibergdorf Galilea führt, von dessen Höhe man wieder das Meer sieht. Dorthin führt die Tour dann zurück.

Der Strand von Puerto Portals (oben und rechts unten) liegt neben dem Ankerplatz der Luxusjachten. Der Hafen ist ein Tummelplatz der Reichen und Schönen. Die Delfin-Show im Marineland ist vor allem bei Kindern beliebt. Bei Tierschützern ist sie sehr umstritten (rechts oben).

13 Spielwiese Puerto Portals

Sehen und gesehen werden

Im westlichen Teil der großen Bucht von Palma, etwa zehn Kilometer von der Hauptstadt entfernt, liegt Puerto Portals, neben Port Adriano der schickste Jachthafen Mallorcas – und auch der teuerste. An den insgesamt 639 Liegeplätzen für Schiffe bis zu 80 Meter Länge versammelt sich im Sommer der urlaubende (Geld-)Adel, bestaunt von vielen Schaulustigen.

Der Hafen mit seinen umfassenden Einrichtungen, den exklusiven Geschäften und Restaurants wurde vor rund 35 Jahren an einem fast jungfräulichen Küstenstreifen unterhalb des Touristenorts Portals Nous erbaut. Besitzer ist die deutsche Industriellenfamilie Graf. Portals Nous selbst war ursprünglich eine Sommersiedlung für betuchte Palmesaner. Der Massentourismus verwandelte in den vergangenen Jahrzehnten das Zentrum in eine eher hässliche Ansammlung von stillosen Häusern und Hotels, einen typischen Urlaubsort aus der Retorte, ohne Charme und Ambiente. Der Geschmack der vorwiegend britischen Gäste spiegelt sich deutlich wider.

Spektakuläre Jachten

Durch die Appartementblocks führt die Straße bergab zum Hafen Puerto Portals – man kommt in eine andere Welt. Boutiquen mit edlen Modemarken, blitzende Schmuckläden mit teuren Souvenirs liegen zusammen mit Spitzenrestaurants und den protzigen Büros großer Schiffsmakler an der Hafenmole. Puerto Portals ist ein bevorzugter Tummelplatz der Schönen und Reichen. Man sieht es an den exklusiven Spielzeugen, die im und am Wasser präsentiert werden. Die lässig am Kai geparkten Karossen der Luxusklasse werden nur noch von den chromblitzenden Superjachten dahinter überboten. Der Reichtum wird ohne große Scheu präsen-

tiert, was im Sommer zu einer erheblichen Zahl von Schaulustigen führt. Das Besichtigen der »Schmuckstücke« betuchter Zeitgenossen ist zur Touristenattraktion geworden.

Spitzengastronomie zu Spitzenpreisen

Ein weiterer Anziehungspunkt sind die Terrassen der zahlreichen Bars und Restaurants: Denn von hier aus sieht man die Menschen wie auf dem Laufsteg vorbeipilgern und kann so manchen Blick auf einen »Promi« erhaschen. Auch die spanische Königsfamilie ist im Sommer öfters vertreten, das Lieblingslokal von Ex-König Juan Carlos war das »Flanigan«. Die Preise sind überall im Hafen relativ hoch, allerdings wird auch Qualität geboten. Das Restaurant Tristan war über viele Jahre die feinste Gourmetadresse der Insel. Hier hat der Deutsche Gerhard Schwaiger bis 2015 das einzige 2-Sterne-Lokal der Balearen geführt. Nach einem Besitzerwechsel ging es mit dem »Tristan« jedoch immer mehr bergab. Heute nutzt die herrliche Lage am Kai das Restaurant Baiben, das an die glanzvollen Zeiten anknüpfen will. Verantwortlich für die Küche ist Fernando P. Arellano, der im Restaurant Zaranda seit 2016 zwei Michelin-Sterne erkocht hat. Es ist eines von acht Sternelokalen auf der Insel (Stand 2019).

Auf den Hügeln oberhalb von Portals Nous, getrennt von der Trasse der Autobahn, liegt die Villensiedlung »Costa d'en Blanes«. Der berühmteste Resident hier war der ehemalige österreichische Kanzler Bruno Kreisky. Bis heute erinnern sich die Nachbarn an die Tage, als anlässlich eines Treffens des spanischen Präsidenten Felipe González mit Jassir Arafat und Muammar al-Gaddafi in Kreiskys Haus die spanische Polizei die Siedlung in eine schwer zugängliche Festung verwandelte.

Flipper im Marineland

An der Abfahrt zum Nobelhafen liegt am Kreisverkehr von Portals Nous die Einfahrt zum Delfinarium und Tierpark Marineland. Seit Jahrzehnten ist die Schau der Delfine und Seelöwen ein Highlight für Jung und Alt. Neben der mehrmals am Tag vorgeführten Dressur gibt es hier exotische Tiere, Aquarien mit Zierfischen und auch Haie sowie einen Wasserspielplatz mit Rutsche. Man kann sich zwar in Bars versorgen, doch ist die Mitnahme von Verpflegung in Anbetracht einer Kontrolle des Familienbudgets ratsam. Um die hohen Eintrittspreise gut auszunutzen, empfiehlt sich ein mehrstündiger Aufenthalt. Marineland hat einen eigenen Strand, der nach der aufregenden Flipper-Show zum Entspannen am Meer und in der Sonne einlädt.

DER LÄNGSTE RADWEG DER INSEL

Unterhalb der Siedlung Costa d'en Blanes gibt es westlich von Marineland und einem Tennisclub einen kleinen, unbebauten Küstenstreifen. Der Strand ist schmal, doch das Wasser sauber.
Der Rad- und Wanderweg Passeig de Calviá, der über 40 Kilometer zu allen Strandorten der Großgemeinde Calviá führt, beginnt an der Landstraße bei Illetas. Dort kann man auf einem kostenlosen Parkplatz das Auto stehen lassen und auf den Drahtesel umsteigen. Bei Portals Nous verläuft der Weg parallel zur Küstenstraße.

WEITERE INFORMATIONEN

Restaurant Baiben: Tel. 971 67 55 47, www.baibenrestaurants.com
Marineland: Carrer Garcilaso de la Vega 9, Costa d'en Blanes, Calviá, Tel. 971 67 51 25. April bis Ende Oktober 9.30 bis 18 Uhr, der Ticketschalter schließt bereits um 16 Uhr. www.marineland.es

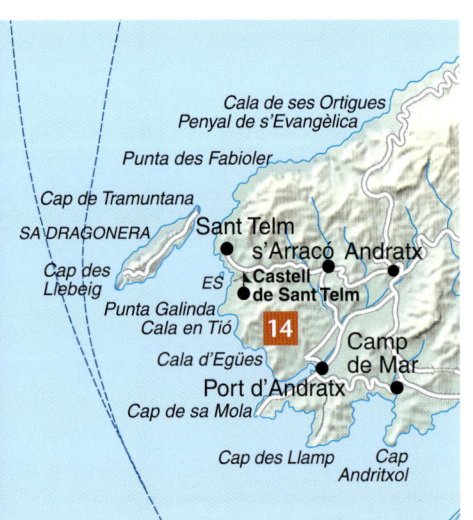

14 Port d'Andratx und Sant Elm

Port d'Andratx: Hafen der Prominenz

Eigentlich kann sich niemand so richtig die Beliebtheit von Port d'Andratx erklären, doch auffallend viele Prominente wie Claudia Schiffer haben den einst ärmlichen Hafen zu ihrem bevorzugten Ferienort gemacht und wie Magneten gewirkt. Für die Appartements und Villen auf den steilen Klippen zahlt man Höchstpreise, Port d'Andratx ist das Saint-Tropez Mallorcas.

Ursprünglich präsentiert sich der Strand des kleinen Fischerortes Sant Elm (unten). Die vorgelagerte Dracheninsel Sa Dragonera ist ein Naturschutzgebiet (rechts oben). Zahlreiche Terrassen laden in Port d'Andratx direkt am Wasser zum Verweilen ein. Auf der Promenade ist »sehen und gesehen werden« angesagt (rechts unten).

Zum Baden kommt niemand in den Hafen, die zwei Strandstreifen im Windschatten der Mole sind nicht sehr einladend. Parken sollte man am besten gegenüber dem klotzigen Laden- und Restaurantzentrum am Kopfende der Bucht. Auf der linken Seite der Promenade liegt die kleine Llotja de Peix, die Fischhalle, in der morgens frischer Fisch und Meeresfrüchte verkauft werden. Davor sind die wenigen verbliebenen Llauts, die typischen Fischerboote, festgemacht. Sie bilden den nostalgischen Kontrapunkt zu den Superjachten an den Molen des Jachtklubs vis-à-vis. Hinter diesem Klub

kann man auf der weit in die Bucht vorgeschobenen rechten Hafenmole den schönsten Sonnenuntergang genießen. Die Steilhänge der Klippen und Hügel sind von zahlreichen Villen übersät.

Das Leben im Hafen spielt sich jedoch auf der linken Seite ab. Die Restaurants an der Uferstraße haben Terrassen am Wasser, die eifrigen Kellner sprinten mit ihren Tabletts durch die Lücken der vorbeirollenden Autos. Die Preise für Bier und Kaffee sind recht saftig, auch für guten Fisch muss man tief in die Tasche greifen. In den schmalen Gassen der zweiten Reihe

lockt eine Vielzahl von Restaurants mit erschwinglicheren Preisen, Musikpubs und Galerien.

Sa Mola, Halbinsel ohne Aussicht

Am Ende der Hafenpromenade führt eine kurvenreiche Straße auf die Halbinsel Sa Mola. Wie Schwalbennester hängen teure Villen an der hohen Klippe und fordern die Schwerkraft heraus. Wesentlich dezenter fügen sich die vom Stararchitekten Pedro Otzoup schon vor Jahrzehnten errichteten Chalets in die Landschaft.

Der hohe Felsen von Sa Mola war ein beliebter Aussichtspunkt, bei klarer Sicht sogar bis Ibiza. Heute ist das kleine Hochplateau gnadenlos mit einer geschmacklosen Appartementanlage zubetoniert, die den Weg zum früheren Aussichtspunkt versperrt.

Beschauliche Landidylle in Andratx

Das ruhige Städtchen Andratx liegt sechs Kilometer vom Meer entfernt im Hügelland der aufsteigenden Serra de Tramuntana. Das behäbige Leben im Städtchen wird nur am Mittwoch unterbrochen, wenn zum Wochenmarkt Käufer und Neugierige durch die mit Ständen vollgestellten Gassen drängen. Neben kulinarischen Spezialitäten wird echtes Kunsthandwerk, aber auch viel Kitsch angeboten. Trotzdem ist der bunte Markt einen Besuch wert. Neben der Wehrkirche Santa Maria hebt sich am Ortsrand Son Mas hervor. In diesem ehemaligen Sommerpalast maurischer Edelleute hat sich die Stadtverwaltung eingenistet. Das im Mittelalter unter ständigen Piratenüberfällen leidende Andratx hat in seiner Geschichte zwei Wachstumsschübe erlebt. Kurz nach 1900 kamen viele in Übersee reich gewordene Einheimische zurück, erbauten prächtige Häuser und sogar ein – inzwischen abgerissenes – Festspielhaus. Nach dieser kurzen Blüte wurde es wieder 60 Jahre lang ruhig. Erst der wirtschaftliche Aufschwung durch den Tourismus veränderte die Stadt.

Camp de Mar und Claudia Schiffer

Das zu Andratx gehörende Camp de Mar ist von Peguera durch die bewaldete Halbinsel Cap Andrixol getrennt. Fast das gesamte Cap war Eigentum von Claudia Schiffer, die sich dort vor den Paparazzi versteckte. Ärger gab es, als die Deutsche den Riesenbesitz mit einem Zaun absicherte. Dabei versperrte sie den Zugang zum alten Wachturm, einem beliebten Ausflugspunkt. Claudia Schiffer öffnete den Weg wieder, ließ den Turm auf ihre Kosten restaurieren und das Skandälchen war aus der Welt geschafft. Mittlerweile hat das Ex-Model ihr Anwesen

Das ruhige Sant Elm hat einen Sandstrand (unten), aber auch felsige Badebuchten wie Cala Conills (rechts oben) und steile Klippen (rechts unten).

KULTUR IN ANDRATX

Im Ortsteil Sa Coma zeigt das Centro Cultural Andratx auf 1500 Quadratmetern zeitgenössische Kunst. Neben der sehenswerten Sammlung sind regelmäßig Sonderausstellungen zu sehen. Kleiner, aber nicht weniger ambitioniert sind die Veranstaltungen des Kulturhauses Sa Taronga im Carrer Andalucía 23, das mit seinen Workshops, Konzerten und einem netten Gartenlokal bei Mallorquinern und Neu-Mallorquinern sehr beliebt ist. Der Besuch von Galerie, Restaurant, Shop und Atelier des CCAndratx ist kostenlos. Carrer Estanyera 2, Tel. 971 13 77 70, Di–Fr 10.30–19 Uhr, Sa/So/Feiertag sowie von November bis Februar bis 16 Uhr (www.ccandratx.eu).

auf Mallorca verkauft. Beiderseits der Hauptstraße zum geschwungenen Strand liegt der Golfplatz Golf de Andratx. Er ist von einer Nobelsiedlung und dem Fünfsternehotel Dorint Royal Golfresort & Spa eingerahmt. An der Steilküste linker Hand wurde das neue Camp de Mar buchstäblich in den Felsen gehauen. Kurios ist das Restaurant im Wasser, das über einen schwankenden Steg betreten werden kann. Auf einer kurvenreichen Straße kommt man über die nächste Klippe nach Cala Llamp und Port d'Andratx.

Über S'Arracó nach Sant Elm

S'Arracó ist ein pittoreskes Dorf auf halbem Weg zwischen Andratx und Sant Elm an der Küste, das außer ländlicher Ruhe mehrere Kunsthandwerksläden und Restaurants bietet. Die Schweizer Gastronomen des beliebten Lokals Tulipe sind mit ihrem Restaurant allerdings nach Camp de Mar umgezogen. Der Ort ist trotz seiner Nähe zum Meer im Sommer sehr heiß, denn die umliegenden Hügel halten die frische Seebrise ab. Hinter S'Arracó windet sich die schmale Landstraße zum südwestlichen Ende der Insel. Kurvenreich geht es bergauf und bergab durch den Pinienwald bis an den Strand von Sant Elm. Man parkt am besten auf dem kostenpflichtigen Parkplatz, denn die Hauptstraße ist für den

Durchgangsverkehr gesperrt. Zum Anleger der Ausflugsboote führt ein neuer Weg oberhalb durch das kleine Dorf, Ausflugsboote aus Port d'Andratx, Peguera und Santa Ponça nutzen die kleine Mole. Im Sommer fährt in stündlichem Rhythmus die »Margarita« zur Dracheninsel Sa Dragonera, heute ein Naturpark mit einem Informationszentrum. Die Überfahrt dauert 20 Minuten, die letzte Rückfahrt ist um 16 Uhr. Die Gewässer um Sant Elm gelten als eines der schönsten Tauchreviere Mallorcas. Vor der Nordspitze von Sa Dragonera soll es immer noch einen großen Schwarm Barracuda-Hechte geben. Doch das Erforschen der attraktiven Unterwasserwelt will gelernt sein. In Sant Elm betreibt Mathias Günther zu diesem Zweck eine Tauchbasis Scuba Activa, die Kurse für Anfänger und Fortgeschrittene gibt. An der Mole liegen mehrere Fischrestaurants mit Meerblick. Schön sitzt man auch auf der Terrasse des preiswerten Restaurants vom Hostal Dragonera an der Hauptstraße. Die alte Unterkunft wurde renoviert und bietet erschwingliche Übernachtungen. Daneben gibt es nur ein größeres Hotel, das Aquamarin, genau am Hauptstrand. Wenn sich im Sommer der Hauptstrand und der kleine Sandstrand am Hotel füllen, sind für gute Schwimmer die Klippen an der Cala Conills, der Hasenbucht, eine gute Alternative.

WEITERE INFORMATIONEN

Camp de Mar: Restaurant La Tulipe, Via Francisca Capllonch I Plomer 10, Tel. 971 23 63 06
Sant Elm: Tauchbasis Scuba Activa, Tel. 971 23 91 02, www.scuba-activa.com
Hostal Dragonera: Carrer Rey Jaume I. 5, Tel. 971 23 90 86, www.hostaldragonera.es
Port D'Andratx: Restaurant Casa Galicia, Carrer Isaac Peral 52. Etwas günstiger sind Fisch und Meeresfrüchte.

Entlang der Küste bieten sich zahlreiche Gelegenheiten um einzukehren oder für einen kurzen Fotostop auszusteigen (oben). Einer der schönsten Aussichtspunkte der wilden Westküste ist der ehemalige Wachturm Ses Animes (rechts).

15 Estellencs und Banyalbufar

Mallorcas wilder Westen

Eine der schönsten Routen mit dem Auto ist die Straße, die hoch über der Steilküste des südwestlichen Teils des Tramuntana-Gebirges verläuft. Über 20 Kilometer schlängelt sich die gut ausgebaute Trasse durch die spektakuläre Landschaft, fast immer das Meer in Sichtweite. Sie bietet damit auch weniger wanderfreudigen Besuchern grandiose Panoramablicke auf die zerklüftete Küste, an deren schroffen Felsen sich schäumend die tiefblaue See bricht.

Auch die beiden Hauptorte Estellencs und Banyalbufar sind einen ausgiebigen Stopp wert. Wie Schwalbennester hängen die aus braunem und grauem Gestein errichteten Häuser auf unzähligen Terrassen über dem Meer. Die gut ausgebaute Straße Ma-10 windet sich von Andratx aus durch ein grünes Tal in die Ausläufer der Serra de Tramuntana empor. Nach weniger als zehn Kilometern ist die Küstenlinie erreicht. Von da an jagt ein spektakulärer Ausblick den nächsten. Allerdings ist es aus Sicherheitsgründen ratsam, nur an den dafür vorgesehenen Parkplätzen zu halten. Vor dem Dorf Estellencs erhebt sich auf einer steilen Klippe der Aussichtspunkt Mirador de Ricardo Roca,

benannt nach dem Straßenbauingenieur, der diese abenteuerliche Route an der einst unwirtlichen Küste erbaute. Ein Stopp mit Aufstieg ist ein Muss. Kilometerweit überblickt man die bizarre Küste nach beiden Seiten. Das kleine Restaurant Es Grau am Fuß der Klippe bietet Erfrischungen, schließt aber leider schon am späten Nachmittag.

Estellencs – ursprüngliche Schönheit

Das pittoreske Dorf Estellencs zieht sich vor allem an der Hauptstraße entlang, doch unter- und oberhalb davon klammern sich auf unzähligen Terrassen die typischen Steinhäuser des Bergdorfs an den Fels. Einige der engen Gassen

führen zum Minihafen mit seinen bunt gestrichenen Bootsschuppen. Fast alle sind für den Durchgangsverkehr gesperrt, der kleine Parkplatz unten hat wenig Kapazität. Die beste Abfahrt beginnt am Hotel Maristel. Ein Spaziergang zu Fuß durch den sehr ursprünglichen Ort lohnt, trotz der steilen Steigungen. Neben den Booten lädt ein kleiner Kiesstrand zum erfrischenden Bad ein.

Am Dorfplatz Plaça de la Constitució bietet das Restaurant Montimar (Tel. 971 61 85 76) gute, einheimische Küche. An der Hauptstraße oder gleich daneben sind außer Bars und Cafeterias einige Läden mit Kunsthandwerk, vor allem Keramik, die Attraktion. Touristisch ist Estellencs ebenso wenig erschlossen wie der Nachbarort Banyalbufar. Die organisierten Bustouren konzentrieren sich auf den zentralen Teil des Gebirges, der Südwesten wird von dieser Invasion nicht berührt. Es gibt nur begrenzte Übernachtungsmöglichkeiten, und es fehlt die sonst in Küstenorten übliche Infrastruktur. Nach einer umfassenden Schönheitsoperation wurde aus dem »Maristel« (Tel. 971 61 85 50) ein komfortables Viersternehotel, das neben herrlicher

Aussicht mit Pool und Tennisplatz lockt. Sehr familiär und mit wenigen Zimmern ausgestattet sind das Petit Hotel Sa Plana, das Hotel Rural Nord und die Finca de S'Olivar, etwas außerhalb des Dorfes gelegen. In Letzterer kann man in ehemaligen Einsiedeleien wohnen. Nach dem meist spektakulären Sonnenuntergang, den man hier von vielen Stellen aus genießen kann, und dem Abendessen werden in diesem Teil Mallorcas die Gehsteige hochgeklappt. Für Urlauber, die einfach nur ruhige Ferien in fast unberührter Natur suchen, sind die Orte ein Geheimtipp.

Herrliche Aussicht

Nur wenige Kilometer nördlich von Estellencs liegt an der Küstenstraße ein alter Wachturm, der Mirador des ses Animes, der zu einem der schönsten Aussichtspunkte auf die wild zerklüftete Küste und das offene Meer wurde. Der Mirador gehörte wie die benachbarten Türme zum Verteidigungs- und Überwachungssystem der oft von Piratenüberfällen betroffenen Küste. Mit Lichtzeichen, tagsüber mit Rauch, wurde das Herannahen feindlicher Schiffe gemeldet, um die Bewohner dieser schwach besiedelten Gegend zu alarmieren. Vom Aussichtspunkt hat man den ersten Blick auf Banyalbufar mit seinen zahlreichen Obst- und Gemüseterrassen.
Die schroffen Klippen links der gewundenen Straße fallen manchmal mehr als 100 Meter steil zum Meer ab. Wegen dieser geografischen Besonderheit ist das Parken – auch in den Orten – nicht einfach, besonders an den Wochenenden, wenn viele Mallorquiner die Dörfer besuchen. Schon mancher musste seinen Weg ohne Stopp fortsetzen, weil er keinen Platz für sein Auto gefunden hatte.

Banyalbufar – spektakuläres Terrassendorf

Schon zur Zeit der Araberherrschaft hatten die Bewohner von Banyalbufar die steilen Hänge mit unzähligen Terrassen gezähmt. Der Ortsname soll vom Arabischen abgeleitet sein und so viel wie »Kleiner Weinberg am Meer« bedeuten. Heute ist Banyalbufar das Terrassendorf auf

Eng drängen sich die Häuser von Banyalbufar auf den steilen Terrassen aneinander. Abends kehrt Ruhe ein (unten). Nur wenige Hotels wie das »Son Borguny« bieten in den Dörfern der Nordwestküste erholsame Ferien (rechts oben). Essen mit Aussicht am Mirador Ricardo Roca (rechts unten).

WANDERUNGEN AN DER STEILKÜSTE

Von der Ma-10 nach La Trapa: Vom Parkplatz ca. acht Kilometer oberhalb von Andratx führt ein ausgeschilderter Weg durch den Pinienwald bis zur Küstenlinie. Ein kurzer, aber heftiger Aufstieg endet am Aussichtspunkt Mirador d'en Josep Sastre. Von hier hat man einen herrlichen Blick auf die Dracheninsel Sa Dragonera. Man kann denselben Weg zurückgehen, Dauer insgesamt ca. drei Stunden. Setzt man den Weg bis zur Ruine des ehemaligen Klosters La Trapa fort – heute ein Informationspunkt des Umweltbundes GOB – muss man weitere zwei Stunden einplanen.
Von Banyalbufar bis Port des Canonge: Nördlich des Terrassendorfs beginnt der Wanderweg zum kleinen Hafen Port des Canonge. Geübte Wanderer sollten die Strecke in drei Stunden schaffen. Allerdings muss der Rücktransport organisiert sein, da es keinen Bus gibt. Dem Hauptweg ist einfach zu folgen. Einziges Hindernis ist ein oft verschlossenes Eisentor; man klettert einfach links davon über die Mauer. Bald erreicht man den kleinen Hafen mit seinem Kiesstrand.

Mallorca schlechthin. Noch immer funktioniert ein ausgeklügeltes Bewässerungssystem, mit dem der karge Gebirgsboden in fruchtbares Ackerland verwandelt wurde.
Neben Zitrusplantagen und Gemüsefeldern gibt es wieder einige Weinberge, in denen die Trauben für den berühmten Malvasierwein reifen. Nach der verheerenden Reblausplage Ende des 19. Jahrhunderts waren viele Weinberge aufgegeben worden. Sichtbares Zeichen der Renaissance des früher als Mess- und Königswein bezeichneten Getränks, dessen Ursprung angeblich auf phönizisch-griechische Kolonisten zurückgehen soll, ist seit einigen Jahren eine Bodega, die sich dem Kultivieren und natürlich dem Verkauf dieses begehrten Tropfens angenommen hat. In allen Bars und Restaurants bekommt man den Wein – zu stolzen Preisen. Ein Fläschchen davon ist ein gutes Souvenir. In den kleinen Kunsthandwerksläden, die meisten liegen an der Hauptstraße, werden zudem Keramik und mallorquinische Spitzen angeboten.
Wie schon in Estellencs, so ist auch in Banyalbufar die Zahl der Gästebetten beschränkt. Es gibt nur ein größeres Haus am Platz. Das Hotel Mar i Vent (Tel. 971 61 80 00) bietet 19 Zimmer

mit spektakulärem Meerblick, Pool und Tennisplatz. Das Restaurant präsentiert mallorquinische Spezialitäten. Für romantische Individualisten sind das Son Borguny, das Sa Baronia, das Hostal Can Busquets und das etwas außerhalb liegende Minihotel Sa Coma interessante Alternativen. In den meisten dieser Pensionen und Agrohotels werden einheimische Speisen angeboten. Gehobene regionale Küche wird im familiären Restaurant Son Tomas serviert (Tel. 971 61 81 49). Die schöne Aussicht von der Terrasse gibt es umsonst dazu.

Baden nur bedingt möglich
Die Bademöglichkeiten an der etwas hochtrabend als Platja bezeichneten steinigen Bucht sind eher begrenzt, vor allem seit eine Geröll-lawine einen Teil der Hauptbucht verschüttet hat, was zu deren Sperrung führte. Doch die kleineren Calas daneben sind gut für eine kurze Erfrischung.
Wenige Kilometer hinter Banyalbufar führt die Straße etwas landeinwärts und gabelt sich. Über einige kurvige Pässe windet sich nach links eine enge Straße weiter nach Valldemossa. Die gut ausgebaute Hauptstraße dagegen führt weiter über Esporles und endet in Palma.

WEITERE INFORMATIONEN
www.banyalbufar.net

Der alte Wachturm Ses Animes bietet
herrliche Ausblicke.

Knorrige Olivenbäume – ein Kontrast zu den blühenden Mandelbäumen (oben). Lebendige Geschichte im Museum von La Granja bei Esporles: Traditionelle Olivenpresse und die alte Gesindeküche (rechts unten) ermöglichen Einblicke in längst vergangene Epochen. Nach der Besichtigung von La Granja gibt es Schmalzgebäck (rechts oben).

16 La Granja – Tradition und Folklore

Eine Quelle sorgt für üppiges Grün

Nur durch eine hohe Bergkette von der felsigen Westküste getrennt, liegt der alte Gutshof La Granja in einem grünen Tal der Serra de Tramuntana. Das auf arabischen Ursprung zurückgehende Gut ist heute ein beliebtes Volkskundemuseum. In den Gebäuden sind Arbeitsstätten traditioneller Handwerker zu sehen und die Beletage, die einen guten Einblick in das Leben der reichen Gutsbesitzer vor 200 Jahren gibt.

Der auf der Insel ungewöhnliche Wasserreichtum wird nicht nur von der üppigen Vegetation unter Beweis gestellt, sondern auch durch eine selbst im heißen Sommer nicht versiegende, starke Quelle, die sich mit einer etwa zehn Meter hohen Fontäne im parkähnlichen Garten der Anlage präsentiert. Schon die Römer hatten den großen Wasserreichtum des Tals für landwirtschaftlichen Anbau genutzt. Unter arabischer Herrschaft im 9. bis 13. Jahrhundert wurde ein ausgeklügeltes Bewässerungssystem angelegt, das in großen Teilen bis heute funktioniert. Nach der Eroberung durch die Festlandspanier wurde der Gutshof, der eigene Gerichtsbarkeit hatte, für einige Jahrhunderte dem Orden der Zisterzienser überlassen, die eine kleine Kapelle im Gut errichteten. Den Gegenpol dazu bilden die furchterregenden Verliese und Folterkammern in den Katakomben unter dem Haupthaus.

Traditionelle Handwerkskunst

Die Werkstätten und der große Innenhof füllen sich zweimal die Woche mit lebendigen Akteuren. Mallorquinische Handwerksmeister zeigen ihre Kunst. Die meisten der Berufe gehören schon der Vergangenheit an, einige sind in der modernen Zeit vom Aussterben bedroht wie Schmiede, Kerzenzieher und Drechsler. Korbflechter, Weber, Färber und Gerber sind

ebenso vertreten wie Töpfer und Schneider. Wohlriechende Essenzen und Heilmittel aus Kräutern werden in der Hausapotheke hergestellt. In der alten Ölmühle wird die Produktion des flüssigen Goldes veranschaulicht. Neben dem parkähnlichen, mediterranen Garten tummeln sich Bergziegen, Schafe und schwarze Schweine in Freigehegen. Der Meiler eines Köhlers erinnert an längst vergangene Zeiten. Nach dem Rundgang kann man sich im Patio, dem Innenhof, bei einer Weinprobe erfrischen und die köstlichen Bunyols, ein Schmalzgebäck aus gekochten Kartoffeln, Mehl und Hefe – ähnlich den deutschen Krapfen – verzehren. Außerdem wird eine Dressur mit Rassepferden vorgeführt.

Folklore für alle

Die Vorführungen sind jeden Mittwoch und Freitag, jeweils von 15 bis 16.30 Uhr. Die Vorstellung ist sehr interessant und lehrreich, doch werden zu diesen Terminen immer zahlreiche Bustouristen und große Gruppen durch La Granja geschleust, und das Schlangestehen tut der Entdeckerfreude etwas Abbruch. Wer kann und sowieso individuell unterwegs

ist, sollte diesen Massenansturm meiden. Zu den übrigen Besuchszeiten sind zwar die Handwerksmeister nicht aktiv, doch können die Werkstätten und Ausstellungsräume in aller Ruhe besichtigt werden. Und auch bei Wein und Bunyols gibt es dann kein Gedränge. In der Cafeteria vor dem Haupteingang können mallorquinische Spezialitäten probiert werden – übrigens auch ohne Eintritt zu bezahlen.

Ruhe in Esporles

Das etwa zwei Kilometer von La Granja entfernte Landstädtchen Esporles bietet außer seinem netten Ambiente keine touristischen Sehenswürdigkeiten. Sehr schön ist die Hauptstraße mit hohen Bäumen, die sie wie eine Allee einrahmen und dem Verlauf des meist friedlichen Dorfbaches folgen. Auch dies ist ein Zeichen für den auf Mallorca ungewöhnlichen Wasserreichtums dieses Tals. Wer abends noch in den Bergen ist, kann ausgezeichnete mallorquinische Küche im »Mesón la Villa« genießen. Viele der Gerichte, wie Lammbraten, Spanferkel oder die einheimische Nationalspeise *Lom con Col* – Schweinerucken mit Kohl –, werden in den typischen Tontöpfen serviert.

FERIEN IN DEN BERGEN

Hoch über Esporles und mit Blick über die Ebene und die gesamte Bucht von Palma liegt die Ferienfinca La Posada del Marques. Das kleine Hotel ist ein idealer Ausgangspunkt für Wanderungen in den Bergen. Das urig-elegante Restaurant Sa Tafona in der ehemaligen Ölpresse der Finca steht mit seinen mallorquinischen Spezialitäten auch Tagesbesuchern offen (www.posada-marques.com).
Bodenständiger und auch etwas günstiger ist die Unterbringung in der Agro-Finca Can Torna, die auf einem Hügel an der Zufahrtsstraße von Palma nach Esporles liegt. Zimmer, Suiten und die Gemeinschaftsräume haben einen rustikalen Touch, auf Wunsch werden einheimische Spezialitäten für die Hausgäste gekocht, www.cantorna.com.

WEITERE INFORMATIONEN

La Granja: täglich 10–19 Uhr, im Winter bis 18 Uhr. Vorführungen Mi und Fr 15–16.30 Uhr; www.lagranja.net;
Esporles: Mesón la Villa, C./Sant Pere 5, Tel. 971 61 09 01, geöffnet ab 20 Uhr.

17 Der Naturpark Es Galatzó

Wege in der Berglandschaft

Manchmal ist der Weg das Ziel – oder ein Teil davon. Das trifft auf die Anfahrt zum Naturpark La Reserva Puig de Galatzó und das Bergdorf Puigpunyent zu. Beide sind auch auf einer breiten Landstraße von Palma über Establiments zu erreichen, doch landschaftlich viel reizvoller ist die Route über Capdellà. Puigpunyent und der am Fuße des Galatzó liegende Naturpark sind beliebte Ausflugsziele.

Der Kegel des Puig de Galatzó erhebt sich über dem Weiler Es Capdellà und beherrscht den Südwesten Mallorcas (unten). In den Gehegen der Reserva Puig de Galatzó leben Braunbären, was die Kinder freut, Tierschützer jedoch weniger (rechts oben). Die Luxushotels der Umgebung laden zu längerem Aufenthalt ein (rechts unten).

In Capdellá kreuzen sich vier Landstraßen. Die Anfahrten von Calviá sowie den Küstenorten Andratx und Peguera vereinen sich hier mit der kleinen Straße, die in zahlreichen Serpentinen durch dichten Pinien- und Steineichenwald nach Galilea führt, in das höchstgelegene Dorf des Südwestens. Hier hat man vom Kirchplatz eine herrliche Aussicht auf die Küste und die vorgelagerten Malgrat-Inseln. Gleich neben dem nur zu Messezeiten geöffneten Gotteshaus können sich Besucher in der einfachen Bar Parroquial mit hausgemachten Tapas stärken. Die enge Landstraße führt von Galilea aus bergab nach Puigpunyent, das in einem wasserreichen und deshalb mit üppiger Vegetation gesegneten Tal liegt. Auch hier, wie im Nachbarort Esporles, fallen die hohen Pappeln und Lindenbäume auf, die die Hauptstraße und die Bachläufe säumen.

Naturpark mit Wasserfällen

Kurz vor der Ortseinfahrt biegt nach links ein geteerter Weg ab, der zum privaten Naturpark La Reserva Puig de Galatzó führt. Auf dem weitläufigen Areal von zweieinhalb Quadratkilometern am Fuß des Galatzó führt ein fast vier Kilometer langer Wanderpfad durch eine spek-

takuläre Berglandschaft. Eine Seltenheit auf Mallorca sind die Wasserfälle, die von hohen Felsen zu Tal stürzen. Man merkt kaum, dass die Kaskaden künstlich angelegt wurden, gespeist allerdings aus echten Quellen. An einer gekennzeichneten Stelle können die Besucher ein erfrischendes Bad im kristallklaren Quellwasser nehmen, also neben bequemen Wanderschuhen auch die Badesachen nicht vergessen.

Auch sonst wurde im Park der Natur recht wenig ins Handwerk gepfuscht; sie braucht im mediterranen Raum eigentlich auch nur Wasser, um sich in all ihrer Vielfalt zu entfalten. In großen Freigehegen werden viele einheimische Tiere gezeigt. Kritik bei Natur-Puristen haben einige Gehege mit Braunbären und Straußen erregt, die normalerweise auf Mallorca nicht heimisch sind. Die Bären sind allerdings bei Kindern besonders beliebt. Ein Picknickplatz mit Feuerstelle zum Grillen liegt mitten im Park, man kann seinen eigenen Proviant verzehren oder ein Picknickpaket am Kiosk erwerben. Neben dem Rastplatz werden regelmäßig Greifvögel vorgeführt. Für den Besuch des Parks sollte man

mindestens einen halben Tag einplanen, schon um die Eintrittspreise gut auszunutzen. Für Abenteuerlustige wird zusätzlich ein Adventure-Paket angeboten: Man gleitet an Stahlseilen über tiefe Schluchten, übt den Gleichgewichtssinn auf wackeligen Hängebrücken und kann, von Fachpersonal gesichert, an steilen Felsen Freeclimbing üben.

Bergwanderung auf den Puig de Galatzó

Von der Zufahrtsstraße zum Naturpark führt eine kleine Teerstraße zum Einstieg in eine der schönsten Bergwanderungen auf Mallorca. Starke Steigungen sind zu meistern, doch wenig Kletterei. Die Route ist auch für Nichtalpinisten geeignet, Wanderkarte, geeignete Kleidung und feste Wanderschuhe sind natürlich Voraussetzung für das Vergnügen. Auf dem Gipfel dieses 1027 Meter hohen Berges wartet als Belohnung ein grandioser Panoramablick über den gesamten Südwesten, die Bucht von Palma und alle höheren Berge der Insel. Für Auf- und Abstieg sollte man drei bis vier Stunden veranschlagen.

WEITERE INFORMATIONEN
https://reservapark.net

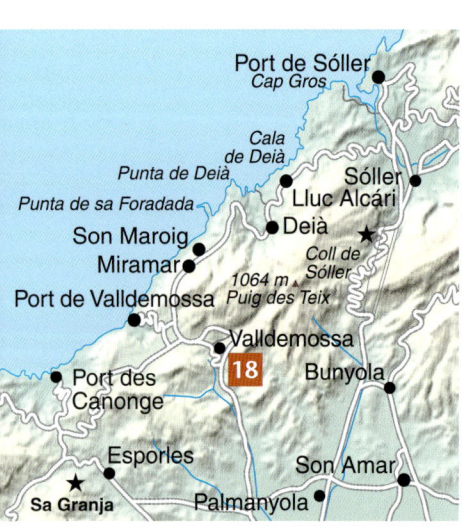

Viele Türen der alten Häuser von Valldemossa sind aus Olivenholz (oben). Hinter den Mauern des Kartäuserklosters verbrachte Frédéric Chopin einen Winter mit seiner Geliebten George Sand (rechts).

18 Valldemossa – Romantik pur

Ein Ort ganz im Zeichen einer Liebesaffäre

Das malerische Bergdorf Valldemossa ist das beliebteste Ausflugsziel auf Mallorca. Auf 100 Einwohner kommen im Schnitt 154 Touristen, wie eine Studie 2018 ermittelt hat. Wie ein Magnet wirkt bis in unsere Zeit die Liebesgeschichte des Komponisten Frédéric Chopin und der Schriftstellerin George Sand, die 1838/39 einen stürmischen Winter in den ehemaligen Klosterzellen verbrachten.

D ie Anfahrt erfolgt über eine gut ausgebaute Landstraße, die zuerst durch ausgedehnte Mandel- und Zitrusplantagen führt. Nur der letzte Teil der 18 Kilometer, die das pittoreske Dorf von Palma trennt, ist kurvig und steigt auf über 400 Meter an. Am verengten Eingang in das eigentliche Tal findet man zahlreiche Höhlen, die schon Jahrtausende vor unserer Zeit von den Ureinwohnern genutzt wurden. Auch aus der Talaiot-Zeit (um 1000 v. Chr.) sind zahlreiche Zeugen menschlicher Besiedlung erhalten.

Schon der erste Blick von der Straße aus ist postkartenverdächtig. Oberhalb des Dorfes mit seinen erdbraunen Natursteinhäusern ist ein

großer Parkplatz, der Ortskern selbst ist für den Durchgangsverkehr gesperrt. Der Name Valldemossa wird auf das Arabische Wadi Muza zurückgeführt. Die ältesten Gebäude stammen aus dieser Zeit, so einige gut erhaltene Gewölbe der Finca Son Brondo, heute ein uriges Landhotel im Tal unterhalb des Ortes. Auch das ausgeklügelte Bewässerungssystem, mit dem der Wasserreichtum des fruchtbaren Tales optimal genutzt wurde, erbauten die Araber. Nach der Eroberung der Insel durch die Katalanen fiel der Ort an den Adeligen Nunó Sanç. Anfang des 14. Jahrhunderts ließ König Sancho den nach ihm benannten Palast als Jagd- und Sommerschloss errichten, 100 Jahre später wurde

Dörfliche Stille herrscht in den Gassen des unteren Dorfes von Valldemossa, weitab vom Rummel um die Kartause und Chopin (unten). Die Klosterbibliothek mit Tausenden von historischen Schriften (rechts oben). Wie Schwalbennester hängen die Steinhäuser über der Steilküste (rechts unten).

mit dem Bau des Klosters begonnen, das bis zur Säkularisierung 1835 dem Kartäuserorden überlassen war. Nach der Enteignung der in Ungnade gefallenen Mönche verkaufte die spanische Regierung die Klosterzellen an Privatleute.

Nostalgische Romanze in den Bergen

Die landschaftliche Schönheit und das attraktive Ensemble des recht ursprünglichen Dorfes, das vom alten Kartäuserkloster und dem mittelalter-

lichen Palast des Königs Sancho überragt wird, ist nur zum Teil Auslöser dieser ungewöhnlichen Invasion von Besuchern jedes Jahr. Denn 1838 mietete Frédéric Chopin mit seiner Geliebten, der französischen Schriftstellerin George Sand, und deren beiden Kindern zwei Klosterzellen. Der berühmte französisch-polnische Komponist und Pianist, der an Tuberkulose litt, hatte nach kurzem Aufenthalt in Palma in der Kartause Zuflucht gesucht. Wegen seiner Krankheit und vor allem aber wegen des »sündigen« Zusammenlebens mit der französischen Schriftstellerin stand die Bevölkerung dem Paar abweisend gegenüber. Ihre Feindseligkeit beruhte außerdem auf ihrer Angst vor der unheimlichen Krankheit des Musikers und dem ungewöhnlichen Auftreten von George Sand, die in Männerhosen herumlief und Pfeife rauchte. Überliefert sind die Episoden des nicht immer erfreulichen Aufenthalts im Buch *Ein Winter auf Mallorca,* ein Werk von George Sand, das vor allem aufgrund des Touristenansturms ein Bestseller wurde und immer noch ein in zahlreiche Sprachen übersetzter Dauerbrenner ist. Sand geht darin hart mit den in ihren Augen hinterwäldlerischen Gastgebern ins Gericht. Auf der anderen Seite ist ihre Beschreibung der herrlichen Landschaft ein ewig wirkendes Marketing für den Ort und die gesamte wildromantische Nordwestküste. Während seine Gefährtin schrieb, komponierte Chopin einige bedeutende Werke wie das Regentropfen-Prélude. Im regenreichen und feuchten Winter verschlechterte sich jedoch der Gesundheitszustand des Komponisten und auch der eines der Kinder von George Sand. Im Februar 1839 verließ das Paar den Ort und bald darauf auch die Insel.

Wo entstand das Regentropfen-Prélude?

Erst vor Kurzem wurde ein jahrelang schwelender Streit über die Echtheit gewisser Reliquien und auch der nachweisbaren Unterkunft von Chopin vor Gericht entschieden. Den Erben von Zelle 2 – über Jahrzehnte als Behausung des Paares vorgeführt – wurde untersagt, dies weiterhin zu behaupten und dafür an den stattli-

WANDERWEGE

Valldemossa ist Ausgangspunkt vieler Wanderwege. Einige davon hat Erzherzog Ludwig Salvator vor mehr als 100 Jahren anlegen lassen. Die Wege, für die festes Schuhwerk, eigener Proviant und eine gute Wanderkarte angebracht sind, führen auf den Hausberg Teix. Sehenswert sind die Köhlerplätze und weiter oben die Schneehäuser, in denen im Winter gefallener Schnee eingestampft und dann in Eisblöcken zu Tal gebracht wurde. Einfacher ist der Aufstieg zur Einsiedelei Eremita de Trinitat – noch einfacher die Auffahrt: Die beginnt an der Küstenstraße nach Deià gegenüber dem rustikalen Restaurant Can Costa, beliebt wegen seiner deftigen regionalen Spezialitäten.

chen Einnahmen von rund 5000 Euro täglich teilzuhaben. Chopin und seine Geliebte haben nach Gerichtsentscheid in Zelle 4 gewohnt. Auch das Klavier in Zelle 2 ist ein Instrument, das nie von ihm benutzt wurde.
Die Kartause – auf Katalan Cartoixa – und die Klosterkirche erhielten ihr heutiges Aussehen zusammen mit dem frei zugänglichen Garten im 17. und 18. Jahrhundert. Im ehemaligen Zellentrakt können neben der Chopin-Zelle noch die von Erzherzog Ludwig Salvator genutzte Druckerei, jetzt als städtisches Museum eingerichtet, und die alte Apotheke besichtigt werden. Wesentlich älteren Datums ist der prächtige Palast des Königs Sancho, reich mit Malerei, wertvollen Möbeln und Waffen dekoriert. Wer dem Besuchertrubel etwas entrinnen möchte, sollte unbedingt einen ausgedehnten Rundgang durch die »untere Stadt« machen. Dort scheint die Zeit noch stehen geblieben zu sein, an jeder Ecke sieht man liebenswerte Details. In der Altstadt liegt auch der Platz der Catalina Tomás, der aus Valldemossa stammenden Inselheiligen. Jedes Jahr wird hier und in vielen anderen Orten an das gottgefällige Leben der im Jahre 1531 geborenen Nonne, der Beata Catalina, erinnert. Ihr Leichnam fand in einem gläsernen Sarg in der Kirche Santa Magdalena in Palma seine ewige Ruhe.

Port de Valldemossa

Valldemossa liegt zwar nicht am Meer, hat aber dennoch einen Hafen. Der ist sechs Kilometer vom Ort entfernt und war in früheren Zeiten berüchtigt als ein Umschlagplatz für Schmuggler. Das hat er mit anderen Buchten an der Costa Nord, der gebirgigen Nordwestküste Mallorcas, gemeinsam. Die Anfahrt über die schmale Bergstraße ist einigermaßen abenteuerlich. Am Meer angekommen, warten ein kleiner Kiesstrand, fotogene Bootsschuppen, einen kleiner Jachthafen und einige Lokale. Kurz vor dem Hafen biegt nach Norden ein Schotterweg ab. Er ist der Beginn einer schönen Küstenwanderung zur ehemaligen Fischerbucht S'Estaca. Für die sechs Kilometer durch die herrliche Landschaft braucht man für den Hin- und Rückweg etwa zwei Stunden – Badepausen nicht eingerechnet.

WEITERE INFORMATIONEN

Kartause Valldemossa: Mo–Sa 9.30–19 Uhr, im Winter bis 17.30 bzw. 15.30 Uhr, So 10–13 Uhr, www.cartujadevalldemossa.com
Fundació Cultural Coll Bardolet: 60 Jahre seines Lebens hat Josep Coll Bardolet in Valldemossa gelebt und gemalt. C/ Blanquerna 4, November–März Di–Sa 10–16, So 10–14 und 15–18, April–Oktober Mo–Fr 10–19, Sa 10–14 und 16–19, So 10–20 Uhr, http://fccollbardolet.org.

19 Son Marroig und Miramar

Bis heute hoch verehrt: S'Arxiduc

Das mittelalterliche Landgut Miramar, das einige Jahrhunderte als Kloster und spirituelle Lehrstätte diente, und das nur wenige Kilometer davon entfernte stattliche Herrenhaus Son Marroig haben nicht nur ihre Lage an privilegierten Stellen der wildromantischen Nordwestküste Mallorcas gemeinsam. Beide gehörten zum weitläufigen Besitz des österreichischen Erzherzogs Ludwig Salvator von Habsburg-Toskana, der in den letzten Dekaden des 19. Jahrhunderts auf der Insel lebte.

Son Marroig war der Wohnsitz von Erzherzog Ludwig Salvator, heute ist es ein Museum (unten). Vom kleinen Marmortempelchen und der mit Arkaden gesäumten Terrasse sieht man die besten Sonnenuntergänge (rechts oben). Ein Wahrzeichen der Gegend ist der durchlöcherte Felsen Na Foradada (rechts unten).

Das Landgut Miramar wurde erstmalig 1276 urkundlich erwähnt. In diesem Jahr richtete der mallorquinische Universalgelehrte Ramon Llull dort eine Klosterschule ein, die sich vor allem dem Studium orientalischer Sprachen widmete. Miramar wurde einige Jahrhunderte hindurch vom Orden der Franziskaner als Schmiede für zukünftige Missionare geführt. 1872 kaufte Erzherzog Ludwig Salvator Miramar als ersten Besitz auf der Insel, die er schon einige Jahre früher bereist und deren mediterrane Schönheit ihn in seinen Bann gezogen hatte.

Der Überlieferung nach kam der Adelige auf kuriose Weise zu seinen weiteren Besitzungen an der wilden Nordwestküste. Angeblich erwachte er eines Tages durch Axtschläge vom Nachbargrundstück. Ein Bauer war dabei, seine bis zu 1000 Jahre alten Olivenbäume zu fällen. Um diesen Frevel zu verhindern, kaufte der Erzherzog kurzerhand das Grundstück. Die Geschichte verbreitete sich wie ein Lauffeuer und hatte einen überraschenden Effekt: In den folgenden Tagen hallten Axtschläge von zahlreichen Fincas. Und Ludwig Salvator kaufte

mehr als ein Dutzend Grundstücke auf, um die einzigartigen Bäume zu erhalten. So wurde er nicht nur zum Großgrundbesitzer, sondern er gilt als erster Verteidiger der Naturschönheiten Mallorcas, sozusagen als Vater aller Naturschützer.

Ein Erzherzog als Aussteiger
Der Erzherzog war alles andere als ein typischer Vertreter seines hohen Standes. Das steife Protokoll am Hof war ihm verhasst. Er stammte von der italienischen Seitenlinie der Dynastie, und Kaiser Franz Joseph hatte ihm schon vor dem Verlust der südlichen Provinzen das Schloss Brandeis bei Prag als Wohnsitz zugewiesen. Dort war er allerdings nur selten. S'Arxiduc, wie er mit Bewunderung von den Einheimischen genannt wurde, zog es vor, mit seinem Schiff »Nixe«, wegen der vielfältigen Besatzung aus Mensch und Tier als »Arche Noah« bespöttelt, lange Reisen im Mittelmeer zu unternehmen. Er verstand sich in erster Linie als Forscher, Schriftsteller und Künstler. Unter seinen Werken ragt die einzigartige, 6000 Seiten umfassende Enzyklopädie *Die Balearen, geschildert in Wort und Bild* hervor, die ihm 1899 eine Goldmedaille auf der Weltausstellung in Paris einbrachte. Der Erzherzog kleidete sich in einfacher Bauerntracht, sein Äußeres war dem Mann,

der über ein Dutzend Sprachen beherrschte, völlig egal. Heute würde man ihn als Aussteiger, vielleicht sogar als Freak bezeichnen. Ludwig Salvator studierte aber nicht nur akribisch die Natur, das Leben und die Gebräuche Mallorcas. Ohne Zweifel hatte der Bonvivant auch ein Faible für hübsche Frauen. Er soll im gesamten Mittelmeerraum zahlreiche Nachkommen hinterlassen haben, verheiratete sich aber nie. Auf Mallorca hatte es ihm besonders die hübsche Tischlertochter Catalina Homar angetan, für die er das schmucke Schlösschen S'Estaca erbaute. Dort residierten zeitweise Hollywoodstar Michael Douglas und seine Frau Catherine Zeta-Jones.
Zweimal besuchte die reiselustige Kaiserin Elisabeth, besser bekannt als Sissi, ihren Verwandten. Unter anderem ist der hohe Besuch durch ein Foto dokumentiert, das die kaiserliche Jacht »Miramar« neben der »Nixe« zeigt, beide ankernd vor dem durchlöcherten Felsen von Na Foradada. Die Aufnahme ist im Herrenhaus Son Marroig zu sehen. Das herrliche Anwesen war der Hauptwohnsitz des Adeligen auf der Insel. Die Ausstellung des Museums, die sich dem Andenken des Erzherzogs widmet, ist sehenswert. Spektakulär aber ist der Blick vom kleinen Tempel aus weißem Marmor auf die zerklüftete Nordwestküste und Na Foradada.

RUND UM SON MARROIG

Von April bis September ist Son Marroig beeindruckender Schauplatz eines Teils der klassischen Konzerte des Musik-Festivals von Deià, dem benachbarten Künstlerdorf. Die genauen Termine erfährt man unter www.dimf.com.
Etwas versteckt liegt das kleine Restaurant von Son Marroig unterhalb der Aussichtsterrasse am Parkplatz. Spezialitäten kommen vom Grill. Herrlich ist die Aussicht von der Terrasse des Lokals, besonders bei Sonnenuntergang ein Erlebnis.
Im Eintrittspreis von Son Marroig inbegriffen ist das Recht auf eine Wanderung über das Fincagelände von Son Marroig zum durchlöcherten Felsen unterhalb des Herrenhauses von Son Marroig. Das vom Meer herausgewaschene Loch hat einen Durchmesser von 14 Metern. Allerdings sollte man geeignete Schuhe tragen, der Abstieg ist steil und steinig. In einer Stunde sollten der Auf- und etwas mühsame Abstieg zu machen sein – Aufenthalt am kleinen Badestrand nicht mitgerechnet.

WEITERE INFORMATIONEN
www.sonmarroig.com

Von Natur aus schön – die Tier- und Pflanzenwelt

Das größte Kapital Mallorcas als Urlaubsinsel sind die herrlichen Landschaften und Strände. Besonders in den als Naturpark geschützten Gebieten hat sich eine artenreiche und vielfältige mediterrane Flora und Fauna erhalten, und vor allem Wanderer können viel entdecken.

Die Beliebtheit Mallorcas als Wanderregion hat viele Gründe. Einer der wichtigsten ist sicherlich die schöne und vielfältige Natur der Serra de Tramuntana. Die Kombination aus atemberaubender Landschaft und einer zumindest auf den ersten Blick intakten Pflanzen- und Tierwelt macht den besonderen Reiz der Gebirgsregion aus. So gesehen ist es fast verwunderlich, dass es so lange gedauert hat, bis Mallorca für Wanderer entdeckt wurde. Wo sich auf der größten Baleareninsel Wälder erhalten haben, wachsen Steineichen und Aleppo-Kiefern, letztere vermehrt auf der Halbinsel Formentor und im südlichen Teil der Tramuntana. Eine besondere Stellung nimmt innerhalb dieses Gebirgszugs das Tal von Sóller ein: Schon seit Jahrhunderten werden dort Orangen- und Zitronenbäume kultiviert.

Die Pflanzenwelt der Baleareninsel ist durchweg mediterran. Wie auch in anderen Gebieten des Mittelmeers wurden in den vergangenen Jahrhunderten einige Wälder abgeholzt oder brannten nieder. An ihrer Stelle hat sich die Macchie breitgemacht mit ihrer typischen Mischung aus Mastixsträuchern, wilden Oliven, Kermeseichen, Zwergfächerpalmen, Zistrosen, Rosmarin, Lavendel und Thymian. Eine Sonderform der Macchie ist die Garrigue, die Strauchheidelandschaft, die durch Beweidung entsteht.
In den unbebauten Küsten- und Dünengebieten wachsen Strandhafer, Stranddistel, Wacholder, Dornginster, Strandflieder, Meeresfenchel und anderes mehr. Im Feuchtgebiet Albufera bei Can Picafort gibt es vor allem Schilfpflanzen, Binsen, Orchideen, Pappeln oder Weißdorn. Weite Landstriche Mallorcas werden geprägt

durch den Anbau von Wein, Mandel-, Johannis-brot- und Olivenbäumen.

Von Ginsterkatzen und Mönchsgeiern

Die Insellage und die Besiedlung bereits vor Jahrtausenden sind mitverantwortlich, dass es keine wild lebenden großen Säugetiere auf Mallorca gibt. 1909 wurden die Knochenreste einer einst heimischen Bergziegenart gefunden: Die Höhlenziege *(Myotragus balearicus)* gehörte zur Gattung der Antilopen und wurde als Haustier gehalten. Doch das ist lang her, der letzte Vertreter dieser Art lebte um 2000 v. Chr.

Bis heute ist die Ginsterkatze auf Mallorca heimisch. Allerdings werden Wanderer kaum Gelegenheit haben, sie in freier Wildbahn zu entdecken. Sie lebt in der Serra de Tramuntana in Steineichen- oder Kiefernwäldern und ist nachtaktiv. Hasen, Kaninchen, Igel sind ebenso auf Mallorca anzutreffen wie Schildkröten sowie, besonders zahlreich, Eidechsen, eine eigene Art hat sich auf der Insel Sa Dragonera entwickelt. Freunde von Fledermäusen können auf ein knappes Dutzend unterschiedlicher Arten treffen. Geckos sieht man häufiger, ebenso die harmlose Hufeisennatter. Giftig ist dagegen der Biss der seltenen Kapuzinernatter.

Mallorcas vielfältige Vogelwelt umfasst rund 300 Arten, wobei etwa zwei Drittel von ihnen auf der Durchreise sind und auf dem Weg nach oder von Afrika in der Albufera oder im Feuchtgebiet bei Ses Salines eine Rast einlegen. Die riesigen Mönchsgeier waren fast ausgestorben. Dank eines Tierschutzprojektes bei Campanet sind sie jetzt auf der Baleareninsel wieder heimisch. Im Meer rund um Mallorca leben Pott- und Finnwale, Delfine und Tümmler, Tintenfische, Muränen, Barsche und die – kulinarisch sehr geschätzten – roten Garnelen.

Umwelt- und Naturschutz

Angesichts der hohen Bevölkerungsdichte und der jährlich rund zehn Millionen Urlauber gelingt die Balance zwischen Naturschutz und wirtschaftlichen Interessen erstaunlich gut. Das liegt wesentlich an Umweltaktivisten, die zum Beispiel in der »Grup Balear d'Ornitològia i Defensa de la Naturalesa«, kurz GOB, organisiert sind. Dieser Verein für Vogelkunde und Naturschutz wurde 1973 gegründet und hat in seiner Geschichte schon etliche Erfolge aufzuweisen. Ihm ist unter anderem der Erhalt der Naturräume der Insel Sa Dragonera, der Platja des Trenc, der Cala Mondragó, des kleinen Feuchtgebietes s'Albufereta und des Cabrera-Archipels zu verdanken.

Pferde begleiten die Menschen seit Jahrhunderten auf der Insel (oben). Die Samtkopf-Grasmücke versteckt sich gern in Büschen und Gestrüpp. Nur das Männchen hat einen schwarzen Kopf (unten).

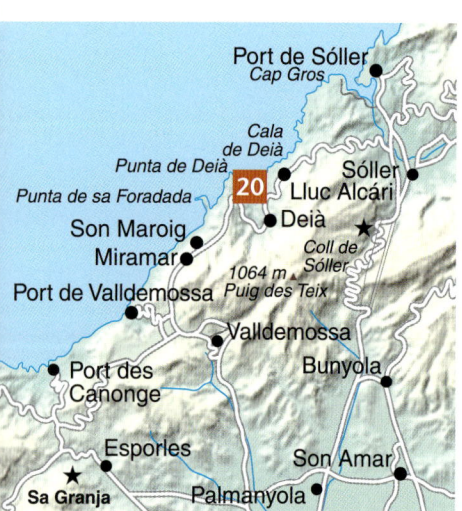

Enge Serpentinen führen zur steinigen Cala von Deià. Eine schöne Aussicht auf die Schlucht hat man auch vom benachbarten Weiler Lluc Alcari (oben). Die erdbraunen Häuser aus Naturstein sind neben der Kirche auf dem Dorfberg die Wahrzeichen des bekannten Ortes. Auf dem kleinen Friedhof neben der Kirche liegen bekannte Leute wie der englische Schriftsteller Robert Graves.

20 Deià – das Künstlerparadies

Malerkolonie in den Bergen

Das pittoreske Bergdorf Deià ist eine der kleinsten Gemeinden auf Mallorca, aber bestimmt eine der bekanntesten der Balearen. Und das kommt nicht nur daher, dass Deià Schauplatz der TV-Romantikserie »Hotel Paradies« war, sondern eher von seiner seit Jahrzehnten andauernden außerordentlichen Magnetwirkung auf Schriftsteller, Musiker und bildende Künstler. Und im Schlepptau trifft man jede Menge skurrile Typen – Freaks, Träumer und Lebenskünstler.

Schon um 1900 siedelte eine kleine Kolonie spanischer und katalanischer Maler in diesem von großer natürlicher Schönheit geprägten Dorf am Fuß des rund 1000 Meter hohen Berges Teix, der wegen seiner Form auch als schlafender Riese bezeichnet wird. Die dramatische Küstenlandschaft und die üppige Vegetation zogen später immer mehr internationale Künstler in ihren Bann. Mystiker sprechen vom besonderen Magnetismus des Ortes. In den Zwanzigerjahren des vergangenen Jahrhunderts ließen sich neben französischen, englischen und italienischen auch deutsche Maler wie der Expressionist Ulrich Leman in Deià nieder. Er verstarb 1988 im Alter

von 103 Jahren auf seiner Finca Can Pelat hoch über dem Dorf und ist jetzt einer der illustren Namen auf dem kleinen Friedhof auf der Spitze des Kirchhügels.

Die Schriftstellerin Anaïs Nin verewigte die Gegend ebenso wie die amerikanische Literatin Gertrude Stein, die ihren Freund Robert Graves an die wildromantische Küste lockte. »Wenn du das Paradies ertragen kannst, dann komme nach Mallorca«, schrieb sie dem Engländer mit deutschem Großvater. Graves lebte – unterbrochen nur vom Zweiten Weltkrieg – bis zu seinem Tod 1985 in Deià und zog viele Schriftsteller nach. Er wurde vor allem durch populäre

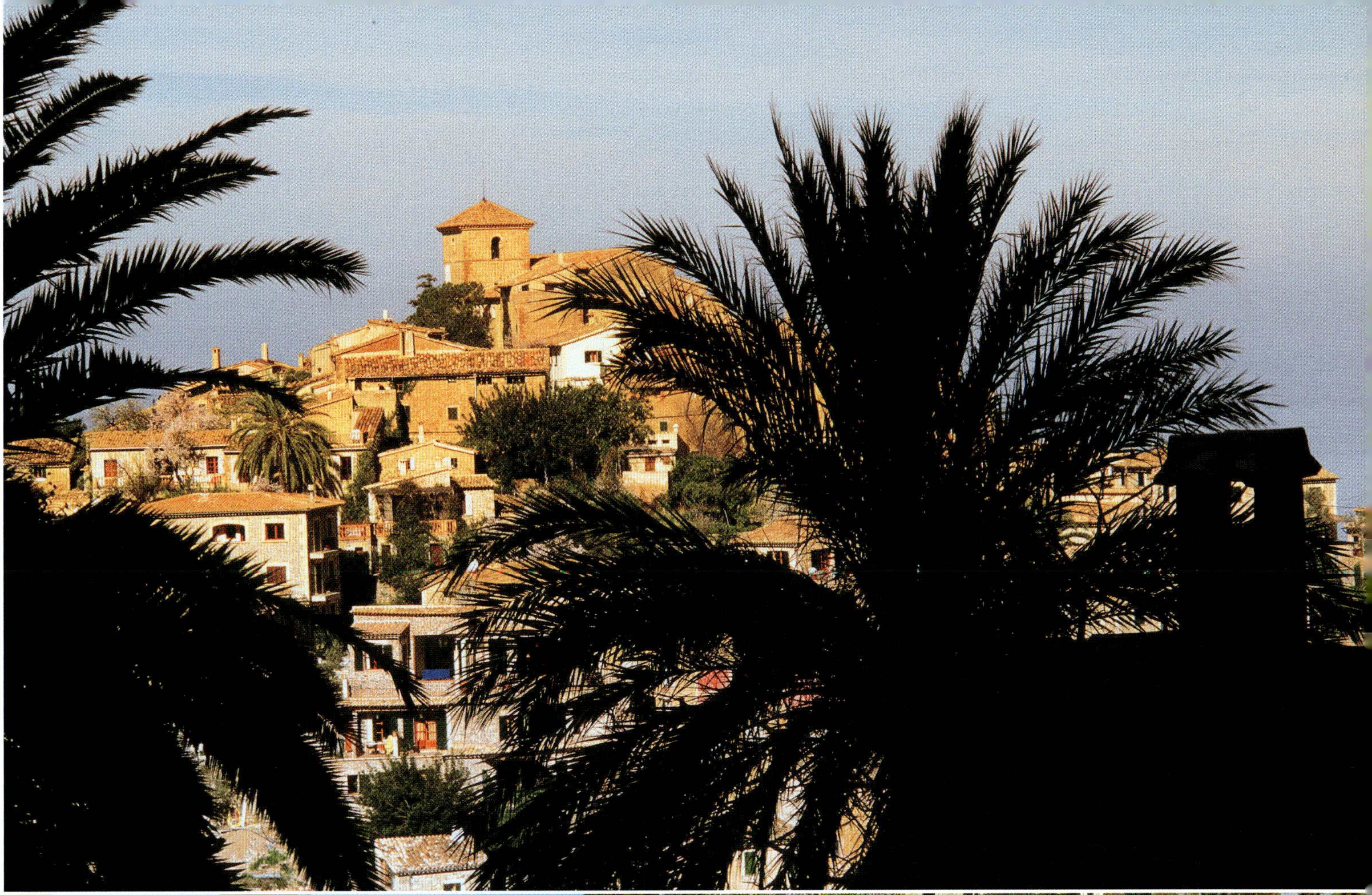

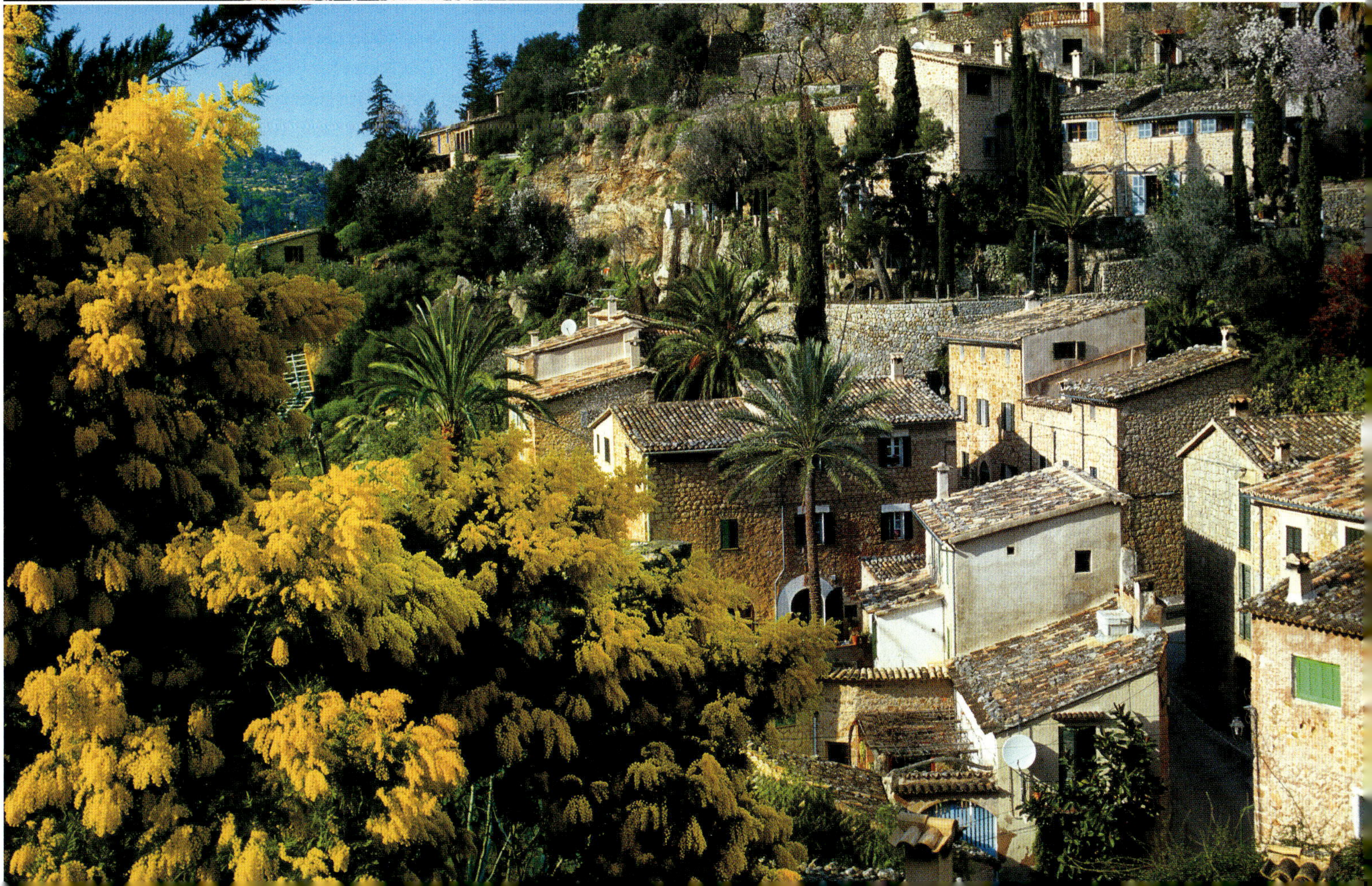

Werke wie *Ich, Claudius, Kaiser und Gott* bekannt. Seine tiefsinnige Lyrik schätzt ein eher kleines, aber umso treueres Publikum. Notorische Bekanntheit erreichten seine Literaturseminare auf seiner Finca. Die Studenten, von denen viele von der University of Long Island kamen, mussten vormittags Oliven, Mandeln und Früchte ernten als Gegenleistung für den Unterricht am Nachmittag.

Die besondere Magie von Deià

In den 1950er-Jahren lebten hier international anerkannte Maler wie Norman Yanikun, die Deutschen Kurt Janitzki und Mati Klarwein. Letzterer wurde weniger durch seine neorealistischen Traumbilder bekannt als durch die Gestaltung von Schallplattencovern: Das Motiv der Kultscheibe *Abraxas* (darauf *Black Magic Woman* und *Samba pa ti*) von Carlos Santana ist seine psychedelische Ansicht der Cala von Deià. Eine Gruppe abstrakter Maler fand sich zusammen, »Els Deu des Teix« – Die Zehn vom Teix –, unter ihnen George Sheridan, Frank Hodgkinson,

Thea Winger, Marc Heine und Bill Waldren. Letzterer war zugleich Archäologe und gründete mit Robert Graves das Archäologische Museum.

Die besondere Magie des Dorfes ist ungebrochen und wird durch die ständige Erneuerung der Künstlerkolonie bestätigt. Literaten wie Jacov Lind und Anthony Burgess, die Maler Charles Orloff, Arik Brauer, Ernst Fuchs und Dorothy Bradbury zog es ebenso in die mallorquinischen Berge wie die ersten Stars der Rockmusik. Jimi Hendrix, Eric Clapton, Paul Simon, Mike Oldfield und John Cale besuchten Kevin Ayers (Soft Machine), der einige Jahre lang die wichtigste Figur am Rockhimmel der Insel war. Joan Bibiloni, einer der besten Gitarristen und Musikproduzenten Spaniens, spielte an den Wochenenden mit Kevin in der Kneipe Rincon del Artista.

Die ausgelassenen 1970er-Jahre, in denen ein bunt zusammengewürfeltes Völkchen die Dorfszene beherrschte, brachte immer mehr – vermögende – Boheme auf den Geschmack. Die Preise für Grundstücke und Häuser explodierten im zunehmend gestylten und extravaganten Deià. Weniger erfolgreichen Kunstschaffenden, allen voran den Lebenskünstlern, wurde das alte Kopfsteinpflaster zu teuer. Sie mussten der Schar der Vermögenden Platz machen.

Das Museum des Poeten

Neben dem Dorf, der Landschaft und den Menschen ist das Museum, das an Robert Graves erinnert, die einzige Attraktion. Im ehemaligen Wohnhaus Ca N'Alluny, etwa 500 Meter außerhalb des Orts an der Straße nach Sóller, bekommt man einen guten Eindruck davon, wie der Literat gelebt und gearbeitet hat. Einige Original-Manuskripte, viele Fotos und die alte Schreibmaschine des Dichters sind zu sehen. In einem Nebengebäude wird ein Film über Graves und sein Werk gezeigt. Drei Söhne von Graves leben noch im Dorf. Während sich William um die Belange des Museums kümmert, sind seine Brüder Joan und Tomás vor

Üppige Gärten zieren das bildschöne Künstlerdorf (unten). Auf der Terrasse des Nobelhotels La Residencia saß auch schon Lady Di (rechts oben). Jeder findet in Deià ein lauschiges Plätzchen (rechts unten).

allem als Musiker der legendären »Pa amb Oli
Band« bekannt.

Keine brotlosen Künste: Restaurants

An der Hauptstraße liegt die Kultkneipe Sa
Fonda. Beliebt ist dieses Überbleibsel der »guten,
alten Zeit« vor allem beim Alternativpublikum.
Seit Jahren ist in Deià die gehobene Küche zu-
hause. Von der kleinen Terrasse des Restaurants
El Olivo hat man zum hervorragenden und
entsprechend hochpreisigen Essen einen schönen Blick auf das Tal. Etwas oberhalb der Hauptstraße zaubert der Bamberger Meisterkoch
Josef Sauerschell in seinem »Es Reco des Teix«
seine Köstlichkeiten auf die adrett gedeckten
Tische. Seit Jahren hält er einen Michelin-Stern.
In einem Ort, dem nach den Künstlern der Milli-
ardär Richard Branson seinen Stempel aufge-
drückt hat und wo Fußballer wie Mario Götze
ihre Hochzeit feiern, ist Luxus sozusagen Stan-
dard. Daher verwundert es nicht, dass es neben
den beiden genannten Restaurants noch andere,
ebenfalls hochpreisige Adressen gibt, wie das
Can Quet am Ortseingang, wenn man aus
Richtung Valldemossa kommt.

Entspannung am Strand

Den besonderen Charme des Dorfes sieht man
bei einem ausgedehnten Spaziergang durch
die verwinkelten Gassen mit den erdbraunen
Natursteinhäusern und den üppig blühenden
Gärten. Der Aufstieg auf den freistehenden Kirch-
hügel endet auf dem Friedhof. Durch die
schattige Schlucht Es Clot gelangt man durch
das Unterdorf auf einen malerischen Pfad,
der am Felsstrand der Cala de Deià endet. Für
den rund 2,5 Kilometer langen Abstieg braucht
man eine knappe Stunde. Wer rechtzeitig
kommt, kann in den beiden einfachen Kneipen
frischen Fisch genießen. Vom urigen Ambiente
sollte man sich aber nicht täuschen lassen. Das
Strandlokal Ca's Patro March ist, seit es als Film-
set entdeckt wurde, so etwas wie ein Hotspot.
Die Lage ist aber auch einfach fantastisch.
Ähnlich steinig wie die Cala Deià ist auch der
Strand des einen Kilometer weiter nördlich liegenden Weilers Lluc Alcari. Viele der Badegäste
nutzen den roten Lehm neben einer Quelle
etwas oberhalb des Strandes für natürliche
Hautkuren. Nur rund ein Dutzend Häuser liegt
mitten in Terrassen mit Oliven und Zitrusfrüchten. Schon von der Landstraße aus ist der Ort
ein echtes Postkartenmotiv. Das einzige Hotel
ist das Costa d'Or, in dem bereits Schriftsteller
wie Carlos Fuentes und Mario Vargas Llosa
genächtigt haben. Am Pool kann man einen
der schönsten Sonnenuntergänge der
Insel genießen.

UNTERKUNFT IN DEIÀ

Deià ist eines der gefragtesten Urlaubsziele
auf der Insel, die Reservierung besonders
im Sommer daher ein Muss. Oberhalb des
Ortseingangs liegt das »Es Moli«, das als
Vorbild für alle Romantikhotels auf Mallorca
gilt. Die schön eingewachsene Anlage bietet allen Komfort, die Gäste werden sogar
mit einem Shuttlebus zum hoteleigenen
Strand chauffiert. Am Ortsausgang Richtung
Sóller liegt La Residencia, bekanntes
Hideaway zahlreicher Prominenter, auch
Lady Di weilte einst hier. Das Hotelrestau-
rant El Olivo ist weit über die Grenzen der
Insel hinaus bekannt. Neben den beiden
Luxushotels gibt es mit Sa Pedrissa, etwas
außerhalb an der Hauptstraße nach Palma
gelegen, ein Agrohotel der gehobenen
Klasse. Preisgünstiger sind die drei Pensio-
nen Hotel des Puig, Miramar und Villa
Verde.

WEITERE INFORMATIONEN
Muscu Arqueològic: Carrer Teia 4,
Tel. 699 95 79 02, Sa 17–19, So 11–13 Uhr
Robert-Graves-Haus: Tel. 971 63 61 85,
Mo–Fr 10–17 Uhr, Sa bis 15 Uhr,
im Winter Mo–Fr 9–16 Uhr, Sa bis 15 Uhr.
www.lacasaderobertgraves.org

Der Hafen ist die Endstation der historischen Straßenbahn von Sóller (oben). An
der Hafenmeile reiht sich ein Restaurant an
das andere (rechts unten). Im Mai zeigen
die Bewohner ihre farbenfrohe Tracht
(rechts oben).

21 Sóller und sein Hafen

Die Perlmuschel

**Die kleine Stadt Sóller bildet mit dem an einer Naturbucht liegenden Hafen Port de Sóller
und den benachbarten Dörfern Biniaraix und Fornalutx einen der reizvollsten Winkel
Mallorcas. Das Orangental vereint alles, was der Mittelmeerraum zu bieten hat: tiefblaues
Meer, feinen Sandstrand, abgelegene Felsbuchten, traumhafte Fincas, Zitrusplantagen,
malerische Bergdörfer und eine lebendige Stadt mit typisch mediterranem Flair.**

Auf drei Seiten vom schützenden Hoch-
gebirge umgeben, präsentiert sich Sóller
wie die Bühne eines riesigen Freilufttheaters.
Die Araber nannten die Stadt wegen ihrer Lage
Al Suliar, die Perlmuschel. Viele der alten Bewässerungssysteme, die bis heute das reichlich
vorhandene kostbare Nass bis auf die letzten
Terrassen verteilen, gehen auf maurischen
Ursprung zurück. Für die Wüstensöhne muss
das grüne Tal eine Art Paradies auf Erden
gewesen sein.

Das Orangental und die Franzosen

Bis zum Bau der serpentinenreichen Straße über
den Pass nach Palma vor rund 100 Jahren war
das Tal nur mit Maultierkarawanen zu erreichen,
die sich in mehreren Tagen über die Berge
quälten. Einfacher war es, die Insel mit dem
Schiff zu umrunden, um nach Palma zu kommen. Schon im Mittelalter machten die Sollerics
aus dieser Not eine Tugend und führten regen
Handel mit dem katalanischen Festland und auch
mit Südfrankreich. Die Zitrusfrüchte, das auf
den fruchtbaren Böden gut wachsende Gemüse,
Mandeln und das auf dem Kontinent geschätzte
Olivenöl verkauften sich gut in Marseille. Zahlreiche Familienbande entstanden, die Nachkommen dieser mallorquinischen Händler beherr-
schen heute noch den Südfrüchtehandel in
der französischen Mittelmeermetropole. Viele

brachten sich Frauen mit, der französische Einfluss ist im Orangental deutlich zu spüren. Sóller ist die einzige Gemeinde auf Mallorca, in der die Franzosen mit rund 500 angemeldeten Residenten vor den Deutschen die größte Ausländergruppe stellen. Das ausgeglichene Klima, die üppige Vegetation und die herzliche Art der Menschen haben viele Fremde zu Einwohnern werden lassen. Insgesamt sind rund 2200 Ausländer in der Gemeinde gemeldet, was bei 14 000 Einwohnern einen Anteil von 15,6 Prozent ausmacht.

Die Plaça de la Constitució ist das Herz des Ortes. Die steil aufragende Fassade der Stadtkirche Sant Bartomeu beherrscht mit prunkvollen Patrizierhäusern und dem Rathaus den runden Platz mit seinen zahlreichen Straßencafés. Hier trifft sich Alt und Jung. Selbst die zahlreichen Touristen haben es bisher nicht geschafft, die alteingesessenen Sollerics aus ihrer angestammten Ruhe zu bringen. Mitten über den Platz, der nicht mehr mit dem Auto umrundet werden darf, rattert der Orangen-Express. Diese Trambahn mit Siemens-Elektromotor wurde 1913 erbaut. Ziel des einzigartigen Zügleins, das 1998 mit einigen Wagen aus den Beständen der Straßenbahn von Lissabon aufgefrischt wurde, ist der vier Kilometer entfernt liegende Hafen Port de Sóller. Die beschauliche Fahrt durch die alten Straßen, die Gärten und Orangenplantagen sollten sich auch eingefleischte Autofreaks nicht entgehen lassen. Die Straßenbahn fährt an der Markthalle vorbei, fangfrischer Fisch und das herrliche Obst und Gemüse des Tals werden dort angeboten.

Bummel durch Altstadtgassen

Ein Bummel durch die kleinen, verwinkelten Gassen des Zentrums lohnt sich. Kleine Läden mit Kunsthandwerk, aber auch Sachen des alltäglichen Gebrauchs wollen entdeckt werden. Viele der alten Häuser, die durch die fein geschliffenen Gläser der Eingangstüren dezente Einblicke gewähren, sind wahre Antiquitätenläden und kleine Museen. Reiche Keramik an den Wänden, Messinggeräte und vom vielen Polieren dunkel gewordene Möbel aus Olivenholz vermitteln das Ambiente der althergebrachten Lebensweise der Sollerics. In einem Patrizierhaus bietet das Ethnologische Museum mit seinen Fundstücken anschaulich dargebotene Geschichte der Stadt. Gleich unterhalb des Bahnhofs liegt der Gasthof El Guia, der in seinen einfachen Zimmern vor allem Wanderer beherbergt. In der Gaststube, in der landestypisches Essen serviert wird, sitzt so manche mallorquinische Version von Luis Trenker.

DIE PIRATEN KOMMEN!

An die große Schlacht im Jahr 1561 gegen eine 1700 Mann starke Invasionsarmee maurischer Piraten erinnern die Bewohner Sóllers jeweils in der zweiten Maiwoche. Höhepunkt der mehrtägigen Feier Moros y Cristianos ist die Ehrung der *valentes dones,* der tapferen Frauen, die an der Seite ihrer bedrängten Männer mit Küchengeräten gegen die *moros* gekämpft hatten. Hunderte von Komparsen stellen die Landung der feindlichen Armada am Strand des Hafens nach. Bei der Schlacht werden die Verteidiger bis zur Stadt zurückgedrängt. Schließlich greifen die Frauen ein, und gemeinsam jagt man die Eindringlinge ins Wasser zurück. Der Schaukampf dauert mehrere Stunden, ebenso das gemeinsame Feiern mit Wein und gutem Essen nach der Schlacht.

WEITERE INFORMATIONEN

Naturkundemuseum und Botanischer Garten: Museu Balear de Ciències Naturals, Carretera Palma, Port de Sóller, Tel. 971 63 40 64, Mo–Sa 10–18 Uhr, November–Februar bis 14 Uhr, www.museucienciesnaturals.org
Ethnologisches Museum: Museu de Casal de Cultura, Carrer de sa Mar 13, Tel. 971 63 14 65, Mo–Fr 10–14, Sa 10.30–13 Uhr, www.ajsoller.net

»Roter Blitz« und andere verkehrstechnische Neuerungen

Erst Anfang des vergangenen Jahrhunderts wurde das abgeschiedene Tal mit dem Bau der Passstraße über die Serra d'Alfabia nach Palma, mit dem Ausbau des Kutschenwegs über Deià und Valldemossa und mit der kuriosen Sóller-Bahn mit ihren 13 Tunneln und vielen Hochbrücken stärker an den Rest der Insel angebunden. Die »Roter Blitz« genannte historische Eisenbahn von Palma nach Sóller wurde 1912 in Betrieb genommen. Hauptzweck war der rasche Transport der im Tal geernteten Zitrusfrüchte. Wegen der steigenden Bedeutung des Personenverkehrs – auch durch aufkommenden Tourismus – wurden dann die Dampflokomotiven durch Siemens-Elektromotoren ersetzt, die bis heute ihren Dienst tun. Hinter Bunyola, am Südhang der Serra d'Alfabia, beginnen die Tunnel. Hoch über Sóller kommt die Eisenbahn wieder aus dem Berg und schraubt sich ratternd in das Tal hinab. Sehenswert ist der Bahnhof von Sóller. In dem historischen Gebäude ist auch eine Ausstellung mit Keramiken von Pablo Picasso und Joan Miró zu sehen.

Zu einem Besucheransturm – nicht von allen begrüßt – hat der neue Straßentunnel geführt, der nach siebenjähriger Bauzeit und vielen Skandalen 1997 in Betrieb genommen wurde. Damit halbiert sich die Fahrtzeit nach Palma. Man erspart sich die unzähligen Serpentinen über den Coll de Sóller. Da die saftigen Mautgebühren abgeschafft wurden, kommen immer mehr Urlauber ins kleine Tal. Die enge Innenstadt drohte an der Blechlawine zu ersticken, darum wurden drei Parkplätze in der Peripherie angelegt und das Zentrum zur »Blauen Zone« erklärt. Dort ist nur noch gebührenpflichtiges, zeitlich begrenztes Parken möglich. Ein Teil der Innenstadt, wie der Carrer Luna mit seinen zahlreichen interessanten Geschäften, wurde zur Fußgängerzone.

Kreisrunder Naturhafen

Endstation der Trambahn ist das kreisrunde Hafenbecken von Port de Sóller. Die »Tranvia« ist das einzige Gefährt, das noch an der Hafenpromenade entlangfahren darf. Nach dem Bau des neuen Tunnels oberhalb des Ortes wurden Autos von der Promenade verbannt. Im rechten Teil liegen der Fischerhafen und die Anlegestelle für die Ausflugsboote. Ein maritimer Trip an der Küste entlang zur Felsschlucht von Sa Calobra zeigt die Berge Mallorcas in ihrer wahren Größe. Die klobigen Gebäude der alten Marinebasis auf den rechten Außenmolen wurden abgerissen. Dort trocknen jetzt die Fischer ihre Netze. Es gibt auch neue Bars und Restaurants mit Terrassen. Einen schönen Blick über den Hafen hat man vom Vorplatz der kleinen Kirche Oratori de Santa Catalina, gleich daneben liegt das Museu de la Mar, in dem die maritime Vergangenheit dokumentiert wird, dessen Zukunft aber ungewiss ist. Auf der linken Seite zieht sich ein schmaler Sandstrand um die halbe Bucht bis zum Platja de'n Repic. Straßencafés, Restaurants und kleine Hotels säumen das Halbrund. Die beiden felsbewehrten Seiten bei der engen Einfahrt zum Hafen werden von zwei Leuchttürmen bewacht.

Von den Bergen aus erkennt man die außergewöhnliche Form des fast kreisrunden Naturhafens Port de Sóller (unten). Mehrmals täglich rattert der »Rote Blitz« durch zahlreiche Tunnels und über ein sehenswertes Viadukt talwärts bis zum Bahnhof von Sóller (rechts oben). Tausende von Orangenbäumen sind der Stolz der Talbewohner (rechts unten).

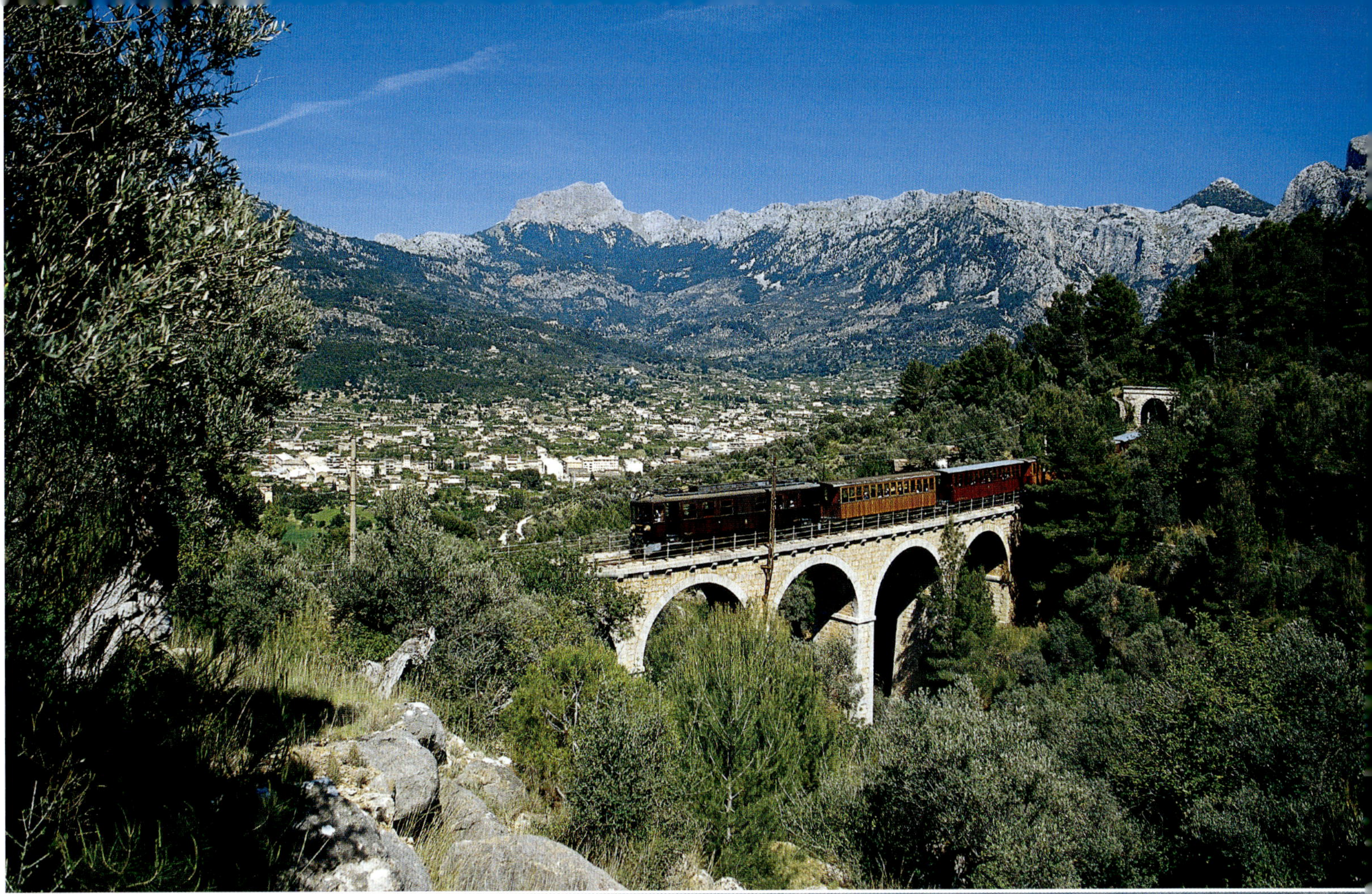

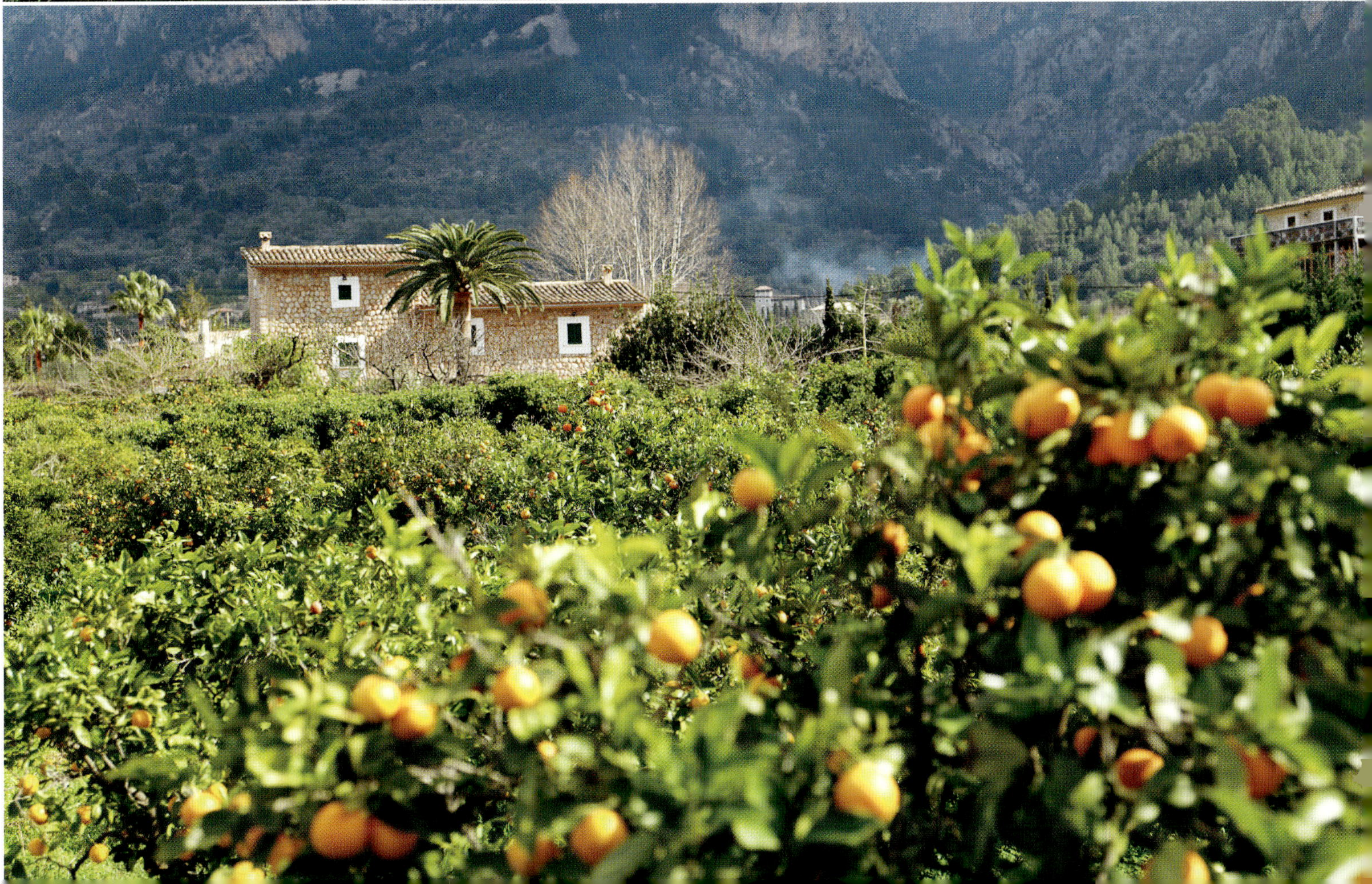

Neben Zitrusfrüchten stehen knorrige Olivenbäume auf den Natursteinterrassen (unten). Für Kenner sind die Orangen von Fornalutx die »besten der Welt«, vor allem wenn sie gleich nach der Ernte verkauft werden (rechts oben). Lokale Spezialitäten können in Bars und Restaurants gekostet werden (rechts unten).

22 Fornalutx und Biniaraix

Fornalutx – Blütenpracht vor braunen Häusern

Das malerische Bergdorf Fornalutx war schon mehrmals Sieger beim spanienweiten Wettbewerb »Das schönste Dorf«. Der Ort mit seinen Natursteinhäusern liegt privilegiert oberhalb des Städtchens Sóller inmitten ausgedehnter Orangenhaine. Die gepflegten Gassen und verwinkelten Treppensteige sind wirkungsvoll mit einer wahren Blumenpracht in Szene gesetzt. Es scheint, dass sich alle Bewohner – auch die zahlreichen ausländischen – an der Dorfverschönerung beteiligen.

Die Farben der Blüten ändern sich je nach Jahreszeit, und auch der Winter erscheint in Fornalutx nicht so grau und kalt. Ein Spaziergang durch die verschwiegenen Gassen des denkmalgeschützten, pittoresken Ortes lohnt sich allemal. Kurios ist ein Treppchen vor dem Patrizierhaus Casal de Munt, es diente früher den Reitern zum Auf- und Absteigen von ihren Pferden. In der meist nur zu den Gottesdiensten geöffneten Pfarrkirche Santa Maria wird eine Orgel aus dem Jahre 1584 gespielt. Sehenswert sind auch die bemalten Ziegel der Vordächer im Carrer Sant Font (Nummer 7).

Traumhafte Wanderwege von Biniaraix

Die schönste Art, nach Fornalutx zu kommen, ist über die schmale Straße, die von Nordosten Sóllers in engen Serpentinen durch die Zitrusplantagen führt. Malerische Flecken auf Schritt und Tritt. Am Stadtrand von Sóller, auf halber Höhe, gabelt sich der Weg. Nach rechts geht es zum sehenswerten Weiler Biniaraix, ebenfalls Ausgangspunkt reizvoller Bergwanderrouten.

Die einzige Attraktion von Biniaraix, das in den ersten Falten des Alfabiagebirges liegt, ist der Ort selbst. Ein paar Dutzend Steinhäuser drängen sich um die erstaunlich große, mittelalterliche Kirche und den kleinen Dorfplatz mit einer Kneipe.

Am alten Waschhaus am Ortsrand beginnt der Aufstieg durch den Barranc, die Schlucht, die in unzähligen Kehren über noch mehr Stufen auf den Pass des Berges L'Ofre und dann weiter zu den Stauseen Cúber und Gorg Blau führt. Wanderer mit Kondition setzen diesen alten Pilgerweg bis zum Kloster Lluc fort.
Weniger anstrengend und genauso schön ist die umgekehrte Tour, die den Vorteil hat, dass man sie mit dem öffentlichen Bus organisieren kann. Dabei muss man allerdings zuerst den viermal am Tag verkehrenden Linienbus nach Sóller nehmen oder nach Sóller laufen und dort den Bus weiter in Richtung Lluc/Pollença nehmen, der jeden Tag – außer Sonntag – um 9 Uhr abfährt. Für weniger geübte Wanderer empfiehlt es sich, den Busfahrer zu bitten, am Parkplatz am Ufer des Stausees Cúber zu halten. Die so verkürzte Strecke sollte in gut zwei Stunden zu schaffen sein. Der künstliche See, ebenso wie der weiter im Norden liegende Gorg Blau, sind für die Wasserversorgung Palmas von großer Bedeutung. Vom Parkplatz aus muss der See umrundet werden. Dann kann man den Weg zurück in das Orangental eigentlich nicht mehr verfehlen.

Spaziergang durch Orangenhaine
Wieder beim Waschhaus von Biniaraix angekommen, kann man direkt nach Sóller weitergehen oder nach rechts den wunderschönen Weg durch die Zitrusplantagen nach Fornalutx nehmen, wenn man das Glück hat, in einem der kleinen Dorfhotels und Wanderherbergen Unterkunft gefunden zu haben. Besonders zur Zeit der Orangenblüte im Frühjahr bleibt der betörende Duft der Blüten in der Erinnerung. Das größere Fornalutx bietet in einem halben Dutzend kleinen Hotels eine begrenzte Bettenzahl. Besonders beliebt beim wandernden Publikum ist das »Sa Tanqueta« mit seinen komfortablen Appartements und das schön renovierte »Ca'n Reus«, von dessen Terrasse man einen überwältigenden Blick auf die Berge hat. Bequemer, aber wesentlich länger ist die Anfahrt nach Fornalutx über die breite Landstraße M-10, die auf halber Höhe zwischen Sóller und dem Hafen nach rechts in die Berge führt. Folgt man nach den zahlreichen Serpentinen der Abzweigung nach Fornalutx, kommt man von oben in den Ort. Wer mit dem eigenen Auto oder Mietwagen kommt, für den könnte es problematisch werden, denn das Parken ist zeitlich beschränkt, und die wenigen freien Parkplätze sind häufig besetzt.

DEFTIGE INSELSPEZIALITÄTEN

Die meisten der zahlreichen Tagesbesucher müssen abends wieder in ihre Hotels in Port de Sóller, das wesentlich touristischer ist, zurückkehren. Auch wenn die Leute von Fornalutx abends lieber unter sich sind, muss kein Gast Hunger leiden. Es gibt einige gute Restaurants, so das Bella Vista am unteren Dorfeingang, mit herrlichem Ausblick von der Terrasse auf das Tal und die Berge, oder das Ca N'Antuna am nördlichen Ausgang. Dort sind deftige Braten wie Spanferkel oder Bergzicklein die Renner. Für den kleinen Hunger gibt es die landestypischen Tapas in den Bars und Cafeterias am Dorfplatz. Besonders beliebt sind die der Bar Deportivo.

WEITERE INFORMATIONEN
Sa Tanqueta: Carrer Sant Bernat,
Tel. 971 63 85 20, www.sa-tanqueta.com
Ca'n Reus: Carrer de L'Auba 26,
Tel. 00 46 709 45 89 96,
www.canreushotel.com,
www.ajfornalutx.net

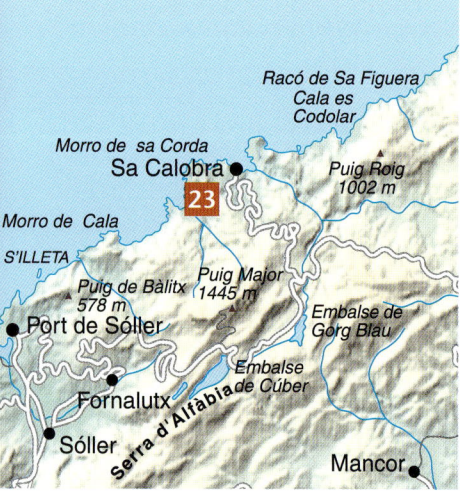

Der wilde Gebirgsbach Torrent de Pareis endet am Meer mit einer breiten Mündung und einem Kiesstrand (oben). Die Erosion durch Wind und Wasser hat in der Schlucht seltsame Gesteinsformationen geschaffen (rechts oben). Durch bedrohliche Enge zwängen sich Busse bei der serpentinenreichen Abfahrt in die Schlucht von Sa Calobra (rechts unten).

23 Sa Calobra – der besondere Kick

Spektakuläre Aussichten

Sie galt als Meisterleistung der Straßenbaukunst, als sie 1932 eröffnet wurde: die spektakuläre Passstraße von Sa Calobra, die auf einer Länge von 14 Kilometern einen Höhenunterschied von knapp 900 Metern überwindet. Der italienische Ingenieur Antonio Paretti hatte sie geplant, und sie wurde in mehreren Jahren größtenteils mit Hammer und Meißel in den harten Kalkstein der abrupten Schlucht des Tramuntana-Gebirges an der Nordwestküste Mallorcas geschlagen.

Wegen der spektakulären Berglandschaft und natürlich wegen des besonderen Kicks, den Besucher in den engen, schwindelerregenden Spitzkehren erleben – vor allem auf den hinteren Plätzen eines der zahlreichen Busse –, ist sie bis heute eines der beliebtesten Ausflugsziele der Insel. Die Touristenbusse sind allerdings ein Problem zu den Stoßzeiten am späten Vormittag und ab 15 Uhr. Besonders an Wochenenden kann es auf der engen Straße zu Staus kommen. Wer das vermeiden will, muss entweder sehr früh kommen oder später, was auch mit dem Genuss eines Sonnenuntergangs verbunden werden kann.

Autofahrt für Nervenstarke

Privatfahrer müssen ihr Auto schon mehrere Hundert Meter vor den wenigen Häusern des winzigen Orts Sa Calobra abstellen, die Gebühren für den Parkplatz sind happig (3 Euro für die erste Stunde, ab 8 Euro für fünf Stunden). Vorher passiert man die Höhepunkte der Fahrt, wie den berühmten Krawattenknoten, eine Kurve, die die Straße wie bei einer Schlinge im 270-Grad-Bogen unter sich hindurchführt, und den tiefen Einschnitt des Engpasses Cavall Bernat. Hier sieht man besonders deutlich, wie die Erosion über Jahrtausende eine bizarre, einzigartige Landschaft geformt hat. Auch wenn das

Herz über dem Abgrund stark pocht, lohnt sich ein Blick auf die Schluchten und Felsgärten mit ihren ungewöhnlichen Steinformationen. Unterhalb der Häuser von Sa Calobra, heute durchwegs Kneipen und Restaurants, legen die Ausflugsboote an, die mehrmals am Tag aus Port de Sóller ankommen. Man kann also diesen Ausflug als Kombination von Bus- und Seefahrt machen. In der Hochsaison sollte man vorher reservieren. Besonders Wanderer, die in der benachbarten kleineren und ursprünglicheren Cala Tuent zusteigen wollen, sollten vorsorgen, da dort die Boote nicht so oft anlegen.

Torrent de Pareis – anspruchsvolle Canyonwanderung

Wer dem Trubel in Sa Calobra entkommen will, nimmt den kurzen Fußweg, der durch einen in den Stein gehauenen Tunnel zum Kiesstrand des benachbarten Torrent de Pareis führt. Das kristallklare Wasser lädt zum erfrischenden Bad ein, also Badesachen nicht vergessen. Im Sommer ist ein traditionelles Chorkonzert in der trichterartigen Felsschlucht eines der musikalischen Highlights Mallorcas. Tausende von Musikliebhabern geben sich dazu ein Stelldichein. Auch Rockkonzerte wurden schon in der spektakulären Umgebung veranstaltet.

Der von hohen Felswänden umgebene Strand ist die Mündung eines der größten Wildbäche der Insel, der in Zeiten mit reichlich Niederschlägen seinem Namen (Torrent de Pareis heißt so viel wie Doppel-Sturzbach) alle Ehre macht. Dann ist das Begehen der Schlucht selbst in der unteren Region gefährlich. Große Hinweisschilder warnen am Einstieg in die selbst im Hochsommer feuchte Felswelt. Jedes Jahr müssen unerfahrene und schlecht ausgerüstete Neugierige von der Bergwacht geborgen werden, es hat auch schon Todesfälle gegeben. Das Abenteuer kann zudem teuer werden, da ein Teil der Rettungskosten bei grob fahrlässigem Verhalten vom Verursacher zurückgefordert wird. Ein Aufstieg ist selbst in trockenen Zeiten nicht möglich, denn schon bald stößt man auf hohe Felsbarrieren. Geübte Bergsteiger begehen den Weg deshalb auch von oben nach unten. Der Einstieg befindet sich im Dorf Escorca beim gleichnamigen Restaurant. Man sollte die spektakuläre Tour durch das Naturschutzgebiet am besten mit ortskundigen Führern machen – und vor allem nie alleine. Die anstrengende Wanderung sollte mit der entsprechenden Ausrüstung in etwa fünf Stunden zu schaffen sein, keinesfalls sollte man dabei in die Dämmerung oder gar Dunkelheit geraten.

DIE ESSENZ VON MEER UND BERGEN ERWANDERN

Weniger Bergerfahrung erfordert eine der schönsten Küstenwanderungen, die Sa Calobra oder Cala Tuent als Ziel hat. Dabei lässt man sich zum Restaurant Mirador de ses Barques an der M-10 hoch über Port de Sóller bringen. Von der Aussichtsplattform hat man einen grandiosen Blick auf den Hafen. Rechts beginnt ein breiter Feldweg. Die Route führt zum großen Berghof von Balitx d'Avall, heute ein uriges Landhotel, das aber auch Wanderer mit frischem Orangensaft und herzhaften Broten mit Sobrasada-Wurst stärkt. Hinter der landwirtschaftlichen Musteranlage mit ihren Zitrusgärten und Olivenbaumterrassen steigt der Weg steil durch den Pinien- und Steineichenwald an. Nach der Passhöhe führt er in vier bis fünf Stunden hoch über dem Meer bis nach Cala Tuent und weiter bis Sa Calobra. Mit dem Boot geht es dann zurück nach Port de Sóller.

WEITERE INFORMATIONEN

Geführte Wanderungen durch den Torrent de Pareis z. B. unter www.torrentdepareis.info;
Bootsfahrt Port de Sóller – Sa Calobra:
www.barcosazules.com, Tel. 971 63 01 70

24 Pilgerziel Kloster Lluc

Geheimnisvolle Schwarze Madonna

»La Moreneta«, die Schwarze Madonna, ist die mit viel Inbrunst von der katholischen Bevölkerung Mallorcas verehrte Statue der Mutter Gottes, die in einer kleinen Kapelle hinter dem Hochaltar der Klosterkirche von Lluc verwahrt wird. Das stattliche Kloster, der älteste und wichtigste Wallfahrtsort der Insel, beeindruckt schon allein durch seine Lage mitten in diesem breiten Tal des Tramuntana-Gebirges.

Das imposante Kloster wurde im Mittelalter errichtet (unten). Die Kuppel der Klosterkirche von Lluc schmückt reiche Deckenmalerei. Jedes Jahr pilgern Tausende zum größten Heiligtum der Mallorquiner, der Schwarzen Madonna, die hier aufbewahrt wird (rechts oben). Der historische Kreuzgang ist ein guter Ort zur Meditation (rechts unten).

Jedes Wochenende pilgern Hunderte zum Santuari de Lluc, um sie zu sehen: die spätgotische, dunkle Marienfigur mit dem Sternenkranz, die lächelnd auf ihr Kind im Arm zeigt. Die größte Wallfahrt »a peu a Lluc« – zu Fuß nach Lluc – vereint am ersten Samstag im August jedes Jahr Tausende Gläubige und Wanderbegeisterte in der Inselhauptstadt, die in einem schier endlosen Zug die rund 50 Kilometer zu ihrem obersten Heiligtum zurücklegen. Nach etwa elf Stunden kommen die Pilger in Lluc an. Die Geschichte der Schwarzen Madonna geht bis auf das 13. Jahrhundert zurück.

Die Legende erzählt, dass der arabische Hirtenjunge Lluc, dessen Eltern sich nach der Eroberung der Insel durch die Festlandspanier zum Christentum bekehrt hatten, die Figur in den Bergen gefunden und in die kleine Kirche Sant Pere von Escorca gebracht hatte. Von dort verschwand die »Moreneta« aber und tauchte an ihrer alten Fundstelle wieder auf. Das geheimnisvolle Geschehen wiederholte sich, bis die Einheimischen an der Fundstelle selbst eine neue Kapelle zu Ehren der Jungfrau errichteten. Diese Marienkapelle wurde die Keimzelle des Klosters mit seinen imposanten Gebäuden.

Gaudí legte Hand an

Bereits 1230 gab es erste Klostergebäude, doch wurde ständig umgebaut und erweitert, und die heutige rechteckige Anlage mit dem großen Innenhof stammt aus dem 17. Jahrhundert. Noch aus dem 16. Jahrhundert sind die Laubengang-Häuser, die Pilgerunterkünfte an der Plaça Peregrins vor dem Kloster. Der sechseckig geschwungene Brunnen davor diente als Pferdetränke. Im ersten Stock des Klosters befindet sich ein kleines Museum mit archäologischen Fundstücken, Gemälden, Keramik und sakralen Gegenständen.

Mit dem Kirchenbau wurde zwar 1622 begonnen, er wurde aber nach jahrhundertelangen Veränderungen 1914 neu eingeweiht. Nach dem Trubel im großen Innenhof ist es in der Kirche angenehm ruhig. Nur durch wenige Fenster fällt Licht. Kein Geringerer als Antoni Gaudí – mit seinem Schüler Joan Rubió – entwarf die Pläne für die Neugestaltung des Innenraums mit vielen goldenen Verzierungen im neobarocken Stil, angepasst an den goldenen Hochaltar. Gaudí gab auch die Anregung zu den Steinmonumenten mit Bronzereliefs auf dem Weg zum Kalvarienberg hinter dem Kloster. Viele Besucher kommen heute nach Lluc, um den berühmten Knabenchor »Els Blauets«, die Blauen, zu hören, der inzwischen auch einige weibliche Mitglieder hat. Zu den Messen und Andachten singen die Kinder, die aus allen Teilen Mallorcas stammen, in der reich ausgeschmückten Kirche.

Informationszentrum für die Serra de Tramuntana

Das Kloster ist auf viel Besuch eingestellt, die Läden, Andenkengeschäfte und Restaurants haben entsprechende Kapazitäten. Man kann sogar in den ehemaligen Mönchszellen preiswert übernachten oder auf dem danebenliegenden Campingplatz – dem einzigen auf der Insel. Gleich beim Parkplatz sieht man in der alten Ca s'Amitger (gegenüber dem gleichnamigen Restaurant) das neue und sehr sehenswerte Informationszentrum für die Serra de Tramuntana, es zeigt auf drei Stockwerken die Geschichte und die Besonderheiten des seit 2008 als Weltkulturerbe anerkannten Gebirges. Hier gibt es kostenloses Informationsmaterial und Wanderkarten der Gegend, auch auf Deutsch. Das Kloster ist ein ideales Standquartier für ausgedehnte Spaziergänge und sogar zu Bergwanderungen zu den höchsten Gipfeln der Insel. Allerdings ist der Puig Major, mit 1445 Metern der höchste Berg Mallorcas, militärisches Sperrgebiet und damit nicht zugänglich. Für den Aufstieg auf den Puig de Massanella oder Puig de Tomir braucht man gutes Schuhwerk, Trittsicherheit ist für diese Kletterpartien Voraussetzung.

SPAZIEREN UND GENIESSEN

Den besten Blick auf das Kloster vor ständig wechselnder Bergkulisse hat man vom Kalvarienberg aus, der Aufstieg beginnt gegenüber dem Klosterrestaurant mit einer breiten Steintreppe. Auch einen Rundgang auf dem anschließenden Pilgerweg sollte sich niemand entgehen lassen.
Wer dem Trubel im Kloster und seinem meist bis auf den letzten Platz besetzten Restaurant ausweichen möchte, bietet das zwei Kilometer entfernte Restaurant Es Guix eine gute Alternative. Bei schönem Wetter genießt man die mallorquinischen Spezialitäten wie Bergzicklein oder Spanferkel auf der schattigen Terrasse gleich am kleinen Pool, der mit frischem, eiskaltem Quellwasser gespeist wird.
Ctra. Inca-Lluc, Tel. 971 51 70 92, 12.30–16 Uhr, Di Ruhetag, www.esguix.com

WEITERE INFORMATIONEN
Öffnungszeiten Lluc: Kirche tägl. 10–18 Uhr, Klostermuseum tägl. außer Sa 10–18, im Winter bis 17 Uhr;
Übernachtung im Kloster: Reservierung unter 971 87 15 25, www.lluc.net,
Informationszentrum Serra de Tramuntana: Ca s'Amitger, tägl. 9–16 Uhr, Tel. 971 51 70 70.

25 Raixa und die Gärten von Alfàbia

Irdische Paradiese

Eine wahre Augenweide sind die üppigen Gärten der Finca Alfabia und des Landschlosses Raixa, die beide am Südhang des Gebirges liegen. Schon die Araber nutzten vor 1000 Jahren den Wasserreichtum, um dort irdische Paradiese zu schaffen (oben). Die herrschaftlichen Gemächer, hier in Alfàbia, sind mit wertvollen Gemälden dekoriert (rechts unten). Rund um Bunyola werden köstliche Oliven angebaut (rechts oben).

Mediterrane Gärten sind wegen ihrer üppigen Vegetation eine Augenfreude, nicht nur für Menschen aus kälteren Regionen. Schon die Araber erkannten nach der Eroberung Mallorcas, dass einige Stellen der Insel geeignet waren, sie in irdische Paradiese zu verwandeln. Notwendig dazu war vor allem Wasser – für die Wüstensöhne ein Geschenk des Himmels. Zwei Beispiele dafür sind die Anlage des Landschlosses Raixa und die Gärten von Alfàbia.

Die Araber, die Mallorca bis zur Eroberung der Insel durch die christlichen Festlandspanier im Jahr 1229 über 300 Jahre beherrschten, nannten das links der Straße nach Sóller auf dem Gemeindegebiet des Dorfes Bunyola gelegene Landgut »Araixa«. Sie nutzten das kostbare Wasser der Bergregion für ausgeklügelte Bewässerungssysteme, legten Terrassen an, auf denen sie – neben den von ihnen eingeführten Palmen – Zitrusfrüchte, Mandeln und Feigen anpflanzten. Im Mittelalter wurde das Landgut von wechselnden Adelsfamilien erweitert. Unter den vielen Besitzern ragt Kardinal Antonio Despuig hervor, der nach langen Jahren an der Kurie in Rom auf die Insel zurück-

kehrte und das Landgut in ein Schlösschen italienischen Stils verwandelte. Die meisten der von ihm mitgebrachten Marmorstatuen, die die üppigen Gärten zierten, sind heute im Museum des Schlosses Bellver hoch über Palma zu bewundern. Geblieben sind der zehn Meter tiefe Teich, die breiten Treppen und die hinter dem Haupthaus angelegten Terrassen.

Raixas umstrittene Sanierung

Raixa hat allerdings in den letzten Jahren viel von seinem urspünglichen Charme eingebüßt. Filmemacher wie Jaime Chávarri (Bearn) und Antoni Aloy (El Celo), die noch vor der Originalkulisse drehten, Architekten und Landschaftsgestalter

haben die teilweise Zerstörung der Idylle beklagt. Die Leidensgeschichte der Besitzung begann mit einem politischen Kraftakt. Nachdem die deutsche Modezarin Jil Sander das in einem dekadenten Dornröschenschlaf liegende Schloss im Jahr 2002 kaufen und auf ihre Kosten renovieren wollte, entfachten Jaume Matas, der damalige spanische Umweltminister und zweimalige Ministerpräsident der Balearen, zusammen mit Maria Antònia Munar, der charismatischen Präsidentin des Inselrats von Mallorca, eine unschöne Kampagne unter dem Motto »Raixa muss mallorquin bleiben«. Die Politiker – beide wurden inzwischen aus dem Amt gejagt und verbüßen nach zahlreichen Korruptionsprozessen langjährige Haftstrafen – machten das staatliche Vorkaufsrecht geltend. Unter Aufsicht einer Umweltbehörde wurde das mittelalterliche Kleinod mit einem Millionenaufwand – man spricht von 35 Millionen Euro öffentlicher Steuergelder – kräftig kaputt renoviert. Die einst üppigen Gärten sind fast verschwunden, die Neuanpflanzung wird nach Expertenmeinung einen Zeitraum von 20 bis 30 Jahren brauchen, um etwa den vorherigen Stand zu erreichen. Inzwischen ist Raixa nach vielen Protesten wieder der Öffentlichkeit zugänglich, zumindest ein Teil der Gärten kann besichtigt werden, und es lohnt

sich immer noch. In den nächsten Jahren soll weiter renoviert werden.

Die arabischen Gärten von Alfàbia

Wesentlich idyllischer präsentieren sich dagegen die Gärten von Alfàbia und die dazugehörenden Gebäude. Die Anlage liegt rechts der Landstraße von Palma nach Sóller, kurz vor der Mautstation des neuen Tunnels. Wer seinen Weg später nach Sóller fortsetzt, sollte genügend Zeit für den serpentinenreichen, aber landschaftlich reizvollen Pass mitbringen, der nicht nur kostenlos ist, sondern auch spektakuläre Ausblicke auf die Bucht von Palma bietet.

Die arabischen Gärten, einst Sommersitz der maurischen Wesire, gehören zu Recht zu den schönsten Mallorcas. Licht und Schatten, immer viel Wasser in Bachläufen, Teichen und Fontänen und dschungelartiges Grün prägen das Ensemble. An den arabischen Ursprung erinnert im Eingangsturm die hölzerne Kassettendecke mit Elfenbeinintarsien. Die Wohnräume des Haupthauses zeigen den Wohlstand der späteren christlichen Besitzer, so ein prächtiger gotischer Stuhl aus dem 14. Jahrhundert, der prunkvolle Festsaal und die Bibliothek, alle mit alten Möbeln und Gemälden ausgestattet.

KATALANISCHE KÜCHE

Gleich am Eingang zu den Gärten von Alfàbia liegt das ländliche Restaurant »S'hort«, ein Vertreter der gehobenen mallorquinischen Küche. »Arroz brut«, der sogenannte »Schmutzige Reis«, ist auf der Karte ebenso zu finden wie in Katalonien beliebte Kombinationen von Fleisch und Fisch, wie etwa »Kaninchen mit Zwiebeln und Gambas«. Lecker auch die hausgemachten Torten.

Einen Abstecher wert ist das Dorf Bunyola, die letzte Station der Sóller-Bahn vor den Bergen. Wer seinen Ausflug über den Pass nach Orient und Alaró fortsetzen möchte, dem bietet sich hier ein Stopp an. Am Dorfplatz sind einige urige Kneipen wie Ca S'Espardenyer und das beliebte Café Central, das mittags ein preiswertes Menü serviert. Bunyola ist berühmt für sein gutes Olivenöl, das auf den unzähligen Terrassen um das Dorf herum gewonnen wird.

WEITERE INFORMATIONEN
Raixa: Öffentlich zugänglich nur am Wochenende von 10–14 Uhr, für angemeldete Gruppen auch wochentags. Tel. 971 23 76 36, https://raixa.conselldemallorca.cat; **Alfàbia:** April–Oktober Mo–Sa 9.30–18.30 Uhr; November–März Mo–Fr 9.30–17.30, Sa bis 13.00 Uhr, Tel. 971 61 31 23, www.jardinesdealfabia.com

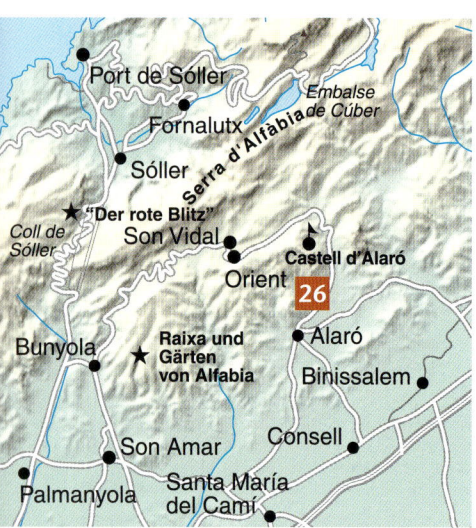

26 Alaró und seine Burg

Ein friedliches Landstädtchen

Alaró lebt wie viele andere Orte des Inselinneren mit dem Rücken zum Tourismus, der bis heute eigentlich nur an der Küste stattfindet. Berühmt ist die Gemeinde wegen der benachbarten Burg gleichen Namens auf der Spitze eines imposanten Felszylinders. Im Mittelalter spielte sie eine wichtige Rolle und galt als uneinnehmbar. Heute ist sie wegen der spektakulären Aussicht eines der beliebtesten Ausflugsziele Mallorcas.

Deftiger Lammbraten, serviert von der Chefin des Landgasthofes Es Verger, dient der Stärkung nach dem Aufstieg (unten). Über steinige Wege und zahlreiche Treppen führt der Wanderpfad zur Schlossruine von Alaró (rechts oben). Im Januar und Februar blühen die Mandelbäume (rechts unten).

Das Landstädtchen, von Feldern und Obstbaumterrassen in den ersten südlichen Ausläufern des Tramuntana-Gebirges umgeben, hat sich wegen seines ausgezeichneten Klimas zu einem beliebten Wohnort vieler in der Hauptstadt arbeitender Mallorquiner entwickelt. Die Autobahn im Tal und die etwas außerhalb des Ortes liegende Station der Incabahn sorgen für eine günstige Anbindung an den Ballungsraum Palma.

Außer der sprichwörtlichen Ruhe, die nur von den Feiern zu Ehren des Ortsheiligen San Roque Mitte August und dem Wochenmarkt jeden Freitag unterbrochen wird, bietet Alaró wenig Attraktionen. Ein Teil des Ortskerns ist inzwischen Fußgängerzone. Die vormals mit Schatten spendenden Platanen umrahmte Plaza mit der klobigen Pfarrkirche wurde modernisiert, in eine Steinwüste verwandelt und so leider ihres ursprünglichen Charmes beraubt. Zu empfehlen ist das an diesem Platz liegende Restaurant Traffic, das ausgezeichnete mallorquinische Küche bietet. Der Gasthof hat einige Fremdenzimmer, und bei gutem Wetter speist man am großen Pool. Ein Geheimtipp ist das hübsche Petit Hotel Alaró. Die deutsche Chefin

ist eine erfahrene Wander- und Bergführerin, die Ausflüge für ihre Gäste veranstaltet und Ratschläge für interessante Wandertouren erteilt.

Mittelalterliche Festung mit Superaussicht

Den Aufstieg zum 822 Meter hohen Burgfelsen kann man kaum verfehlen, überall im Ort ist der Weg ausgeschildert. Nach etwa 500 Metern auf der Straße nach Orient zweigt ein geteerter Fahrweg links ab. Man kann mit dem Auto problemlos bis zum Berggasthof Es Verger hochfahren und passiert dabei zahlreiche Terrassen aus Naturstein, bewachsen vor allem mit Ölbäumen. Das einfache, von urig bis dekadent eingestufte Restaurant bietet deftigen Lammbraten und Schnecken in würzigem Sud. Für eine kurze Einkehr und eine Erfrischung ist es aber gut geeignet. Der direkte Weg zur Burg und auf das Hochplateau ist manchmal geschlossen, dann führt ein längerer Weg über die Finca Es Pouet bis zum Gipfel. Wer Schlaglöcher nicht scheut, kann die zwei Kilometer bis zu dieser Finca hochfahren. Von hier sollte man das Ziel in etwa einer Stunde zu Fuß erreichen können. Auf das Plateau gelangt man durch die gut erhaltenen Burgtore. Von den Mauern dahinter sind nur noch Fragmente erhalten. Dafür hat

man schon von hier aus einen herrlichen Blick auf das Tal von Orient und die hohen Berge der Tramuntana. Etwas versteckt hinter einem Wäldchen liegen kurz vor dem Gipfel die Kapelle Oratori de Nostra Senyora und gleich daneben ein Restaurant mit herrlicher Aussichtsterrasse sowie die renovierte und vergrößerte Wanderherberge (Tel. 971 18 21 12).

Ein Ort blutiger Geschichte

Die Burg von Alaró war nach der Eroberung Mallorcas durch die christlichen Festlandspanier eine der letzten Zufluchtsstätten der besiegten Araber, die sich erst nach einer zweijährigen Belagerung ausgehungert und ohne Wasser ergaben. Die berühmteste Geschichte ereignete sich im Jahr 1285, als ein Heer des gegen die Könige von Mallorca kämpfenden Alfonso von Aragon erst nach langen Monaten der Belagerung die Festung einnehmen konnte. Die beiden königstreuen Anführer Cabrit und Bassa, die den Eindringlingen nicht nur getrotzt, sondern diese auch noch verhöhnt hatten, wurden in der Hauptstadt Palma bei lebendigem Leib auf dem Scheiterhaufen verbrannt. Noch heute werden sie auf Mallorca als Volkshelden verehrt. Ihre Urnen befinden sich in der Kathedrale der Hauptstadt.

WANDERUNG ZUR OBSTBAUMBLÜTE

Wer im Frühjahr auf Mallorca weilt, sollte auf keinen Fall eine Wanderung von Alaró durch das leicht ansteigende Tal nach Orient versäumen. Das malerische Tal ist eines der größten Obstanbaugebiete der Insel. Vor allem Tausende von Apfelbäumen verleihen der Landschaft ein märchenhaftes Aussehen. Auf dem Weg zum Weiler Orient liegt das Viersternehotel L'Hermitage, ein guter Ort für eine Rast. Berühmt ist Orient als Ausgangspunkt vieler Wanderungen und für die hervorragenden Spanferkel, die es im Restaurant Orient gleich an der Hauptstraße gibt. Wer die ländliche Ruhe sucht, findet diese im rustikal-eleganten Landhotel Son Palou, das gleich neben der Kirche auf der Spitze des Dorfbergs liegt (Tel. 971 14 82 82, www.sonpalou.com).

WEITERE INFORMATIONEN

www.ajalaro.net
Petit Hotel Alaró: Carrer Camp Roig 43, Tel. 971 51 87 51, www.petithotelalaro.es
Berggasthof Es Verger: Tel. 971 51 07 11, Mo. geschl.

Die großen Buch-ten und die Halb-insel von Artà

Weite Strände und stille Natur

Auf der Fahrt zum Cap Formentor gibt es herrliche Ausblicke wie hier vom Mirador de la Nao auf die kleine Felseninsel El Colomer (links). Auf halber Strecke wartet der Strand von Formentor (oben). In den lauen Sommernächten sind die Terrassen am Marktplatz von Pollença voll besetzt (unten).

Der wilde und stille Naturpark Península de Llevant lockt Wanderer und Mountainbiker.

Von Kap zu Kap

Ausgedehnte Buchten und beeindruckende Natur

Zwei riesige Buchten mit herrlichen Sandstränden, historische Städte und drei Halbinseln mit großartiger Natur: Der nordöstliche Küstenstreifen zwischen dem Kap Formentor und der Halbinsel Llevant bietet ein abwechslungsreiches Programm und überraschende Ausflüge in die Unterwelt und in die Vergangenheit.

Kurz und knapp

Start: Pollença
Länge: 120 km
Dauer: ca. 3 Stunden reine Fahrzeit
Beste Reisezeit: Besonders schön ist die Tour im Frühjahr, wenn es überall blüht.
Sehenswertes: Highlights sind die Zentren von Pollença und Alcúdia sowie das Kap Formentor.
Unterkunft: Im alten Stadtpalast in Artà bietet das Hotel Ca'n Moragues seinen Gästen außer Pool und Garten eine gediegen entspannte Atmosphäre, www.canmoragues.com.

Weitere Infos

Frühaufsteher können auch in den Sommermonaten zum Kap Formentor fahren, wenn sie bis 10 Uhr wieder aus dem gesperrten Bereich zurück sind. Entlang dieser Route gibt es tolle Bademöglichkeiten, teilweise lassen sie sich auch mit aussichtsreichen Wanderungen verbinden.

Am Fuß der nördlichen Serra de Tramuntana zieht **28** **Pollença** schon seit mehr als 100 Jahren Touristen in seinen Bann. Eine lebendige Plaça, stimmungsvolle Altstadtgassen und ein beachtliches Kulturangebot machen das Städtchen zu jeder Jahreszeit zu einem lohnenden Ziel. Der Hafenort **28** **Port de Pollença** hat eine schöne Strandpromenade, an der schon Agatha Christie gerne flanierte. Von hier aus geht es auf die grandiose Nordspitze der Insel – entweder mit dem Mietwagen oder zwischen 15. Juni und 15. September in einem Shuttlebus, der beim Strand Formentor startet. Die Straße und die Landschaft sind einfach atemberaubend, ebenso wie der Ausblick vom **29** **Kap Formentor,** von wo aus man bei gutem Wetter die Nachbarinsel Menorca sehen kann.

Als die Römer im 2. Jahrhundert v. Chr. die Insel erobert hatten, siedelten sie nicht nur in der Bucht von Palma, sondern auch hier an der Inselnordseite. Einige Grundmauern und die Reste eines Amphitheaters sind heute noch heute vor **30** **Alcúdia** zu bewundern. Keine andere Gemeinde auf Mallorca bietet eine derart geschlossene Ansicht vergangener Jahrhunderte. Geschützt durch eine gut erhaltene Stadtmauer, hat die Altstadt von Alcúdia ihr einheitliches Erscheinungsbild bewahrt. Wer hier länger bleiben möchte: Auf der Halbinsel von Alcúdia finden sich schöne Badebuchten, und man kann prima wandern. Auch das außergewöhnliche Privatmuseum Sa Bassa Blanca ist absolut sehenswert. Und weiter geht es in Richtung Osten: Eingeklemmt zwischen den Touristenzentren Port d'Alcúdia und Can Picafort liegt das

31 **Feuchtgebiet S'Albufera.** Obwohl es früher viel umfangreicher war, ist es immer noch das größte der Balearen. Vogelkundler haben hier schon rund 300 Arten ausgemacht. Ein Erlebnis ist auch die kleine Wanderung, die man von Can Picafort aus unternehmen kann: Man startet in der Gegenwart von Can Picafort mit seinem Strandleben und seinen Hotels und landet in der Frühgeschichte, im 1. Jahrtausend v. Chr. Genauer gesagt in einer Stadt der Toten, der Nekropole Son Real. Das Gräberfeld soll das größte seiner Art im Mittelmeerraum sein und liegt direkt am Ufer des unbebauten Strands zwischen Can Picafort und Son Serra de Marina.

Zu Besuch bei den Ur-Mallorquinern

Auch in **32** **Artà** ist eine außergewöhnliche archäologische Stätte erhalten geblieben. Doch außer der Talaiot-Siedlung Ses Païsses sollte man auch der Altstadt von Artà einen Besuch abstatten und zur Wehrkirche Església Transfiguració del Senyor hinaufsteigen. Wer den Besuch Artàs auf einen Dienstag legt, kann in den Trubel des schönen Wochenmarkts eintauchen oder ihn von einer Café-Terrasse aus beobachten. Für weitere Gänge empfiehlt sich der **33** **Naturpark Península de Llevant,** die Levante-Halbinsel. Wer Ruhe sucht, wird sie hier garantiert finden – tolle Strände übrigens auch. Zum Wandern startet man am besten vom Infozentrum Parc Natural de la Peninsula, das man über das Sträßchen MA-3333 erreicht. Die Straße führt auch zur Einsiedelei Ermita Betlem, wo bis vor einigen Jahren noch Mönche gelebt haben.

Wie Artà ist **34** **Capdepera** bislang vom großen Touristenrummel verschont geblieben. Highlight des Ortes ist die weithin sichtbare Festung, übrigens die größte Mallorcas. Der nach Palma größte Fischereihafen ist der von **34** **Cala Ratjada.** Mit schönen Stränden kann das Touristenstädtchen auch aufwarten und mit einem Leuchtturm mit bester Aussicht.

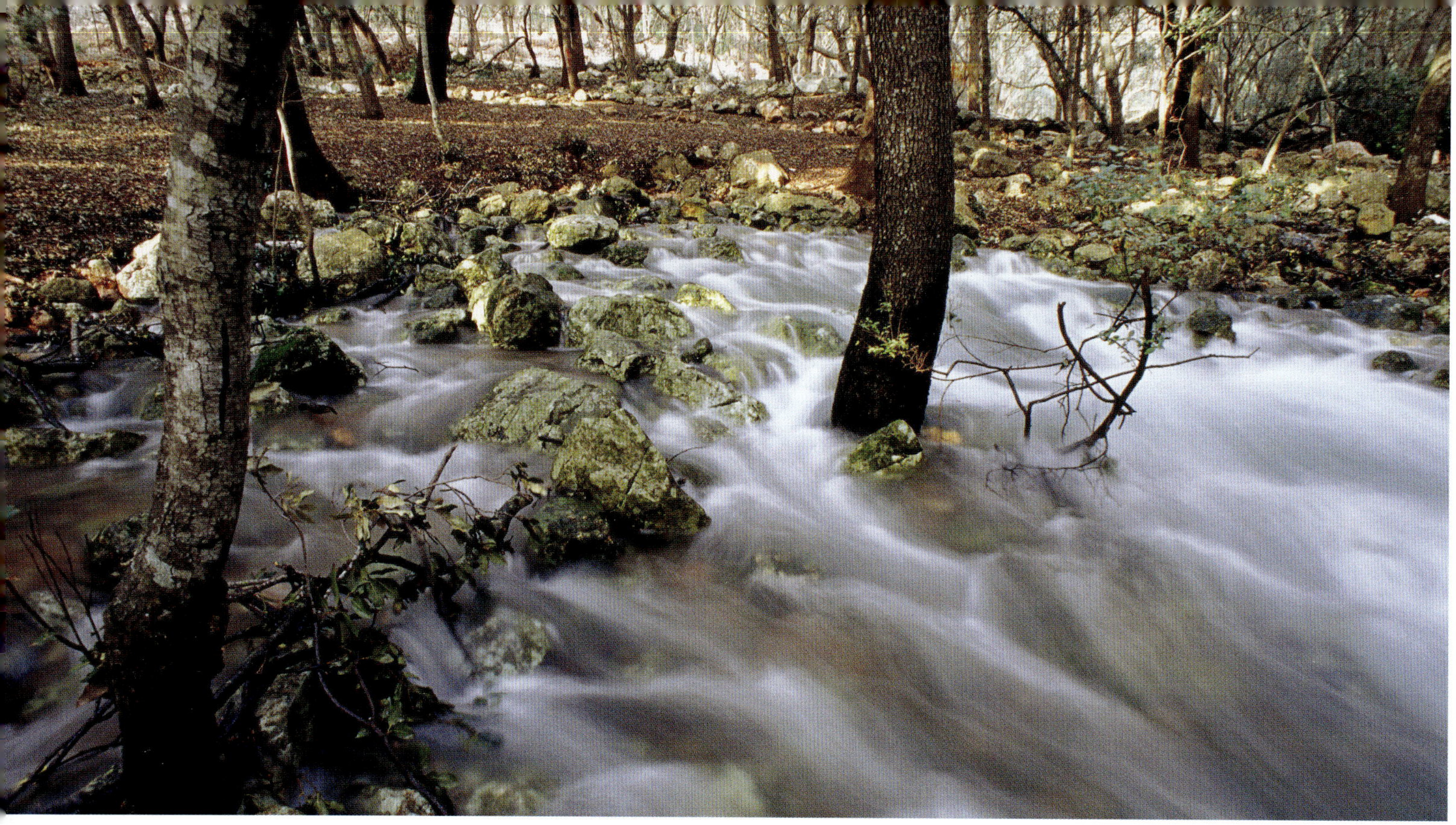

Nach starken Regenfällen treten am Fuß der Berge die sonst versteckten Quellen Fonts Ufanes aus dem Boden (oben). Eine fantastische Unterwelt erschließt sich in den bekannten Höhlen von Campanet (rechts unten). Die Souvenirläden in der Umgebung bieten einzigartige Andenken an die Reise (rechts oben).

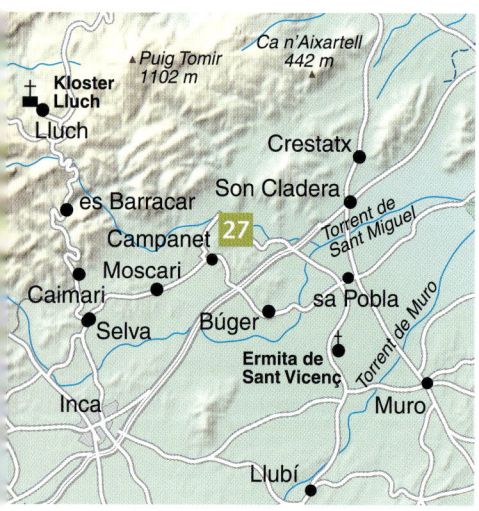

27 Campanet und seine Höhlen

Ursprüngliche Schönheit im Hügelland

Das Dorf Campanet beeindruckt schon von Weitem durch seine außergewöhnliche Silhouette auf einem Hügel am Südhang des Tramuntana-Gebirges. Um die große Pfarrkirche scharen sich einige Dutzend Häuser, meist aus erdbraunem Naturstein. Doch der Ort hat wenig zu bieten. Er ist vor allem wegen der Tropfsteinhöhlen bekannt, der Coves de Campanet, und wegen der schönen Landschaft mit malerischen Weilern.

Schon in vorchristlicher Zeit war die Gegend bevölkert. Die Ureinwohner fanden Schutz in den unzähligen natürlichen Höhlen, die Wasser und Erosion über Jahrtausende in den Kalkstein gewaschen hatten.

Bizarre Formen in der Unterwelt

Das Größte dieser Höhlensysteme sind die Coves de Campanet am Abhang des im Sommer trockenen Sturzbaches Torrent de Sant Miguel. Die Höhlen, die sich in mehr als 50 Metern Tiefe etwa einen halben Kilometer durch den Berg ziehen, wurden erst 1945 bei der Suche nach Wasser entdeckt. Aber schon lang vorher hatten die Bewohner des Tals geahnt, dass es an dieser Stelle eine größere Höhle geben müsste, denn aus einer kleinen Öffnung kam selbst im heißen Sommer ein kalter Hauch aus der Tiefe. Das Höhlensystem wurde sehr behutsam erschlossen. Viele der Gänge und Säle sind noch in ihrer Ursprünglichkeit erhalten. Es gibt keine grelle Beleuchtung oder dramatische musikalische Untermalung, die unzähligen Stalaktiten und Stalagmiten wirken durch ihre natürliche Schönheit, ihre große Vielfalt an Formen und Farben. Das Prunkstück ist ein mehr als drei Meter langer Stalaktit, der als der größte der Welt gilt. Die schönsten Säle haben Namen wie Romantischer Saal, Seesaal, Verzaubertes Schloss, Palmensaal oder Wohlklingender Wasserfall.

Mehrsprachige Höhlenführer begleiten die meist kleinen Besuchergruppen durch die unterirdische Wunderwelt.

Während der Erschließung der Höhlen wurden fossile Reste des *Myotragus balearicus,* einer endemischen Ziegenart, entdeckt. Dieses nur auf Mallorca und Menorca heimische Huftier wurde von den ersten Inselbewohnern bereits um 7000 v. Chr. gejagt und starb schon um 1800 v. Chr. aus.

Spektakuläre Quellen

Nach starken Niederschlägen, also vor allem im Winter und Frühjahr, kommt es im Bergwald oberhalb des Dorfes Campanet zu einem interessanten hydrologischen Phänomen: Die bekannten Fonts Ufanes, die Quellen des Flusses Ufanes, brechen in unglaublicher Fülle an die Oberfläche und verwandeln den meist trockenen Torrent de Sant Miguel in einen reißenden Gebirgsbach. Das Phänomen des aus dem Berg strömenden Wassers lockt immer viele Besucher nach Campanet. Die Lokalpresse berichtet, wenn es mal wieder soweit ist.

Das flüssige Gold der Insel

Während um Campanet und in den grünen Tälern Mandelplantagen das Bild prägen, wachsen auf den unzähligen Terrassen des Südhangs der Berge knorrige Olivenbäume, die nicht nur die besten Oliven, sondern auch das beste Öl der Insel liefern. Das flüssige Gold der Gegend von Caimari bis Campanet steht auf dem Speiseplan der Mallorquiner ganz oben. Jedes Jahr im November kommen Tausende nach Caimari zur Fira de s'Oliva, zur Ölmesse, eines der bedeutendsten gastronomischen Events der Insel. Man kann nicht nur Kostproben genießen, sondern auch die traditionelle Herstellung des Öls aus nächster Nähe bewundern.

Die reizvolle Landschaft und das ausgesprochen gute Klima haben auch das Entstehen des neuesten Wirtschaftszweigs der Region begünstigt: Weit mehr als ein Dutzend Landhotels und Ferienfincas – von rustikal bis nobel – bieten sich für ruhige Urlaubstage auf dem Land an. Der Schwerpunkt dieser Tourismusform liegt im »Fincadorf« Binibona und in Caimari. Aber auch in Moscari und Selva finden sich mittlerweile charmante Unterkünfte. Die meisten der von Wanderern und Bikern genutzten Herbergen bieten einheimische Spezialitäten wie Braten vom Bergzicklein oder Spanferkel und natürlich ein kräftiges Pa amb Oli – Brot mit Öl –, würzigen Käse und Schinken. Von hier aus sind die Strände des Nordens und die eher lauten Küstenorte Port d'Alcúdia und Port de Pollença nicht weit und bequem mit dem Auto zu erreichen.

ZERBRECHLICHE KUNST

An der alten Hauptstraße, die parallel zur neuen Autobahn verläuft, liegt auf Höhe von Campanet die Glasbläserei Menestralia. Man nimmt für den Zwischenstopp am besten die Autobahnausfahrt 35 und folgt dem Hinweis »Area d'Artesania«. In der alten, vom Rauch geschwärzten Werkstatt kann man den Glasbläsern bei ihrer schweißtreibenden Arbeit auf die Finger schauen. Im Laden werden die zerbrechlichen Erzeugnisse und auch anspruchsvolle Keramik verkauft. Wer zur Mittagszeit dort ist, sollte das umfangreiche und preiswerte Menü des danebenliegenden Restaurants probieren.

WEITERE INFORMATIONEN

Coves de Campanet: Führungen täglich jede Stunde von 10–18.30 Uhr, im Winter bis 17.30 Uhr. Die Wartezeit auf die nächstmögliche Führung kann man sich auf der mit Blumen bewachsenen Terrasse neben dem Höhleneingang bei schöner Aussicht verkürzen, www.covesdecampanet.com.

Auf den Terrassen von Port de Pollença kann man die frische Meeresbrise gut genießen (oben). Zahlreiche Cafés laden auf dem Marktplatz von Pollença zur Rast ein. Nur an Markttagen füllt sich auch das Zentrum (rechts).

28 Pollença – die Schöne des Nordens

Wo Agatha Christie Urlaub machte

Pollença, die nördlichste Stadt Mallorcas, vereint viele Vorzüge: Das Meer ist so nahe wie die imposante Serra de Tramuntana. Die fruchtbaren Böden der leicht abfallenden Hänge und breiten Täler förderten schon früh eine Besiedlung, Zeuge der Römerzeit ist eine mehr als 2000 Jahre alte Brücke an der Straße nach Lluc. Der Hafen, Port de Pollença, gibt sich mondän, hier dominiert der gehobene britische Tourismus.

Nicht nur die 16 000 Einwohner, darunter viele deutsche und britische Residenten, halten ihre Stadt für die schönste auf der Insel. Der Ort hat sich im Gegensatz zu den Küstengebieten seine Ursprünglichkeit erhalten. Für einen Rundgang durch die verwinkelten Gassen der Altstadt – heute größtenteils für den Durchgangsverkehr gesperrt, teilweise sogar Fußgängerzone –, sollte man sich ausreichend Zeit nehmen. Man parkt am besten außerhalb, da die wenigen Abstellplätze im Zentrum meist belegt sind. Auf der kleinen Plaça de l'Almunia steht ein alter Brunnen, den ein Hahn schmückt, das Wahrzeichen der Stadt. Entdecker kommen bei Töpferwaren,

handgemachten Textilien und Antiquitäten auf ihre Kosten.

Reges Kulturleben

Auch Kunstliebhaber werden sich in Pollença nicht langweilen. Am Aufgang zum Kalvarienberg, dessen 365 von Zypressen gesäumte Stufen zu einer Kapelle aus dem 18. Jahrhundert führen, liegt das Museu Marti Vicenç, das schöne Keramik und handgewebte Stoffe zeigt. Wer die vielen Stufen erklimmt, für jeden Tag des Jahres eine, wird mit einem herrlichen Ausblick über die Dächer der Stadt belohnt. Zwar kann der Kalvarienberg auch mit dem Wagen erreicht werden, der kleine Parkplatz ist aber oft voll. Etwas

versteckt im Carrer de la Roca liegt das Museo Dionís Bennàssar mit zahlreichen Werken des Jugendstilmalers, der gemeinsam mit Hermen Anglada i Camarasa als Mitbegründer der »Schule von Pollença« gilt.

Das frühere Dominikanerkloster in der unteren Altstadt beherbergt das kleine Museu de Pollença mit Gemäldesammlungen aus mehreren Epochen, Kunsthandwerk des 16. Jahrhunderts und archäologischen Fundstücken. Sehenswert ist ein 3500 Jahre alter Holzsarkophag, der mit einem Stierkopf dekoriert ist. Im stimmungsvollen Kloster-Innenhof, umgeben von einem Kreuzgang mit eleganten Säulen, finden im Sommer die wunderschönen und sehr qualitätsvollen klassischen Konzerte des Festivals von Pollença statt. Auch Königin Sofía, Schutzherrin der Veranstaltung, ist hier gern dabei.

Restaurants rund um die Plaça

Erstaunlich ist die große Zahl der Restaurants und Cafés im Ort. Nach einem ausgiebigen Rundgang bietet sich die schöne Plaça im Zen-

trum für eine Rast an. Dort kann man auf der Terrasse der Bar Espanya auch mal Peter Maffay treffen, der nicht nur seit Jahrzehnten einen Öko-hof nahe der Stadt betreibt, sondern in seinem netten Restaurant Trencadora (Carrer Ramon Llull 7) die Produkte der Finca in schmackhafte Speisen umsetzen lässt. Mallorquinische Spezialitäten, modern und leicht serviert, gibt es im La Fonda, Carrer Antoni Maura, parallel zur Plaça. Die besten Tapas am Hauptplatz serviert man auf der Terrasse des kleinen Hotels Juma, das einer der wenigen Beherbergungsbetriebe der Stadt ist. Denn die Bewohner von Pollença sind zwar sehr gastfreundlich, am Abend sind sie aber lieber wieder unter sich, und die Urlauber müssen in ihre Quartiere am Strand zurückkehren. Bei den Herbergen ragen die aufwendig restaurierte Posada de Lluc (Roser Vell 11) und das Romantikhotel Son Sant Jordi (Carrer Sant Jordi) hervor. Von diesen Minihotels aus kann man sozusagen wie auf einem Logenplatz am Geschehen im Ort teilnehmen.

Kampfspektakel: Moros y Cristianos

Obwohl Pollença spür- und sichtbar mehr Leben hat als viele andere Städte des Inselinneren, wird die relative Ruhe nur in der ersten Augustwoche krass unterbrochen. Dann erinnern Tausende von Komparsen an die Zeiten, als die mittelalterliche Stadt in Angst und Schrecken vor den ständigen Angriffen türkischer und nordafrikanischer Piraten lebte. In einem mehrere Tage dauernden Schauspiel wird der heroische Kampf der zahlenmäßig unterlegenen Einwohner unter Führung von Joan Mas gegen die wilden Horden des berüchtigten Piraten Dragut nachgestellt. Die ständigen Scharmützel, nur von Ess- und Trinkpausen und gelegentlichem Erschöpfungsschlaf unterbrochen, gipfeln in der großen Schlacht auf dem Fußballplatz nahe der alten Römerbrücke Pont Romá, die über den im Sommer meist ausgetrockneten Torrent de Sant Jordi führt. Die Rollen beim Schaukampf sind seit Generationen festgelegt, die Tradition bestimmt, ob einer *moro* oder *cristiano* ist. Lärmempfindliche Naturen seien gewarnt: Die Um-

An der Felsküste nördlich von Pollença liegt auf einer hohen Klippe die Ruine eines der einst mächtigsten Bollwerke: Das Castell del Rei, das im 10. Jahrhundert von den Mauren angelegt wurde. Nach der Eroberung Mallorcas durch die christlichen Festlandspanier hielten sich hier die Reste des geschlagenen arabischen Heeres noch mehr als zwei Jahre. Auch die Gefolgsleute des letzten mallorquinischen Königs Jaume III., der 1349 gefallen war, trotzten dort den Eroberern aus Aragon und Katalonien. Von der Festung, die später für den Schutz Pollenças gegen die Piratenüberfälle eine wichtige Rolle spielte, ist allerdings außer einigen Mauerresten und dem Eingangsportal nicht viel übrig. Geblieben ist jedoch die spektakuläre Aussicht. Der Aufstieg erfolgt an der Straße M-10 über die Finca Ternelles, die in Privatbesitz der Bankiersfamilie March ist. Der auf Samstag bis 17 Uhr beschränkte Besuch muss bei der Gemeindeverwaltung Pollença genehmigt werden.

züge und Schlachten werden lautstark von Musikkapellen, Kampfgesängen und jeder Menge Feuerwerk umrahmt. Sogar manche Einheimischen fliehen vor dem alljährlichen Trubel.

Ein Hafen und viele schöne Strände
Der hohe Freizeitwert Pollenças rührt auch davon, dass die Stadt zwar einige Kilometer im Landesinneren liegt und deswegen ein ausgeglichenes Klima hat, aber in kurzer Distanz sowohl über einen Hafen mit touristischen Einrichtungen als auch über mehrere attraktive Strandregionen verfügt. Port de Pollença liegt in der nördlichen Ecke einer Bucht, die von den mächtigen Felshalbinseln Formentor und La Victoria in die Zange genommen wird. Der Hafen wird von den zackigen Felsen der Serra de Cornavaques gegen die rauen Nordwinde geschützt. Hunderte von Segeljachten und schmucken Motorbooten schaukeln an den Molen des Sporthafens Club Nautico. Daneben liegt eine Militärbasis, von der bei Bränden auch die gelben Löschflugzeuge aufsteigen. Südlich des Hafens beginnt der Strand, bei der Segel- und Surfschule können auch Boote und Windsurfboards geliehen werden. Hinter der breiten Uferpromenade zieht sich eine lange Kette von

Restaurants und Kneipen um das Halbrund der Bucht. Nördlich des Hafens beginnt eine lange Promenade, die nur Fußgängern vorbehalten ist, Hotels und Villen säumen den Weg. Leider stehen nur noch wenige der riesigen Pinien, viele sind vor einigen Jahren einem Sturm zum Opfer gefallen.

Hier gibt es Restaurants mit netten Terrassen zum Meer. Am Ende der Promenade steht das emblematische Hotel Illa d'Or, das zu Zeiten, als das Luxushotel Formentor auf gleichnamiger Halbinsel nur per Boot erreichbar war, als Anlaufstelle für die illustre Gästeschar diente. Viel ruhiger, vor allem was das Nachtleben anbetrifft, ist die Cala Sant Vicenç, die in einer von schroffen Felsen umgebenen Bucht an der Nordküste liegt. Eigentlich sind es mehrere kleine Calas mit einigen Hotels, Restaurants und vielen Privatvillen. Das Wasser in den Badebuchten ist meist kristallklar. Neben dem Hotel Simar vermietet der Fahrradverleih »atemrausch« außer Montainbikes auch Kajaks. Rechts am Ortseingang von Cala Sant Vicenç befindet sich eine eindrucksvolle Nekropole aus der Bronzezeit. Nicht nur für geschichtlich Interessierte ist ein Spaziergang durch den kleinen Park und ein Besuch der Grabhöhlen ein Erlebnis.

WEITERE INFORMATIONEN
www.ajpollenca.net
www.festivalpollenca.org

29 Cap de Formentor – begehrte Idylle

Treffpunkt der Winde

Einer Reise ans Ende der Welt kommt ein Ausflug zum Leuchtturm auf der letzten Klippe der bizarren Felshalbinsel Formentor gleich. Wer den nördlichsten Punkt Mallorcas erobern will, muss sich über unzählige Serpentinen auf einer engen Straße durch die einzigartige Landschaft schlängeln. Eine solche Kulisse erwartet niemand auf der sonnigen Strandinsel.

Die bizarre Halbinsel Cap de Formentor schiebt sich mehr als 20 Kilometer nordwärts ins Meer (unten). Die Felsinsel El Colomer sieht man gut vom Aussichtspunkt Mirador de la Nao (rechts oben). Malerische Buchten laden zum Baden ein (rechts unten).

Hinter den letzten Hotels von Port de Pollença windet sich die in den Dreißigerjahren des vergangenen Jahrhunderts begonnene, aber erst mehr als 20 Jahre später fertiggestellte Straße die Hänge des kahlen Berges Albercutx hinauf. Sie führt zur nördlichsten Spitze der Insel, wo sich die Serra de Tramuntana noch einmal in ihrer ganzen Schönheit zeigt. Der Andrang zum Kap Formentor ist so groß geworden, dass auf der traumhaften Bergstraße von Juni bis September ab 10 Uhr morgens nur Shuttlebusse fahren dürfen. Wer die wundervolle Strecke selbst erfahren möchte, muss also früh aufstehen und bis 10 Uhr vom Kap wieder zurück sein.

Grandiose Aussicht

Den ersten Stopp lohnt die Aussichtsplattform Mirador Punta de la Nao. Nach kurzem Aufstieg über eine steile Treppe genießt man einen weiten Blick auf die zerklüftete Nordküste mit der kleinen Felsinsel El Colomer einige Hundert Meter weiter unten. Das spektakuläre Panorama ist sicher eines der meist fotografierten Mallorcas. Gleich gegenüber dem Parkplatz am Mirador steigt eine steile, geteerte Straße zum alten Wachturm Talaia d'Albercutx empor. Für schwindelfreie Kletterer erschließt sich das gesamte Panorama der lang gezogenen Halbinsel. Fast 500 Meter

ROMANTISCHE BADEBUCHTEN

Auf halbem Weg zum Leuchtturm lockt linker Hand die Cala Figuera mit türkisfarbenem, klarem Wasser zum Schwimmen. Ein Parkplatz wurde neben der Straße angelegt. Der Abstieg zu Fuß dauert etwa eine halbe Stunde, Proviant und Wasser müssen mitgenommen werden. Eine weitere Möglichkeit, einen Spaziergang mit einem erfrischenden Bad zu verbinden, ist die versteckte Cala Murta. Am besten parkt man bei Cala Figuera. Die kleine Straße, die ein paar Hundert Meter weiter westlich auf der anderen Seite beginnt, ist für Autos gesperrt. Nach einem leichten Abstieg von rund zwei Kilometern erreicht man die romantische Badebucht.

tiefer liegen Port de Pollença und die angrenzenden Buchten.

Ein abgeschirmtes Paradies

Vom Mirador fällt die Straße in vielen Serpentinen ab in ein grünes Tal. Dort ist die Abzweigung zur Siedlung Piedra und zur Cala Pí mit ihrem schmalen, lang gestreckten Badestrand. Man muss das Auto auf dem gebührenpflichtigen Parkplatz abstellen und kann zu Fuß bis zum Anleger für die Ausflugsboote aus Port de Pollença und zu den Stränden auf beiden Seiten laufen.

Der nördlichste Strandabschnitt ist den Gästen des exklusiven Hotel Formentor vorbehalten. Geschützt durch eine vorgelagerte Insel liegen Ankerplätze für Gäste, die mit der eigenen Jacht kommen. Viele Sommer hindurch ankerte dort das Schiff des englischen Schauspielers Peter Ustinov, einer der zahlreichen illustren Stammgäste – die Hotelliste nennt außerdem Namen wie Wallis Simpson, Charlie Chaplin, Hemingway, Onassis oder Ava Gardner. Das lag und liegt an der Philosophie von Adán Diehl: Der gut betuchte Argentinier deutscher Abstammung hatte sich in die unberührte Landschaft der schwer zugänglichen Halbinsel verliebt und beschloss 1926, mit seiner Frau ein Haus am Strand von Formentor zu bauen. Er erwarb eine riesige Finca und schuf dort auch für seine Freunde eine Bleibe, viele von ihnen Avantgarde-Künstler, Industrielle, Politiker. 1929 wurde das nur mit dem Schiff zu erreichende Hotel Formentor eröffnet. Mallorca war zu dieser Zeit touristisch kaum erschlossen. Diehl, der Visionär, hatte mit seinem gewagten Projekt allerdings wenig Glück. Die Weltwirtschaftskrise, ausgelöst durch den New Yorker Börsencrash 1929, wurde für ihn zum Fiasko. 1934 musste er alles verkaufen, bettelarm kehrte das Paar nach Argentinien zurück. Doch der Geist des »Formentor« lebte nach dem Spanischen Bürgerkrieg wieder auf. Noch heute versammeln sich hier die Spitzen aus Kultur, Politik und Wirtschaft.

Von der Abzweigung nach Formentor windet sich die schmale Straße noch weitere zwölf Kilometer durch die verkarstete Felslandschaft. Man passiert den Tunnel durch den Berg El Fumat und erreicht den Leuchtturm auf der letzten, 200 Meter hohen Klippe. Eine Treppe führt bis zum Meer. Über sie und die kleine Anlegestelle wurde die Anlage bis in die Fünfzigerjahre über Schiffe versorgt. Cap Formentor ist wahrlich einer der besten Plätze, um den Sonnenuntergang zu genießen.

WEITERE INFORMATIONEN

Hotel Formentor (Barceló Formentor):
Playa de Formentor 3, Port de Pollença,
Tel. 971 89 91 00,
www.barceloformentor.com

30 Alcúdia – wo alles begann

Das Zentrum stets neuer Eroberer

Die historische Altstadt von Alcúdia ist vollständig von Mauern umgeben und kann nur durch eines der mittelalterlichen Tore betreten werden (oben). Im Zentrum von Alcúdia bezeugen das Rathaus und prachtvolle Patrizierhäuser den Reichtum der Stadt (rechts).

Alcúdia ist die älteste und geschichtsträchtigste Stadt auf Mallorca. Und bis in die Gegenwart haben der Ort und sein Hafen, der zweitgrößte nach Palma, einen hohen Freizeitwert und eine große wirtschaftliche Bedeutung. Die von hohen Mauern umgebene mittelalterliche Stadt liegt auf einer Anhöhe, von der aus man die beiden großen Buchten, die Badia de Pollença und die Badia de Alcúdia, gut überblicken kann.

Vor der Stadtmauer wurden die Ruinen der alten Römerstadt Pollentia freigelegt. Die Römer hatten 123 v. Chr. Mallorca besetzt, um der von hier ausgehenden Seeräuberei ein Ende zu machen, die ihre Vorherrschaft im westlichen Mittelmeer bedrohte. Das Heer unter Cecilius Metellus landete in der Bucht von Alcúdia und gründete eine befestigte Garnison, die Pollentia, die Machtvolle, genannt wurde. Sie war mehrere Jahrhunderte hindurch die wichtigste Stadt auf der Insel, durch eine gepflasterte Straße verbunden mit Palmira, der späteren Hauptstadt Palma, auf der anderen Seite. Kurioserweise ist der Verlauf der heutigen Autobahn fast identisch mit dem der alten Heerstraße.

Die Reste der römischen Stadt, die auch ein Theater besaß, lassen erahnen, dass sie etwa so groß war wie das heutige Alcúdia. Viel ist nicht übrig geblieben aus dieser Zeit, denn die Vandalen machten die Stadt im Jahr 421 fast dem Erdboden gleich, und die später einfallenden Araber nutzen sie als Steinbruch. Einige Fundstücke aus der Römerzeit sind im Museu Monográfico de Pollentia ausgestellt. Sehenswert ist gleich daneben auch das kleine Museum der Kirche Sant Jaume.

Trubel hinter wehrhaften Mauern

Die mächtigen Stadtmauern wurden im 15. und 16. Jahrhundert zum Schutz gegen die

Der Aussichtspunkt auf dem Berg Penya Rotja ermöglicht herrliche Ausblicke auf die Bucht von Pollença (unten). Im Hafen liegen viele der typischen Llaüts, die Fischerboote der Malloquiner (rechts oben). Golfer kommen in Alcanada an der Südküste der Halbinsel auf ihre Kosten (rechts unten).

ständigen Piratenüberfälle erbaut. Sie sind fast vollständig erhalten und auf einer Länge von 500 Metern auch begehbar. Außerhalb der Mauern gibt es ausreichend Parkplätze, und man betritt die Stadt durch eines der mittelalterlichen Tore. Alcúdia präsentiert sich dem Besucher wie ein riesiges Schaufenster. Kleine Geschäfte mit Kunsthandwerk, Produkten der heimischen Küche, allerdings auch mit jeder Menge Ramsch warten auf Käufer. Viele Bars, Cafeterias und Restaurants bieten sich zur Rast an. Am schönsten sitzt man auf der Plaça de la Constitució. Das Restaurant Satyricon mit seiner römisch angehauchten Dekoration ist eine gute Adresse, mallorquinische Spezialitäten serviert gegenüber das Sa Plaça. Jeden Dienstag und besonders am Sonntag füllt sich die Stadt zu den Markttagen. In vielen Gassen sind Stände aufgebaut, das Angebot ist bunt gemischt.

Wie schon die Nachbarstadt Pollença, so ist auch Alcúdia in erster Linie auf den Besuch der Touristen von außerhalb eingestellt. Innerhalb der Stadtmauern gibt es nur wenige kleine Hotels und Pensionen, wie das Öko-Hotel Can Tem, ein schön renoviertes Herrenhaus aus dem 16. Jahrhundert (Carrer de l'Església 14) und das Hotel Sant Jaume (Carrer Sant Jaume 6). Einen Besuch wert ist auch die kleine, etwas außerhalb der nördlichen Stadtmauer gelegene Stierkampfarena. Im Sommer finden dort unblutige Schaukämpfe mit Jungstieren, *novillos*, statt.

Ausflug zur Halbinsel La Victoria

Obwohl von den Zinnen der Stadtmauern Alcúdias die Strände der beiden Buchten eingesehen werden können, wird der Blick geradeaus auf das Meer vom riesigen Felsmassiv der Halbinsel La Victoria versperrt. Das kaum bewohnte und wenig erschlossene Gebirge schiebt sich mehrere Kilometer ins Mittelmeer und trennt die Badia de Pollença von der Badia de Alcúdia. Die Halbinsel ist wegen ihrer schönen Aussichtspunkte als Ausflugsziel beliebt. Den spektakulärsten Blick hat man vom alten Wachturm Talaia de Alcúdia, mit 444 Metern der höchste Gipfel des Massivs.

Man kann die Halbinsel erwandern oder mit dem Montainbike erkunden. Für Autofahrer führt eine Straße über die Nobelsiedlungen Mal Pas und Bon Aire mit dem schicken Jachthafen Marina Cocodrilo zuerst auf Meereshöhe an der Nordseite der Halbinsel entlang. Der Weg ist leidlich ausgeschildert, erfordert jedoch einige Aufmerksamkeit. Dann steigt er in wilden Ser-

pentinen bergan bis zur ehemaligen Einsiedelei Ermita de la Victoria. Auf halbem Weg liegen die Jugendherberge und gleich daneben ein schöner Picknickplatz. Auf dem großen Parkplatz unterhalb der Ermita kann man sein Fahrzeug abstellen und die weitere Erkundung zu Fuß unternehmen. Die ehemaligen Pilgerzellen oberhalb des Gebetsraumes wurden inzwischen in das Petit Hotel La Victoria umgewandelt, das besonders bei Wanderern beliebt ist. Wer Erholung sucht, wird sie hier, weitab vom Trubel an der Küste, sicher finden. Über wenige Stufen gelangt man zum etwas höher gelegenen Restaurant La Victoria, das mallorquinische Spezialitäten bietet, aber besonders wegen seiner spektakulären Aussicht auf die Badia de Pollença regen Zuspruch erfährt.

Von der Einsiedelei aus sind mehrere Wanderrouten ausgeschildert, so zum höchsten Punkt am alten Wachturm und zum Aussichtsfelsen Penya Rotja. Auch Wanderer und Biker sollten ihre Badesachen mitnehmen, denn an einigen Stellen erreicht man herrliche kleine Badebuchten mit kristallklarem Wasser und sauberen Kiesstränden, wie Sant Joan und Sant Pere. Trotz mehrmaliger Ankündigung, die gesamte Halbinsel für das Publikum freizugeben, ist die Straße, die zum vorgelagerten Cap del Pinar führt, meist abgeriegelt. Diese Gegend ist immer noch militärisches Sperrgebiet, nur hohe Militärs und Angehörige des Madrider Vertei-

digungsministeriums dürfen hier ungestörte Ferien genießen. Die Stadt Alcúdia verhandelt bisher ohne großen Erfolg mit den Militärs, die ihr kleines Paradies nicht kampflos aufgeben wollen. Der Bau eines Fünfsternehotels für hohe Gäste des spanischen Staats scheiterte jedoch bisher am Protest zahlreicher Umweltorganisationen.

Der Hafen und die Strände im Süden
Port d'Alcúdia liegt geschützt unter den südlichen Hängen der Halbinsel. An den riesigen Jachthafen mit Hunderten Booten grenzt nördlich der Fischer- und Industriehafen an. Den Abschluss bildet die bombastische neue Fährstation für die Autofähren zur Nachbarinsel Menorca und nach Barcelona. Verschandelt wird die Idylle von einem alten Kohlekraftwerk. Bis Mitte des Jahrhunderts soll der Strom auf den Balearen komplett aus erneuerbaren Energien gewonnen werden. Nach Süden hin beginnen lang gezogene Strände mit weißem Muschelsand. Die Dünenlandschaft ist unter zahlreichen Hotels und entsprechender Sekundärindustrie verschwunden, die sich mehrere Kilometer an beiden Seiten der Hauptstraße entlangzieht. Die Kette der Hotels hat sich in den Jahren immer weiter nach Süden ausgedehnt, die ursprüngliche Küstenlandschaft aus Dünen und Pinienwald sieht man nur noch auf der Höhe des Eingangs zum Naturpark S'Albufera.

GOLFEN UND KUNST AUF LA VICTORIA

Wenig erschlossen ist die Südseite von La Victoria, obwohl seit dem Bau des neuen Golfplatzes Alcanada auch die Straße viel besser geworden ist. Die Sportanlage selbst hat die vielleicht schönste Aussicht aller Golfplätze auf Mallorca. Das Restaurant des Golfplatzes steht auch Nichtspielern offen und wirbt mit internationaler Küche und ebendiesem Panorama. Doch das wirkliche Kleinod liegt hinter dem Golfplatz: Auf der Finca Sa Bassa Blanca hat das Künstlerehepaar Yannick und Ben Jakober seine Stiftung angesiedelt. Sehenswert der Skulpturenpark mit Rosengarten und die Sammlung mittelalterlicher Porträts adeliger Kinder im ehemaligen Wasserspeicher. Mo–Sa 10–18 Uhr, von 13–14 Uhr sind die Ausstellungsräume geschlossen. Tel. 971 54 69 15, 900 77 70 01, www.fundacionjakober.org

WEITERE INFORMATIONEN
www.alcudiamallorca.com
Hinweise zu den **römischen Ausgrabungen:** www.pollentia.net;
Museu Monográfico de Pollentia: Oktober bis April Di–Do 10–16 Uhr, Sa/So 10–14 Uhr, Mai–September Di–Do sowie Sa 9.30–20.30 Uhr. So 10–14 Uhr Carrer Sant Jaume 30, Tel. 971 54 70 04.

Mittelalterliches Stadttor
Porta del Moll von Alcúdia.

31 Rund um den Naturpark S'Albufera

Ein Rückzugsort für Vögel

Ein echtes Paradies und dazu noch wenig unbekannt ist S'Albufera, einer der ältesten Naturparks auf Mallorca. Das größte Feuchtgebiet der Insel, dicht bewachsen mit hohem Schilf, ist eines der letzten Rückzugsreviere für zahlreiche heimische Vogelarten und dient Scharen von Zugvögeln als Zwischenstation. Im Frühling und Herbst herrscht Hochbetrieb in S'Albufera. Ornithologen haben bis zu 300 verschiedene Vogelarten gezählt.

Mit einem Netz von Kanälen wollte man vor 100 Jahren das Feuchtgebiet S'Albufera – heute unter Naturschutz – trockenlegen (unten). An den Kanälen und Wasserflächen des Naturschutzgebiets kommt es oft zu spannenden Lichtstimmungen (rechts oben). Zugvögel machen hier auf dem Weg nach Afrika Station, wie dieser Fischreiher (rechts unten).

Die Sümpfe im Hinterland der Bucht von Alcúdia hatten in der Zeit vor dem Touristenansturm viel größere Ausmaße. Sie begannen kurz hinter der Strandzone, getrennt vom Meer durch einen breiten Gürtel hoher Sanddünen und durchgehenden Pinienwald. Auf einer Breite von mehr als fünf Kilometern erstreckten sie sich fast bis nach Sa Pobla.

Die Reisfelder von Sa Pobla

Das Bauerndorf in der Ebene wird wegen seines intensiven Obst- und Gemüseanbaus auch der »Garten von Mallorca« genannt. Ein Hauptzweig ist der Anbau von Frühkartoffeln, die zum großen Teil schon seit vielen Jahrzehnten nach Großbritannien exportiert werden. Eine weitere Spezialität ist die Produktion eines feinkörnigen, fast runden Reises. Damit gehört Sa Pobla – neben den Flussdeltas des Ebros auf dem spanischen Festland und der Rhône in Südfrankreich – zu den wenigen Regionen in Europa, in denen der eher in Asien heimische Reis angebaut wird. Das Getreide wird zwar auf der Insel sehr geschätzt, ist aber relativ teuer und wird am liebsten für das Nationalgericht *Arroz Brut,* Schmutziger Reis, verwendet, einen deftigen Reiseintopf mit Fleisch und Gemüse. Eine weitere kulinarische Spezialität von Sa Pobla sind *Empanades Spinagades,*

Teigtaschen, die mit viel Gemüse und Aal aus den Sümpfen von S'Albufera gefüllt werden und die es vor allem zu den Feiern des Dorfheiligen Sant Antoni Mitte Januar gibt. An diesen Feiertagen jagen als Teufel verkleidete Burschen die Jungfrauen des Dorfes durch die Gassen. Das Fest gipfelt in einem prächtigen Feuerwerk am quadratischen, von großen Bäumen eingerahmten Dorfplatz mit dem Rathaus und den schönsten Patrizierhäusern als Kulisse.

Vergebliche Versuche, die Natur zu bezwingen

Die Landwirtschaft war auch der Grund für das heutige Aussehen des Sumpfgebiets der S'Albufera. In der zweiten Hälfte des 19. Jahrhunderts wurden mehrere Versuche unternommen, das Feuchtgebiet trockenzulegen, um es für den Anbau zu nutzen. Den ehrgeizigsten Plan entwickelte ein betuchter Engländer, der 1500 Arbeiter fast zehn Jahre lang beschäftigte und große Veränderungen in der urtümlichen Landschaft verursachte. Das System der Entwässerungskanäle stammt aus dieser Zeit. Der sichtbarste ist der Canal Siurana, der durch die Dünen bis zum Meer führt. Die Brücke über den Kanal, an dessen Ufern heute kleine Boote festmachen können,

heißt in Erinnerung an die Briten Pont dels Anglesos. Hunderte von Windrädern angetriebene Schöpfräder wurden durch eine riesige hydraulische Pumpe verstärkt. Nachdem die Hälfte des damals 4000 Hektar großen Geländes trocken war, stellten die Experten fest, dass die Erde für den Anbau viel zu salzhaltig war und eigentlich keine Kulturpflanzen dort wachsen konnten. Das Unternehmen ging pleite, die Natur eroberte sich nach und nach einen großen Teil des Landes zurück. Einziges Überbleibsel des Versuchs, der Natur im Sumpf etwas abzuringen, sind die wenigen Reisfelder am Rand des Feuchtgebiets bei Sa Pobla. Sonst hat das Schilf, Heimstatt unzähliger Vögel, wieder die Oberhand gewonnen.

Die früher durchgehenden Pinienwälder und Sanddünen am Meer jedoch wurden von den Hotelpalästen immer weiter zurückgedrängt. Nun ist nur noch ein kleines Stück zwischen der Platja de Muro und Ca'n Picafort im ursprünglichen Zustand. Besucher stellen ihr Auto auf dem Parkplatz neben der Brücke über den Hauptkanal ab. Ein Fuß- und Radweg führt in 400 Metern zu einem kleinen Informationszentrum, in dem Schautafeln und Videos den Park und seine Entstehung erklären.

32 Artà, die alte Handwerkerstadt

Landschönheit mit internationalem Flair

Eine kleine Welt für sich ist die Halbinsel, die in nordöstlicher Richtung ins Meer ragt. Das Tor zu dieser Welt ist das Städtchen Artà, das zentral im Landesinneren liegt und der gesamten Halbinsel den Namen gegeben hat. Die Region um Canyamel und Costa dels Pins ist eine der begehrtesten – und teuersten – Gegenden auf Mallorca. Dort liegen auch die sehenswerten Tropfsteinhöhlen von Artà.

Eine weithin sichtbare mittelalterliche Burg überragt das Handwerkerstädtchen Artà (oben). Nach dem Marktbesuch laden zahlreiche Straßencafés zur Rast ein (rechts unten). Vor der Stadt liegt die steinzeitliche, mysteriöse Talaiot-Siedlung Ses Païsses (rechts oben).

Die kleine Handwerkerstadt Artà ist in den letzten Jahren sehr international geworden. Viele Ausländer, vor allem Deutsche und Briten, haben sich hier angesiedelt, durch mehrere kleine Stadthotels ist der ruhige Ort auch touristischer geworden.

Altstadtgassen und wehrhafte Burg

Da der Durchgangsverkehr schon lange um das Zentrum von Artà herumgeleitet wird, haben die zum Burgberg hin immer enger werdenden Gassen kaum Verkehrsprobleme, allerdings gibt es auch wenig Parkraum. Deshalb sollte man seinen Wagen besser in der unteren Stadt stehen lassen und Artà zu Fuß erkunden.

Ein Teil der Altstadt ist Fußgängerzone. Besonders an den zur Burg ansteigenden Hauptstraßen findet man zahlreiche Geschäfte mit Kunsthandwerk, Schmuck und Mode, einige Kunstgalerien sowie auch hübsche Cafeterias und Bars. Ein Klassiker ist das Café Parisien (Carrer Ciutat 18), dessen schattiger, mit Zitronen- und Orangenbäumen bepflanzter Innenhof zu einer Pause einlädt. Das schöne Lokal ist besonders dienstags ein ruhiger Rückzugsort, wenn zum Wochenmarkt Hunderte – in der Hochsaison auch Tausende – Touristen ins Städtchen strömen. Neben dem normalen Markt auf einem Platz links der Carrer Ciutat ist der Kunsthandwerksmarkt auf einem Platz an der rechten Seite sehenswert.

Interessante Fundstücke aus verschiedenen Epochen der Stadtgeschichte werden im kleinen Museu Regional d'Artà gezeigt, das gleich neben dem Rathaus liegt (Carrer Estrella 4). Die Gegend war schon zur Stein- und Bronzezeit bewohnt, auch Römer, Griechen und Phönizier hinterließen ihre Spuren. Daneben gibt es Sammlungen von einheimischer Fauna und Flora. Anschaulich ist auch die Verarbeitung der Blätter der Stechpalme dokumentiert, die große Tradition in dieser Gegend hat.

Bereits im 13. Jahrhundert ließ Jaume I. die riesige Wehranlage errichten, die – mit dem ehemaligen Kloster Santuari de Sant Salvador – die Stadt überragt und mit ihren zinnenbewehrten Mauern den gesamten Stadthügel einnimmt. Mehrere Gassen und Treppen führen nach oben. Auch mit dem Wagen kann man bis vor die Mauern fahren, der Weg ist ausgeschildert, allerdings sind die wenigen Parkplätze fast immer belegt, und man muss zu dem an der Landstraße zur Einsiedelei Betlem gelegenen Parkplatz zurückkehren. Der Ausblick von den durchgehend begehbaren Mauern auf das Dächergewirr ist beeindruckend.

Ses Païsses, die Siedlung der Bronzezeit

Schon vor Tausenden von Jahren bewohnten Menschen die Höhlen in den Hügeln. Später errichteten sie Steinhäuser – Talaiots – in der Ebene. Südlich des Ortszentrums liegt die besonders gut erhaltene Anlage von Ses Païsses. Das eingezäunte Gelände wird durch ein mächtiges Steintor betreten. Die tonnenschweren Steinquader werfen die Frage auf, wie die Erbauer mit ihren primitiven Mitteln derartige Lasten bewegen konnten und genau in die Position brachten, die sie seit 3000 Jahren unverändert einnehmen.

Abstieg in die Unterwelt – die Höhlen von Artà

An der Ostküste, etwa zwölf Kilometer vom Ort entfernt, liegen die Tropfsteinhöhlen von Artà. Die benachbarte Villensiedlung gehört zu den exklusivsten der Insel. 50 Meter über dem Meer beginnt der Abstieg in die sagenumwobene Unterwelt. Dem Besucher erwartet ein mit Ton- und Lichteffekten untermaltes Naturwunder. Prunkstück ist ein »Königin der Säulen« genannter Stalaktit von 20 Metern Höhe.

GUT SCHLAFEN UND KÖSTLICH ESSEN

Ein besonderes Ensemble haben der deutsche Schauspieler Christophorus Heufken und seine Frau Britta in Artà geschaffen. Das kleine *Hotel* Sant Salvador-Palacio mit nur acht Suiten liegt am Burgberg, unterhalb von San Salvador. Das hufeisenförmige Palais wird Antoni Gaudí zugeschrieben. Das Minihotel bietet mit dem Gaudi Zezo Gourmet ein Spitzenrestaurant (Tel. 971 82 95 55, www.santsalvador.com). Ruhig und preiswert geht es im kleinen Hotel Casal d'Artà am zentralen Platz vor dem Rathaus zu. Auch hier ist der Betrieb in deutscher Hand (Tel. 971 82 91 63, www.casaldarta.com). Weithin sichtbar steht der mittelalterliche Turm Torre de Canyamel an der Straße von Artà nach Canyamel. Er kann leider nicht bestiegen werden, doch ein Stopp ist dort nicht verkehrt. Das Restaurant Porxada gleich daneben ist bekannt für die schmackhaften großen Portionen Spanferkel. Tel. 971 84 13 10, So geschlossen.

WEITERE INFORMATIONEN

Talayot Ses Païsses: Mo–Fr 10–17 Uhr, Sa 10–14 Uhr

Höhlen von Artà: April–Juni sowie Oktober 10–18 Uhr, Juli–September 10–19 Uhr, November bis März 10–17 Uhr, www.cuevasdearta.com

Im Frühjahr überzieht ein Blütenmeer die saftigen Wiesen (oben). In vielen Serpentinen führt der Weg zur Einsiedelei von Betlem (rechts unten). An der kaum erschlossenen Küste findet man einsame Strände (rechts oben).

33 Wandern im Naturpark Llevant

Kahle Berge mit herrlichen Ausblicken

Der jüngste Naturpark Mallorcas ist der Parc Natural de la Península de Llevant, der im Wesentlichen die bergige Gegend im Norden Artàs bis zur schroffen Felsküste umfasst. Die schönste Zeit, um den Park zu erkunden ist das Frühjahr, wenn die in dieser Zeit üblichen Niederschläge alles herrlich blühen lassen. Besonders die mit Steineichen und wilden Olivenbäumen bewachsenen Täler sind eine Augenweide.

Die karstigen Berge, die schon vor Jahrhunderten ihres Baumbewuchses beraubt wurden, überziehen sich nur mit spärlichem Grün, Brandrodung und Ziegenherden sind dafür die hauptsächliche Ursache. Kernstück des Naturparks bilden einige große Fincas, die sich inzwischen in öffentlichem Besitz befinden. Insgesamt umfasst das Naturschutzgebiet rund 1500 Hektar, sechs Wanderrouten sind ausgezeichnet.

Zum Puig de Morey

Mit dem Auto kann man nur beschränkt in die Region fahren, so an der westlichen Begrenzung zur Einsiedelei von Betlem. Nach etwa fünf Kilometern biegt nach rechts ein ungeteerter Weg zur alten Radarstation auf dem Berg Puig de Sa Tudossa ab. Am Parkplatz muss das Auto zurückgelassen werden. Für viele Wanderer ist diese Radarstation eine Zwischenetappe: Über einen schmalen Grat geht eine schöne Route zum höchsten Berg der Gegend hinauf, dem Puig de Morey. Die letzten Meter muss man steil aufsteigen, doch die Mühe wird von einem grandiosen Ausblick auf die Bucht von Alcúdia und Cap Formentor belohnt. Bei gutem Wetter erkennt man sogar die Nachbarinsel Menorca.

Noch unberührte Buchten

Den gleichen Ausblick kann man weniger schweißtreibend von der Kante hinter der Er-

mita de Betlem genießen. Die letzten Mönche der im 17. Jahrhundert errichteten Einsiedelei sind 2010 in die Einsiedelei Santísima Trinidad bei Valldemossa umgezogen. Man fährt die oben erwähnte Straße bis zum Ende und parkt vor der Anlage. Die Route ist an sich schon wegen des schönen Tals und dann wegen der engen Serpentinen ein Erlebnis. Zu Füßen der steil abfallenden Küstenberge liegen die Siedlungen Colònia de Sant Pere und Betlem direkt am Meer, sie gehören zur Gemeinde Artà. Erst vor wenigen Jahren öffnete sich diese abgeschiedene Küstenregion dem Tourismus. Der Grund war die umstrittene Vergrößerung des ursprünglich winzigen Fischerhafens zu einem mondänen Sporthafen mit Hunderten von Liegeplätzen. Noch ist die Zahl der Beherbergungsbetriebe auf ein halbes Dutzend kleiner Hotels, Pensionen und Appartementanlagen beschränkt, die meisten Sommerfrischler – viele aus der Hauptstadt Palma – wohnen in privaten Unterkünften. Doch auch hier stehen die Zeichen auf Veränderung. Eine neue Riesensiedlung zwischen den beiden Orten wurde durch eine

starke Protestbewegung von Nachbarn und Naturschützern bisher verhindert, doch die internationalen Spekulanten liegen nach wie vor auf der Lauer, sich das appetitliche Stückchen Küste einzuverleiben. Bisher sind aber noch viele der kleinen, teils schwer zugänglichen Badebuchten selbst im Hochsommer nur spärlich besucht und ein wahres Paradies für alle, die das Meer noch unverfälscht erleben wollen.

Die einzige befahrbare Straße durch das Naturschutzgebiet führt zur Cala Torta, einem der beliebtesten Badestände des Nordens. Die mit feinkörnigem Sand und türkisfarbenem Wasser lockende Bucht ist auch bei FKK-Liebhabern beliebt. Sie ist Ausgangspunkt einer schönen Küstenwanderung über die benachbarten Buchten Cala Mitjana und Cala Estreta zum ehemaligen Wachturm Torre d'Albarca, zu dessen Füßen die schönsten Badebuchten liegen, beispielsweise die Cala Matzoc. Auch die etwas weiter westlich gelegene Cala de Sa Font Saldada und der spektakuläre Strand von S'Arenalet überzeugen durch ihre Ursprünglichkeit.

SCHUTZHÜTTEN FÜR WANDERER

Am Strand von S'Arenalet wurde ein altes Fischerhaus, die Caseta de S'Arenalet in eine Schutzhütte für Wanderer mit 22 Schlafplätzen umgebaut. An der Küste des Naturparks gibt es noch zwei weitere Stützpunkte mit Übernachtungsmöglichkeiten: Die kleine Caseta des Oguers bietet zehn Menschen Platz, außerdem kann daneben auf einem abgesteckten Terrain auch gezeltet werden. Die Cases d'Albarca haben zwölf Schlafplätze. Alle Hütten können über das Büro der Parkverwaltung am Rathausplatz von Artà reserviert werden. Wer ohne ausreichenden Proviant an die einsamen Badebuchten fährt, sollte schon vorher für sein leibliches Wohl sorgen, empfehlenswert ist das ländliche Restaurant Es Serral, kurz hinter dem Ortsausgang von Artà links der Straße nach Cala Torta. Die deftige, regionale Küche wird von nettem Service begleitet, einen Schnellsprachkurs in Mallorquin gibt es gratis, Tel. 971 83 53 36.

WEITERE INFORMATIONEN
Büro der Parkverwaltung: Artà, Rathausplatz (neben der Filiale der Sparkasse Sa Nostra), Tel. 971 62 92 19, 971 83 68 28.

34 Burg Capdepera und Cala Ratjada

Mallorcas größte Burg

Schon von Weitem ist die mächtige Burganlage von Capdepera zu sehen. Noch vor den Römern, die hier ein Kastell errichteten, nutzten die Ureinwohner die exponierte Lage zur Überwachung der Küste. Die kleine Stadt, bekannt für kunstvolle Flechtarbeiten aus den Blättern der Stechpalme, ist das Verwaltungszentrum des gesamten Küstengebiets mit dem wichtigen Hafen und Touristenort Cala Ratjada an der Spitze des Kaps.

Die Flechterstadt Capdepera wird von der größten Burganlage auf Mallorca überragt (unten). Cala Ratjada hat sich zu einem bedeutenden Urlauberort entwickelt. Weite Sandstrände ziehen die Badelustigen an (rechts oben). Gleich zwei Häfen hat Cala Ratjada und dort Platz für insgesamt mehr als 200 Boote (rechts unten).

Die beeindruckende Burganlage beherrscht den ganzen hinteren Teil der weit ins Meer ragenden Halbinsel. Sie wurde in diesen Ausmaßen im 14. Jahrhundert auf Befehl Königs Jaume II. ausgebaut, 150 Häuser standen einst innerhalb der Mauern. Von der Dachterrasse der Kirche La Esperanza hat man einen herrlichen Blick auf die Küste. Die Anlage kann auf der wuchtigen Mauer umrundet werden. Nach der berühmtesten Sage hatten die Bewohner in allergrößter Not eine Marienstatue auf die Mauer gestellt, worauf sich dichter Nebel erhob und die angreifenden arabischen Piraten in Panik versetzte. Die rettende Statue steht nun in der Pfarrkirche Sant Bartomeu am Fuß des Burgbergs. Die Stadt selbst birgt in ihren engen Gassen mehrere Geschäfte, die geflochtene Taschen, Hüte und andere Utensilien verkaufen, die aus den gebleichten Blättern der einheimischen Stechpalme Garballó hergestellt werden.

Halligalli im Hafen Cala Ratjada

Weit touristischer und damit auch belebter ist der vier Kilometer entfernte Hafen Cala Ratjada, um den in den letzten Jahrzehnten zahlreiche Villensiedlungen und große Hotels entstanden

sind. Die Attraktion des Ortes sind die hervorragenden Strände, die sich südlich und auch westlich vom Hafen aus über weite Zonen erstrecken. Im Hafen liegt die nach Palma zweitgrößte aktive Fischerflotte der Insel. Vor der Lonja, der Verkaufsstelle der Meeresfrüchte – darunter die geschätzten und recht teuren Langusten – trocknen die Fischer ihre Netze. Die lange Mole ist ein beliebter Weg für einen Spaziergang, eine Meeresbrise bringt hier immer Erfrischung. Am Hafen liegen auch Fischrestaurants wie Es Mollet. Eines der besten Lokale der Insel, das Restaurant Andreu Genestra (Camí de Son Moltó), liegt in einem alten Landgut außerhalb, an der Straße nach Cala Mezquida. An der schönen Promenade reiht sich südlich vom Hafen Restaurant an Kneipe, Musikpub an Cafeteria. Der autofreie Weg führt fast zwei Kilometer bis zu den Hotels am Strand von Son Moll und bietet sich vor allem für einen ausgedehnten Bummel am Abend an.

Der Skulpturengarten der Familie March

Auf einem grünen Hügel nördlich des Hafens thront die Villa der Bankiersfamilie March inmitten eines großen Parks. Juan March hatte das Grundstück 1915 gekauft und eine prächtige Sommerresidenz darauf errichtet. In der zweiten Hälfte des 20. Jahrhunderts wurde der Garten neu gestaltet und eine berühmte Skulpturensammlung angelegt. Auch wenn viele der riesigen Bäume vor einigen Jahren einem Sturm zum Opfer fielen, ist die verbliebene Vegetation sehenswert. Langsam heilen die Wunden des Unwetters, das allerdings den Abzug einiger der Skulpturen von Dalí, Rodin und Moore nach Palma auf die Terrasse des dortigen Palau March zur Folge hatte. Inzwischen kann der Park wieder besichtigt werden, allerdings nur im Rahmen einer Führung.

Beliebte und belebte Strände

Bei den nördlich vom Ortszentrum gelegenen Stränden ragt besonders die Cala Agulla hervor, an deren Ostseite sich viele der neuen und entsprechend riesigen Hotels konzentrieren. Der Strand selbst aber ist so gut wie unbebaut. Man kann mit dem Auto bis zu einem Parkplatz gleich oberhalb des Hauptstrands fahren und sich so den längeren Fußmarsch durch die Hotelgegend ersparen. Über einen steinigen Fußweg gelangt man in 20 Minuten zur etwas abgelegenen Cala Molto, die deshalb auch von vielen Nacktbadern besucht wird. Die noch weiter westlich gelegene Cala Mesquida kann nur über die direkte Zufahrtsstraße von Capdepera aus oder mit einem längeren Fußmarsch über eine felsige Klippe erreicht werden – am Meer entlang ist der Weg dorthin noch weiter.

FERIA DE LA LLAMPUGA

Tausende Besucher strömen an einem Wochenende Mitte Oktober in den Fischerhafen von Cala Rajada. Der Grund ist die sehr beliebte »Mostra de la Llampuga«, das Fest des Gewitterfisches. Seinen mallorquinischen Namen hat diese Goldmakrele, die in riesigen Schwärmen durch die Gewässer der Balearen zieht, wegen des jährlichen Auftretens in den Wochen, die durch die ersten Unwetter des Herbstes charakterisiert sind. Der schmackhafte und wegen seiner ungesättigten Fettsäuren auch gesunde Fisch wird in mehreren Dutzend Varianten von klassischen Rezepten – in Stücken gebraten mit gerösteten roten Paprika und Kartoffelscheiben – bis exotischen Kreationen mit Curry angeboten. Die in Massen auftretenden Festgäste können schon mal mehr als zwei Tonnen des populären Meeresbewohners verspeisen.

WEITERE INFORMATIONEN

Führungen durch den Skulpturengarten: Anmeldung im Tourismusbüro Cala Rajada, Centre Cap Vermell, Avenida Cala Agulla 50, Tel. 971 81 94 67

Die Ostküste und der flache Süden

Traumwelten in Türkis

Die Drachenhöhlen »Coves del Drach« in Porto Cristo sind die größte Touristenattraktion der Insel (links). Die mittelalterliche Burgruine Castell de Santueri kann wieder besichtigt werden (oben). In den Salinen bei Campos wird auf traditionelle Art Salz gewonnen (unten).

In fantastische Unterwelten können Besucher in Porto Cristo hinabsteigen.

Salz und Süden

Unterwegs zu Mallorcas Traumbuchten

Von Porto Cristo mit seinen Tropfsteinhöhlen bis zur Südspitze der Insel, dem Cap de Ses Salines, begeistert die Levante mit traumhaften Buchten. Leider lässt sich so etwas von der Bebauung nicht immer sagen. Aber dafür gibt es Naturparadiese wie den Nationalpark Cabrera, den Naturpark Mondragó und den Es-Trenc-Strand.

Der Franzose Edouard Alfred Martel (1859–1938) pflegte ein für seine Zeit seltenes Hobby: Er erforschte Höhlen. Der Begründer der modernen Speleologie war mit Jules Verne befreundet, der in seinem Roman *Reise zum Mittelpunkt der Erde*, erschienen 1873, die Faszination der unterirdischen Welten verarbeitete. Dass Verne selbst auf Mallorca war und sich von der Höhle von Artà inspirieren ließ, ist vermutlich eine Legende. Martel reiste 1896 nach Mallorca, wo er bei **35 Porto Cristo** die »Drachenhöhlen«, die Coves del Drach, entdeckte. Obwohl sie – korrekterweise – keineswegs unbekannt waren, bereits die Ureinwohner der Insel hatten sie genutzt. Die Entdeckung des unterirdischen Sees blieb jedoch Monsieur Martel vorbehalten. Die Drachenhöhlen sind seit 1935 ein Touristenspektakel, aber trotzdem einfach fantastisch. Der Ort Porto Cristo ist dagegen eher unspektakulär. Malerischer ist da schon **36 Porto Colom.** Der »Kolumbushafen« liegt an einer weiten Bucht, die einen idealen natürlichen Hafen abgibt. Von hier aus wurden früher die Weine der Region Felanitx verschifft. Entlang des modernen Jachthafens reiht sich eine Restaurantterrasse an die andere, es fällt schwer, hier keine Pause einzulegen. Nach einer auf Mallorca gepflegten Theorie ist Porto Colom nach dem Entdecker Kolumbus benannt, weil dieser in Felanitx das Licht der Welt erblickt haben soll. Der Vater soll ein in Ungnade gefallener königlicher Spross gewesen sein, der auf dem Castell de Santuari gefangen war. Die Ruinen der Burg kann man besuchen. Noch besser als von dort ist jedoch die Aussicht vom **37 Santuari de Sant Salvador.**

Die Klosterfestung thront auf einem 509 Meter hohen Berg, den man über eine ebenso schöne wie kurvenreiche Anfahrt erreicht.

Wunderbar alltäglich

36 Felanitx ist noch einer jener Orte, in denen der Tourismus nicht die Hauptrolle spielt. Die spielt sozusagen das ganz normale Leben, das rund um die Kirche Sant Miquel und die dahinterliegende Markthalle so typisch ist. Am meisten los ist in Felanitx am Sonntagvormittag, wenn Wochenmarkt ist. Bevor es wieder ans Meer geht, sollte man noch etwas Zeit für **38 Santanyí** einplanen. Je nach Sonneneinstrahlung hat man das Gefühl, das Städtchen, dessen Häuser meist aus einem goldgelben Sandstein gebaut wurden, leuchte geradezu aus sich heraus. Weiß strahlen dagegen die Villen und Fischerhäuser rund um die schmale Bucht von **38 Cala Figuera.** Die Szenerie ist so malerisch, dass sie in keinem Bildband fehlen darf. Baden ist in Cala Figuera schwierig – ein Grund, weshalb es nicht ausufernd bebaut wurde. Herrliche Strände gibt es aber trotzdem, und das nur wenige Kilometer entfernt im **39 Naturpark Mondragó:** Türkisfarbenes Meer trifft auf hellen Sandstrand, der von Felswänden und Kiefern umrahmt wird – stellt man sich nicht genau so eine Traumbucht vor?
Die südöstliche Spitze Mallorcas heißt wie der Wind, der aus dieser Richtung bläst: Migjorn. Den spürt man oft in Ses Salines, wo der für seine Kakteenpracht bekannte Park **41 Botanicactus** ein echtes Erlebnis ist. Seit Jahrhunderten wird bei **40 Ses Salines** Salz gewonnen. Die flachen

Rückhaltebecken, in denen das Meerwasser verdunstet, liegen hinter einem Dünengürtel und dem Sandstrand Es Trenc. Der ist auch vom Touristenzentrum Colònia de Sant Jordi zu erreichen, von dessen Hafen man auch in den Nationalpark Cabrera übersetzen kann – oder man beschließt die Tour in einem der Restaurants entlang des Hafenbeckens.

In der Markthalle von Manacor versorgen sich die Bewohner der Altstadt mit frischen Lebensmitteln (rechts oben). Höhepunkt des Besuchs der Drachenhöhle ist das Konzert von einem Boot auf dem unterirdischen See (oben). Wanderer können an der Küste noch stille Ecken entdecken (rechts unten).

35 Porto Cristo und die Drachenhöhlen

Ein gelassener Ort mit dramatischer Unterwelt

Das ruhige Fischerdorf Porto Cristo wäre wohl kaum so bekannt, wenn es da nicht die berühmten Drachenhöhlen gäbe, die Coves del Drach, die wohl meistbesuchte Touristenattraktion Mallorcas. Und wer die Unterwelt ohne den bei den Drachenhöhlen üblichen Trubel erleben will, kann stattdessen die benachbarten Tropfsteinhöhlen Coves dels Hams besichtigen.

Porto Cristo, einst Versorgungshafen der weiter im Inselinneren liegenden Stadt Manacor, bietet schöne Strände in verschwiegenen Buchten und für Wassersportler ein breites Angebot. Der Ort liegt an der Mündung eines Es Riuet genannten kleinen Flusses, der im Sommer wenig Wasser führt und doch den Ort teilt. Die Brücke über das Rinnsal, erst vor wenigen Jahren erneuert und überdimensional vergrößert, war und ist einer der Zankäpfel der Bewohner und musste nach Protesten der Anwohner auf Gerichtsbeschluss wieder abgerissen werden. Der Durchgangsverkehr der Küstenstraße quält sich seitdem mühsam durch enge Gassen und über ein Behelfsbrücklein. Staus sind im Sommer an

der Tagesordnung. Auf der nördlichen Seite der sich verbreiternden Flussmündung liegt ein schöner Strand genau unterhalb eines Parks, dessen Schatten spendende Bäume zur Rast einladen. Die gegenüberliegende Seite wird von den Liegeplätzen des Club Nautico eingenommen. Dahinter erstreckt sich eine Villensiedlung bis zum kleinen Leuchtturm und dem alten Wachturm Torre dels Falcons auf den vorgelagerten Klippen.

Die Coves del Drach – Chopin und Farbenrausch

Auf dieser Seite, links der Hauptstraße nach Porto Colom, liegen das Informationsgebäude

und der Eingang zu den Drachenhöhlen, deren Beliebtheit zum einen mit ihrer spektakulären Größe, sicher aber auch mit geschicktem Marketing zusammenhängen. Kernstück des Höhlenbesuchs ist der 177 Meter lange, 40 Meter breite und acht Meter tiefe See Lago Martel, einer der weltweit größten unterirdischen Seen. Benannt wurde er zu Ehren des französischen Höhlenforschers Edouard Alfred Martel, der die Höhlen ab 1896 mit finanzieller Hilfe des Erzherzogs Ludwig Salvator von Habsburg erschlossen und kartografiert hatte. Bekannt waren die Höhlen schon seit Jahrtausenden, frühgeschichtliche Funde weisen darauf hin, aber auch Aufzeichnungen aus der Zeit der Tempelritter im 14. Jahrhundert. Doch keiner wagte sich weit in die bizarre Unterwelt hinein, vermutete man doch ein Ungeheuer, einen »Drach« darin, der einen Schatz bewachte. Heute ist der Schrecken einer romantischen Szenerie gewichen. Drei Boote gleiten lautlos über den See, es beginnt ein Konzert mit klassischen Melodien – teils von den Musikern in den Booten, teils aus versteckten Lautsprechern. Die Besucher nehmen auf einer Tribüne Platz, auf der bis zu 1000 Personen Platz finden. Das Ganze wird von einer farbenprächtigen Beleuchtung umrahmt. In den Drachenhöhlen gibt es keine Führungen, aber der Besuch findet in Gruppen statt. Nach dem Konzert schlängelt sich die Masse wieder durch die engen Gänge der rund 1700 Meter langen Höhle mit reichlich Tropfsteinen, ebenfalls dramatisch beleuchtet. Wer geduldig Schlange steht, wird nach dem Konzert ein Stück mit dem Boot zum Ausgang befördert.

Die Schwestern: Coves dels Hams

Etwas ruhiger geht es in den Tropfsteinhöhlen Coves dels Hams zu, die an der Hauptstraße nach Manacor liegen. Dort werden Gruppen mit mehrsprachiger Führung durch die ebenfalls bunt, aber weniger aufdringlich ausgeleuchteten Gänge und Hallen mit Stalaktiten und Stalagmiten geleitet. Die große Anzahl schlanker, spitzer Tropfsteine haben der Höhle ihren Namen gegeben, *Hams* bedeutet »Harpunen« auf Mallorquin. Das Höhlenkonzert der Drachenhöhle wird hier mit einem Boot auf einem Minisee imitiert.

Interessant ist auch die unterirdisch zelebrierte Videoshow »Phantasieträume des Jules Verne«. Der bekannte Autor und Vater der Science-Fiction besuchte 1869 zwar die Höhlen von Artà, aber nie die Coves dels Hams, die erst am Anfang des 20. Jahrhunderts bei der Suche nach Mineralvorkommen entdeckt wurden.

PERLEN AUS MANACOR

Wer einen Ausflug in diese Region unternimmt, sollte Manacor, die zweitgrößte Stadt auf Mallorca, nicht versäumen. Weit sichtbar ist der 84 Meter hohe, schlanke Turm der Stadtpfarrkirche, dahinter liegen die attraktivsten Gassen, Häuser verschiedenster Epochen in gelungener Harmonie. An der Plaça de la Constitució kann man in der Markthalle die kulinarischen Schätze der Gegend bewundern. Auf jeden Fall sollte man die Ausstellung der Perlas Majórica an der Hauptstraße nach Palma ansehen. Der Deutsche Eduard Heusch entwickelte Anfang des 20. Jahrhunderts ein kompliziertes Verfahren, Kunstperlen herzustellen, die den echten zum Verwechseln ähneln. Seitdem befindet sich in Manacor der Hauptstandort der Produktion, die Perlen sind sehr beliebt und werden weltweit exportiert.

WEITERE INFORMATIONEN

Coves del Drach: April–Oktober 10–12, 14–17 Uhr, November–März bis 15.30 Uhr. Ticketverkauf für alle Shows des jeweiligen Tages ab 9 Uhr, die Größe der Gruppen ist limitiert. Tel. 971820753, www.cuevasdeldrach.com
Coves dels Hams: 10–17 Uhr, im Winter bis 16 Uhr, Tel. 971820988, https://cuevasdelshams.com

36 Porto Colom und Felanitx

Ruhe am Meer, Trubel auf dem Land

Der Überlieferung nach wurde Christoph Kolumbus in der Handwerkerstadt Felanitx geboren. Die Leute nannten deshalb kurzerhand ihren Hafen Porto Colom, Hafen von Kolumbus. Auch wenn am Wahrheitsgehalt starke Zweifel bestehen, eine schöne Geschichte ist es allemal. Der Fischerort liegt an einer ausgedehnten Lagune, die nur einen schmalen Zugang zum offenen Meer hat. Die geschützte Lage bietet vielen, vor allem kleinen Booten sicheren Platz.

Die Ostküste bietet verschwiegene, fjordartige Badebuchten wie Cala Sa Nau bei Porto Colom (unten). Die wuchtige Stadtpfarrkirche Sant Miguel beherrscht das Zentrum des Handwerkerstädtchens Felanitx (rechts oben). Authentische Souvenirs werden hier in allen Ausführungen angeboten (rechts unten).

Trotz der Postkartenkulisse ist Porto Colom nur bedingt touristisch orientiert. Lediglich südlich des neueren Ortsteils ist um die feinsandige Cala Marçal mit ein paar Hotels ein Urlauberzentrum entstanden. Das alte Fischerdorf blieb von dieser Entwicklung so gut wie unberührt. Viele der kleinen Boote schaukeln direkt vor den bunten Schuppen auf der nördlichen Seite der Lagune. Die Fischer wohnen gleich in den Häusern dahinter, die sich um die niedrige, zweitürmige Dorfkirche scharen.

Außer ein, zwei einfachen Kneipen gibt es kaum Lokale. Einzig die Bar Els Tamarells oberhalb vom Jachthafen ist für eine Rast geeignet. Restaurants und Cafeterias konzentrieren sich an der Hafenmeile am Westrand und am Halbrund der Lagune im Süden. Dort liegt mit dem Bahia Azul eines der ältesten Minihotels der Gegend. Das unter deutscher Leitung stehende Haus bietet nicht nur 15 preiswerte Zimmer, sondern ist auch die Basis einer der ältesten Tauchschulen auf Mallorca. Von den Restaurants an der Westseite ist vor allem das traditionsreiche Celler Sa Sinia zu erwähnen. Gemeinsam mit dem Restaurant Colón, einem der ersten Feinschmeckerlokale auf Mallorca, hat sich das Sa Sinia

Wer die hervorragenden Produkte der einheimischen Töpfer nicht auf dem Sonntagsmarkt erstehen kann, findet auch unter der Woche bei einem Bummel durch die Innenstadt mehrere gut bestückte Läden, beispielweise Cerámicas Mallorca, Carrer Sant Augusti 50–58, der schön glasierte Keramik in lebendigen Farben anbietet. Felanitx ist die Geburtsstadt des mallorquinischen Weltkünstlers Miquel Barceló, dessen großes Keramikrelief in Palmas Kathedrale für großes Aufsehen gesorgt hat. In der kleinen Galerie an der Plaça de Espanya 3 und in den beiden Ausstellungsräumen von Espai d'Art Miquela Nicolau (Carrer Major, 84-86 und Carrer de la Mar 10) kann zeitgenössische Kunst von jungen Avantgardisten angeschaut und auch erworben werden.

WEITERE INFORMATIONEN

Hotel und Tauchbasis Bahia Azul:
Porto Colom, Rda. Crucero Balear 78, Tel. 971 82 52 80, www.bahia-azul.de, http://felanitx.org

über Jahrzehnte eine treue Fangemeinde aufgebaut. Mittlerweile sind weitere gute Lokale hinzugekommen: Sa Llotja, Vora Mar, Babbo und andere.

Die große Lagune

Porto Colom wurde vom Massentourismus auch deshalb verschont, weil es kaum attraktive Sandstrände hat. An der Nordseite der Lagune liegen etwas versteckt einige nette Badeplätze, nahe dem von einem Leuchtturm bewachten Ausgang zum Meer. Im Schatten großer Pinien und der hier heimischen Tamarinden laden einige Strandkneipen zu Erfrischungen ein. Dort ist wegen des starken Austausches mit der offenen See die Wasserqualität hervorragend, im Gegensatz zu der Lagune, deren flaches Wasser besonders im Sommer an einigen Stellen einen brackigen Geruch ausströmt.

Die »Mutterstadt« des Hafens ist das Handwerkerstädtchen Felanitx, etwa zwölf Kilometer landeinwärts. Eine solche Konstellation ist typisch auf den Balearen: Noch bis ins späte Mittelalter hinein lebten nur sehr wenige Menschen an der Küste. Die kleinen Siedlungen dort, oft nur Schuppen für die Fischerboote und ein paar Hütten, waren wegen der ständigen Piratenüberfälle gefährlich. Und das Leben direkt am Wasser galt wegen der hohen Feuchtigkeit nicht gerade als gesund. Fast alle größeren

Orte der Insel entstanden daher ein paar Kilometer landeinwärts, und alle haben Häfen: zu Manacor gehört Porto Cristo, zu Pollença Port de Pollença. Die Hafensiedlungen gewannen erst mit dem Aufkommen des Tourismus an Bedeutung.

Felanitx füllt sich jeden Sonntag mit einem sehenswerten Markt, auf dem schönes Kunsthandwerk wie Keramik und Webstoffe und natürlich auch die kulinarischen Spezialitäten der Gegend präsentiert werden. Das Zentrum des Treibens ist die Pfarrkirche – mit einer auffallend breiten, barocken Freitreppe und einem schönen Renaissanceportal – und die dahinter liegende Markthalle. In den Gassen rundherum drängen sich Tausende Besucher um die Stände. Wer das Glück hat und einen freien Platz erobert, sollte sich eine Pause bei knusprigen Schmankerln in der authentischen Bar Can Moix (Carrer Guillem Timoner 1) nicht nehmen lassen.

Wein aus Felanitx

Ruhiger geht es im etwas außerhalb des Zentrums gelegenen Restaurant Estragon zu, dessen Mittagsmenü ein ausgezeichnetes Preis-Leistungs-Verhältnis hat. Felanitx besitzt einen guten Ruf als Weinstadt. Einige der begehrtesten Tropfen der Insel wie der Kultwein Anima Negre stammen aus den Weingärten rund um die Stadt.

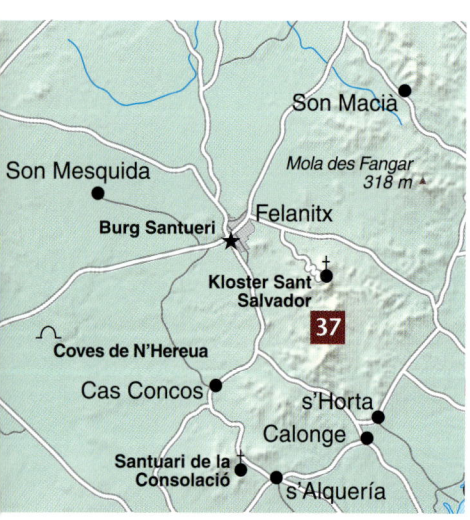

Die mittelalterlichen Ruinen der Felsburg von Santueri liegen auf einem Hügel gegenüber dem Kloster (oben). Das Kloster von Sant Salvador liegt in luftiger Höhe auf der Spitze eines alten Vulkankegels (rechts unten). 500 Meter über dem Meer hat man eine grandiose Aussicht (rechts oben).

37 Sant Salvador und Santueri

Historische Aussichtspunkte mit Weitblick

Weithin sichtbar thront das burgähnliche Kloster Santuari de Sant Salvador auf einem 510 Meter hohen Felskegel, der größten Erhebung des langsam auslaufenden Gebirgszugs Serra de Llevant. Die Anfahrt erfolgt über die Verbindungsstraße von Felanitx nach Porto Colom. Erst schnurgerade, dann aber in immer enger werdenden Serpentinen windet sich die kleine Teerstraße durch den dichten Pinienwald.

Besonders an Sonntagen kommt es auf der schmalen, kurvigen Straße zu Staus. Um den Verkehr halbwegs flüssig zu halten, dürfen Lieferfahrzeuge und Touristenbusse jeweils nur im Halbstundenrhythmus hinauf- oder hinabfahren. Aber die herrliche Aussicht über die Ostküste mit ihren zahlreichen fjordähnlichen Calas und über das halbe Inselinnere entschädigt für die Mühe. Dem massigen Kloster gegenüber wurde in den Dreißigerjahren eine riesige Christusstatue errichtet. Das Gegenstück dazu wiederum bildet ein großes Steinkreuz auf einem weiter nördlich gelegenen Nebengipfel, das auch den Anfang des alten Pilgerwegs nach Felanitx markiert.

Eines der wichtigsten Pilgerziele Mallorcas

Über allem ragt das festungsähnliche Kloster empor. Die aus einer Einsiedelei des 14. Jahrhunderts entstandene Anlage diente auch als Schutz vor den Piratenangriffen. Die meisten Gebäude, wie die Klosterkirche, wurden in ihrer heutigen Form im 16. bis 18. Jahrhundert errichtet. Die Kirche beherbergt eine besondere Kostbarkeit: Einen sehr fein geschnitzten gotischen Altaraufsatz aus Alabaster, der einzige seiner Art auf Mallorca, dargestellt sind die Passion Christi und eine Abendmahlszene. Künstler war vermutlich der in Felanitx geborene Guillermo Sagrer. Links vor dem Kircheneingang bezeugen in einem kleinen Raum

unzählige Fotos die Dankbarkeit der Pilger für göttliche Hilfe.

In der Eingangshalle zum Klosterinnenhof, von der eine Treppe zum alten Speisesaal der Mönche – heute ein rustikales Restaurant mit mallorquinischen Spezialitäten – abzweigt, fallen sechs an der Wand aufgehängte Radfahrertrikots auf. Die schon etwas verblichenen Hemden trug der in Felanitx geborene sechsfache Radweltmeister Guillermo Timoner bei seinen Titelgewinnen in den Fünfziger- und Sechzigerjahren. Der Spitzensportler hatte immer an seinem Hausberg trainiert und deshalb seine Siegestrophäen der im Kloster verehrten Mutter Gottes gestiftet.

Mittelalterliche Burgruine

Von der Aussichtsterrasse sieht man die nur zwei Kilometer Luftlinie entfernte Burgruine Santueri auf einem großen Hochplateau 420 Meter über dem Meer. Der direkte Weg vom Kloster dorthin kann nur erwandert werden. Mit dem Auto muss man zurück nach Felanitx und dort die Landstraße nach Santanyí nehmen. Etwa drei Kilometer außerhalb des Städtchens führt ein Weg nach links durch eine liebliche Landschaft mit Weinfeldern und Obstbaumkulturen bis zu einem kleinen Parkplatz unterhalb des sehr gut

erhaltenen Haupttores der Burg. Der Ausflug lohnt sich, da die geschichtsträchtige Wehranlage nach langjährigem Verfall und umfassenden Renovierungsarbeiten wieder für die Öffentlichkeit zugänglich ist. Sie ist in Privatbesitz, die Eintrittsgelder sollen für die weitere Erhaltung der Anlage verwendet werden. In Zusammenarbeit mit dem Kulturministerium sollen bald auch Führungen angeboten werden. Beeindruckend sind vor allem das große Haupttor und die hohen Kalksteinmauern, die an der Ost- und Westseite den Zugang zur Burg verwehren. Auf den restlichen Seiten waren keine großen Mauern notwendig, da sie auf natürliche Weise, nämlich von fast senkrechten Felswänden, geschützt werden. Bei Gefahr hatten auf dem Hochplateau die Bewohner der gesamten Gegend zusammen mit ihrem Vieh Platz. Die hinter dem Tor liegenden Gebäude stammen aus dem Mittelalter.

Von der alten arabischen Fliehburg ist nicht viel übrig geblieben, da die Festlandspanier nach ihrem Sieg die Festung der Mauren geschleift hatten. Santueri war – wie die Burg von Alaró und das Castell del Rei bei Pollença – eine der letzten Zufluchtsstätten der 1229 geschlagenen Araber. Mehr als zwei Jahre dauerte die Belagerung.

HOTEL IN LUFTIGER HÖHE

Die ehemalige Pilgerherberge auf der linken Seite des Klosters wurde inzwischen in das einfache, aber sehr angenehme Petit Hotel Hostatgería Sant Salvador umgewandelt. Die Zimmer sind hell und modern renoviert. Wenn der tagsüber doch erhebliche Besuchertrubel vorbei ist, können Wanderer und auch Seminaristen die totale nächtliche Ruhe auf dem luftigen Berg genießen. Das neue Hotelrestaurant nimmt mit seinem Namen Can Calco 510 Bezug auf die Höhenmeter über dem Meer. Von seiner sonnigen Terrasse hat man einen fantastischen Weitblick über die halbe Insel (Tel. 971 51 52 60, www.santsalvadorhotel.com)

WEITERE INFORMATIONEN
http://felanitx.org

38 Cala Figuera und Santanyí

Hier gehen die Uhren langsamer

Der kleine Fischerhafen Cala Figuera an der Südspitze Mallorcas ist eine Art Geheimtipp, der nur selten bei Reiseveranstaltern auftaucht. Wegen fehlender Badestrände ist der Massentourismus an der ruhigen Enklave vorübergegangen, es gibt nur einige kleine Hotels und Pensionen. Wegen dieser Ursprünglichkeit ist der Ort, der an weit ins Land reichenden fjordartigen Meeresarmen liegt, allerdings ein beliebtes Ausflugsziel.

An der Küste hat Erosion durch Wind und Wasser seltsame Formen geschaffen, wie das Felsentor Es Pontas (unten). Der kleine Fischerhafen von Cala Figuera liegt in einem geschützten Fjord. Der Ort hat seine Ursprünglichkeit bewahrt und gilt als einer der schönsten auf Mallorca (rechts oben). Seine bunten Ecken und Kulturangebote locken Kunstliebhaber (rechts unten).

Cala Figuera ist der Fischer- und Versorgungshafen des Landstädtchens Santanyí, das etwa fünf Kilometer weit im Landesinneren liegt. Kurz vor dem Hafen fällt die Straße steil ab, die Zufahrt zu den Anlegestellen ist am Ende für den normalen Verkehr gesperrt.

Malerischer Fischerhafen

Wegen der fehlenden touristischen Infrastruktur ist der Ort selbst die Attraktion. Viele der einfachen Fischerhäuser und Villen sind in die hohen Felsen um den Naturhafen gebaut. Einige steile Treppen führen in das obere Dorf.

An der kleinen Mole am Ende der Zufahrt landen die Fischerboote jeden Nachmittag ihren Fang an, der dann in der kleinen Fischhalle verkauft wird. Dahinter zieht sich eine lange Reihe von Liegeplätzen für kleine Segler und Sportboote um die Caló d'en Boire, wie der größere der beiden lang gestreckten Meeresarme heißt. Dieser Fjord kann ebenso wie der anschließende Caló d'en Busques auf einem Weg aus schwankenden Holzbohlen, die am felsigen Ufer befestigt sind, umrundet werden. Über den alten Wachturm Torre d'en Béu gelangt man an die dem Ort gegenüberlie-

gende, von einem Leuchtturm bewachte Felsspitze.

Links und rechts der Zufahrt zum Hafen laden einige Restaurants ein. Von ihren Terrassen kann man das Ein- und Auslaufen der Schiffe beobachten. Einen etwas besseren Ruf genießen die Lokale Es Port und L'Arcada, die allerdings etwas höher, am Ende der Fußgängerzone, liegen. Ein besonderes Restaurant ist das Pura Vida, das zu anspruchsvollen Speisen eine einmalige Aussicht auf das Meer bietet. Seine gestaffelten Terrassen liegen auf der hohen Klippe an der Südseite der Ortes. Das Hotel Villa Sirena, das unübersehbar über der Hafeneinfahrt thront und über eine eigene Badeplattform verfügt, hat an der meerabgewandten Seite einige preiswertere Appartements. Neben dem Hotel führt eine steile Treppe bis zum Meer, über eine Leiter kommen geübte Schwimmer gleich ins tiefe Wasser. Eine kuriose und preiswerte Unterkunft ist das Figuera Park Hotel: Vor der Bikerherberge stehen oft schwere Maschinen – Motorradfans treffen dort immer Gleichgesinnte. Wer lieber an einem Sandstrand baden möchte, kann mit dem Boot von Cala Figuera aus nach Cala Santanyí und Cala Lombards tuckern. Im Sommer gibt es auch eine maritime Linie zu den beiden Badestränden des Naturparks Mondragó, der etwa acht Kilometer entfernt weiter nördlich liegt. Der Naturpark ist auch im Winter und im Frühjahr ein lohnendes Ziel für ausgedehnte Spaziergänge.

Santanyí – unruhige Vergangenheit, ruhige Gegenwart

Das geruhsame Leben in Santanyí, dem südlichsten Städtchen Mallorcas, wird nur am Mittwoch und Samstag vom Markt unterbrochen. Doch das Leben hier war nicht immer so friedlich, die Stadt war bis zum 18. Jahrhundert heftigen Piratenangriffen ausgesetzt, die auch mit Geiselnahmen verbunden waren: Viele Familien verloren ihr gesamtes Vermögen, um ihre Familienmitglieder wieder freizukaufen. So suchten die Bewohner Schutz hinter dicken Mauern, noch heute sind davon einige im Stadtbild zu sehen. Auffallend sind die prächtigen ockerfarbigen oder gelben Patrizierhäuser im Ortskern, die sehr einheitlich mit dem berühmten Santanyí-Sandstein aus den umliegenden Steinbrüchen erbaut sind. Rund um den zentralen Platz an der Kirche Sant Andreu Apóstol liegen einige nette Restaurants, Kneipen und Kunstgalerien. Die Kirche selbst besitzt eine prachtvolle Orgel aus dem 18. Jahrhundert. Der katalanische Königliche Orgelbaumeister Jordi Bosch konstruierte sie ursprünglich für ein Kloster in Palma, und als dieses aufgelassen wurde, kam sie hierher. Ihre kunstvolle Bauart und ihr herrlicher Klang machten sie weithin berühmt. Die Andreaskirche wurde im 18. Jahrhundert umgebaut, von der ursprünglichen Wehrkirche blieb nur die Kapelle El Roser übrig, die Rosenkranzkapelle mit einem schönen gotischen Kreuzrippengewölbe.

KUNSTTREFFPUNKTE

In Santanyí lohnt sich ein Bersuch der Casa de Cultura Ses Cases Noves. Gleich neben der alten Zisterne in der Carrer de s'Aljub 22 befindet sich das Kulturzentrum. Nicht nur im Haupthaus werden Ausstellungen gezeigt, sondern auch im schönen Innenhof und einem Ateliergebäude. Dort sind Arbeiten des 2008 verstorbenen deutschen Bildhauers Rolf Schaffner zu sehen, der ab den 1960er Jahren in Santanyí gearbeitet hat. Eine kuriose Mischung aus Musikbar, Kneipe und Galerie ist Sa Cova am Marktplatz in Santanyí. Oft gibt es Livekonzerte der ruhigeren Art, Ausstellungen und allerlei andere Kulturevents. Der Clou: Die Einrichtung und Dekorationen wechseln ständig, da auch sie zum Verkauf angeboten werden.

WEITERE INFORMATIONEN
www.ajsantanyi.net
Hotel Villa Sirena: Carrer Virgen del Carmen 37, Tel. 971 64 52 84, www.hotelvillasirena.com
Landhotel Sa Galera: an der Straße nach Cas Concos liegt dieses schmucke »Hideaway«, www.hotelsagalera.com, Tel. 971 84 20 79

Die Cala Santanyí – eine ebenso schöne wie gut besuchte Badebucht im Süden.

Die Cala Mondragó ist ein Teil des gleichnamigen Naturparks (oben). Wegen des flachen Wassers ist die Cala Santanyí besonders bei Familien mit Kleinkindern beliebt (rechts unten). Sehenswert ist das Dokumentationszentrum des Naturparks von Cabrera in Colònia de Sant Jordi (rechts oben).

39 Die Traumstrände des Südens

Badeparadies Es Trenc

Nach Süden läuft die große, landwirtschaftlich genutzte Ebene Mallorcas flach ins Meer. Die Folge sind zahlreiche weit geschwungene Sandstrände, die an die Karibik erinnern – nur die Kokospalmen fehlen. Das seicht abfallende Meer lockt mit herrlichen Blau- und Türkistönen und erwärmt sich wegen der geringen Tiefe schon früh auf angenehme Temperaturen, im Hochsommer kann man bei knapp 30 Grad stundenlang im Wasser liegen.

Der mit Abstand beliebteste Strand ist Es Trenc, der sich fast sechs Kilometer lang vom Jachthafen Sa Rapita bis nach Colònia de Sant Jordi zieht. Unterbrochen wird die große Sandsichel in der Mitte durch die Siedlung Ses Covetes. Die zahlreichen Bauruinen eines gescheiterten Besiedlungsprojekts wurden nach einem Jahrzehnte währenden Streit abgerissen, das gesamte Gelände neu bepflanzt. Immer wieder haben Investoren versucht, in den geschützten Naturraum eine große Hotelanlage zu bauen – und immer wieder haben dies die Mallorquiner verhindern können. Sonnenanbeter können sich bei zwei Strandkneipen mit Erfrischungen und Essen eindecken.

Etwas größer ist die Auswahl an Bars und Lokalen in Ses Covetes.

Wanderung zum »Südkap«

Östlich von Colònia de Sant Jordi schwingen sich von Bebauung völlig unberührte Strände fast zehn Kilometer weit bis zur äußersten Südspitze Mallorcas, dem Cap de Ses Salines mit einem weithin sichtbaren Leuchtturm. Die Route zwischen Leuchtturm und Hafen ist eine der schönsten Strandwanderungen, die Mallorca zu bieten hat. Man muss nur für den Transport zum Leuchtturm sorgen (oder von dort zurück), dorthin kann man noch mit dem Auto fahren. Außerdem sollte man neben den Badesachen

genügend Wasser und Proviant mitnehmen, da es unterwegs nicht eine Strandpinte gibt. Die herrlichen Naturstrände sind selbst im Hochsommer wenig bevölkert, da viele den langen Marsch bei großer Hitze scheuen und nur einige Badefreudige mit Booten von Colònia kommen. Das sich an diese Strände anschließende flache Land mit ausgedehnten Lagunen ist gleich nach den Dünen der Strandzone von einem durchgehenden Zaun versperrt: Die stattliche Finca Sa Vall dahinter ist der Stammsitz der Bankiersfamilie March, der zahlreiche Ländereien auf Mallorca gehören. Der Großgrundbesitz reicht bis zur Verbindungsstraße von Colònia de Sant Jordi nach Ses Salines.

Quirliger Hafen: Colònia de Sant Jordi

Im Zentrum der großen Strände liegt Colònia de Sant Jordi, einst nur Versorgungs- und Fischerhafen des Landstädtchens Campos. Jetzt stehen hier mehr als 3000 Betten für sonnenhungrige Urlauber bereit. Um die Hotels ist die entsprechende Infrastruktur aus Kneipen, Restaurants und Supermärkten gewachsen, was dem Ort etwas von seiner Ursprünglichkeit genommen hat. Für Badefans, die den Traumstrand Es Trenc genießen wollen, aber deswegen kein Auto mieten möchten, ist die schmucke Appartementanlage der Villa Piccola direkt am Anfang des

Strandes in Colònia eine gute Lösung. Interessanter ist die Gegend um den kleinen Hafen, in dem unzählige Boote vor Anker liegen.

Ausflug nach Cabrera

Hier ist auch die Abfahrtsstelle für die Barkassen, die mehrmals am Tag nach Cabrera tuckern, dem größten Eiland einer vorgelagerten Inselgruppe, die heute den ersten maritimen Naturpark Spaniens bildet. Die Boote – seit Kurzem werden auch Trips mit einem Schnellboot angeboten, die nur zweieinhalb Stunden dauern – laufen morgens zwischen 9 und 10 Uhr aus, eine Reservierung ist angesagt. Wer sich für einen Tagesausflug entscheidet, muss an Proviant und Getränke denken. Es gibt zwar Erfrischungen an Bord, und auch die Kantine der auf Cabrera stationierten Soldaten bietet Essen und Trinken in bescheidenem Maß, doch wer auf der kargen Insel gut bedient sein will, bedient sich selbst. Seit der Erklärung der Inselgruppe zum maritimen Naturpark gelten strenge Regeln. Die ausgeschilderten Wege müssen eingehalten werden. Die Parkverwaltung bietet Führungen mit ökologischem Hintergrund und auch zur alten Burg aus dem 14. Jahrhundert an, die hoch über dem kleinen Hafen auf einem steilen Hügel thront.

INFOZENTRUM CABRERA UND FERIENFINCAS

Wer keine Zeit hat oder Angst, bei der Überfahrt seekrank zu werden, kann die Besonderheiten des maritimen Naturparks Cabrera auch am Festland erkunden. Gleich neben dem Hafen von Colònia hat das Umweltministerium ein sehenswertes Informationszentrum errichtet. Im Untergeschoss einem Talaiot ähnlichen Gebäudes tummeln sich einheimische Meeresbewohner, umrahmt von ebensolcher Fauna. Ein lehrreiches Video – auch auf Deutsch – wird gezeigt, und von der Aussichtsplattform auf dem Dach sieht man die Inselgruppe sehr gut. Im Hinterland der großen Strände bessern viele ehemals rein landwirtschaftlich orientierte Landgüter ihre Einnahmen durch Zimmervermietung auf. Die Ferienfincas sind ausgezeichnet für eine individuelle Unterbringung, die Qualität reicht von einfach bis Luxus. Oft kümmern sich die Besitzer selbst um ihre wenigen Gäste. Empfehlenswert sind unter anderem Son Cosmet und Es Torrent, die an der Landstraße von Campos nach Sa Rapita liegen – www.soncosmet.com, www.estorrent.com.

WEITERE INFORMATIONEN
Schifffahrt nach Cabrera:
Tel. 971 64 90 34,
www.excursionsacabrera.es

Film ab auf Mallorca

Romantische Fincas und Dörfer aus sandfarbenem Naturstein, eine dramatische Küstenlandschaft, Badebuchten wie aus dem Bilderbuch – Mallorca ist großes Kino. Kein Wunder,
dass ständig internationale Film- und TV-Teams auf der Insel sind. Vom Automobil-Spot bis
zur Netflix-Serie ist alles dabei.

Ob es um das entspannte Residenten-Leben
an der Küste geht, wie an der Cala Fornells
(oben), oder um atemberaubende Kurven,
wie bei der Abfahrt nach Sa Calobra: Auf
Mallorca finden sich vielfältige Locations
für Drehaufnahmen (unten).

Wo ist das? – Ist das nicht der Hafen von
Port de Sóller? Die große Treppe im
Park von Raixa? Das Kap Formentor? Wer auf-
merksam Serien, Kinofilme und Werbespots
anschaut, in denen mediterrane Szenerien zu
sehen sind, wird häufig mallorquinische Landschaften und Orte entdecken. Die Beliebtheit
der Ferieninsel als Drehort ist nicht neu, dennoch steigt ihre Popularität ständig.
Das hat mehrere Gründe. Zunächst einmal sind
es natürlich die abwechslungsreichen Landschaften, etwa der Serra de Tramuntana, die romantischen Fincas, herrlichen Küstenstraßen – aber
auch die großstädtischen Bilder, die Altstadtgassen und historischen Gemäuer, die die Insel
so vielseitig machen.

Ein anderer Grund ist die gute Erreichbarkeit
und Fluganbindung Mallorcas. Außerdem hat
sich, ähnlich wie etwa in der Radsportbranche,
hier inzwischen eine professionelle Infrastruktur
entwickelt, auf die Filmproduzenten zurück-
greifen können. Vom Location-Scout über den
gut sortierten Equipment-Verleih bis zu ein-
gespielten Crews ist alles da und muss nicht
teuer eingeflogen werden. Hinzu kommt das
große Angebot an Hotels, die auch in der
Nebensaison geöffnet haben.

Tom Hanks am Torrent de Pareis

In den beiden deutschsprachigen Wochenzeitun-
gen, dem *Mallorca Magazin* und der *Mallorca
Zeitung* wird regelmäßig berichtet, welcher TV-

oder Kinostar gerade für welche Dreharbeiten auf der Insel gesichtet wurde. Wie das *Mallorca Magazin* recherchiert hat, fanden allein im ersten Halbjahr 2018 auf der Insel 142 Dreharbeiten statt.

Beispiel Torrent de Pareis: Die beeindruckende Schlucht an der Nordwestküste taucht gleich in der Anfangsszene des Kinoepos *Cloud Atlas* (2012) mit Tom Hanks und Halle Berry auf. Außerdem sieht man die Bergwelt rund um Sóller, die gebirgige Nordwestküste im dramatischen und geschönten Licht und immer wieder auch das alte Segelschiff, die »Earl of Pembroke«, die während der Dreharbeiten im Hafen von Sóller vor Anker lag.

Der Torrent de Pareis war schon bei den ersten Malern beliebt, die im 19. Jahrhundert auf die Insel kamen. Diese Tradition wurde von den Filmemachern nahtlos weitergeführt. In den 1950er- und 1970er-Jahren wurden in der Schlucht Szenen der Abenteuerfilme *Sindbads siebente Reise* und *Sindbads gefährliche Abenteuer* gedreht. Einer der ersten Filmdrehs auf Mallorca fand bereits 1929 statt, als Hans Behrendt für die UFA-Filmstudios den Stummfilm *Die Schmugglerbraut von Mallorca* drehte. Einen Eindruck vom Hafen von Palma in den 1930er-Jahren vermittelt *Der Stern von Valencia*, ein Krimi von Alfred Zeisler. Ein sehenswerter Mallorca-Krimiklassiker ist *Das Böse unter der Sonne*, nach der Romanvorlage

von Agatha Christie. Der Film mit Sir Peter Ustinov als Hercule Poirot entstand in Port de Pollença, an der Cala Formentor und auf dem Landgut Raixa.

Netflix- und BBC-Produktionen

Im Stil eines James-Bond-Thrillers wurde der TV-Mehrteiler *Der Nachtmanager* (2016) nach der Vorlage von John le Carré umgesetzt. Hugh Laurie (»Dr. House«) spielt darin einen smarten Manager und Waffenhändler ohne Skrupel. Zu den spektakulären Drehorten gehört auch die zeitweise teuerste Immobilie Mallorcas, die Halbinsel La Fortaleza samt Festungs-Villa in der Bucht von Pollença. Dort wurde übrigens auch die Komödie *Da muss Mann durch* (2015) mit Wotan Wilke Möhring gedreht.

Neben TV- und Kinoproduktionen entstanden in jüngster Zeit auch Werbespots, unter anderem von Adidas, Mercedes-Benz und Amazon auf der Insel. Für die Netflix-Produktion *Turn up Charlie* reiste ein Filmteam 2018 für mehrere Monate an, 2019 kamen die Drehteams für *White Lines* und *The Mallorca Files*. Die Serien werden auf Netflix und BBC One gestreamt, Drehorte sind unter anderem Santa Maria del Camí, Valldemossa und Ses Salines. Mallorca-Urlauber können sich also nicht nur an den großartigen Landschaften der Insel erfreuen, sie können sich dort auch immer mehr »wie im Film« fühlen.

Bühne der Natur: An der Mündung des Torrent de Pareis wurde bereits Ende der 1920-Jahre gedreht.

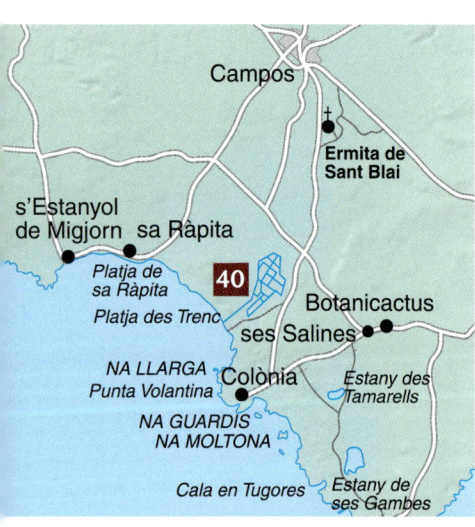

Durch Verdunstung von Meerwasser wird in den Salinen Salz auf traditionelle Weise gewonnen. Die Ernte erfolgt im Herbst.

40 Das Weiße Gold der Salinen

Ein Paradies für Vögel

Schon seit mehr als 2000 Jahren wird hinter den Dünen von Es Trenc Salz gewonnen. Nach den Ureinwohnern hatten es die Phönizier in den sumpfigen Lagunen entdeckt. Das Meerwasser war hier nach Überflutungen stehen geblieben, verdunstete im heißen Sommer, und das Salz wurde als weiße Schicht sichtbar.

Phönizier und später Handel treibende Griechen hatten auf der Mini-Insel Na Guardis, bei Colònia de Sant Jordi, einen Stützpunkt errichtet, um die Salzgewinnung zu überwachen und das kostbare Weiße Gold zu verschiffen. Die Römer ließen im 1. Jahrhundert v. Chr. einen Kanal graben, um das Eindringen des Meerwassers in die Lagunen zu begünstigen. In den folgenden Jahrhunderten wurden die Salzfelder ständig erweitert und mit einem ausgeklügelten System von Bewässerungsgräben und Pumpen ausgestattet. Mehr als zwölfmal pro Tag werden die flachen Gevierte mit Meerwasser gefüllt. Im Herbst werden die Salze abgetragen und zu hohen, spitzen Hügeln aufgeschüttet. Die flache Lagunenlandschaft ist ein Rückzugsort für zahlreiche Vogelarten und dementsprechend auch als Vogelschutzgebiet ausgezeichnet.

Heilende heiße Quellen

Einige Hundert Meter davon entfernt, liegen an der Landstraße nach Colònia de Sant Jordi die Banys de Sant Joan, die einzigen heißen Quellen auf der ganzen Insel. Die heilenden Eigenschaften des 38 Grad heißen Wassers nutzten schon die Römer. Im 16. und 17. Jahrhundert pilgerten Haut- und Leprakranke zur Heilquelle, im Jahr 1845 wurde das Badehaus eröffnet. Das nostalgische Bad wurde einer umfassenden Neugestaltung unterzogen und ist heute Teil des Fontsanta-Hotels, www.fontsantahotel.com.

41 Botanicactus

Spektakuläre Kakteen

Nicht nur Kakteenfreunde bekommen feuchte Augen. Die stacheligen Gesellen sind zwar die Glanzstücke der Ausstellung, doch auch sonst bietet Botanicactus viel Interessantes. Auf einer Fläche von 150 000 Quadratmetern ist ein botanischer Garten entstanden, der 15 000 Exemplare von 1600 verschiedenen Pflanzen vereint.

Nicht nur im Botanicactus bei Ses Salines wachsen Kakteen. Das Klima der Mittelmeerinsel macht sie zu bevorzugten Gartengewächsen.

Der botanische Garten wurde von der Finca Sa Vall, dem Hauptsitz der Bankiersfamilie March, abgetrennt und liegt etwa einen Kilometer außerhalb von Ses Salines. Der im Jahr 1987 eröffnete Park, der wohl spektakulärste auf Mallorca und einer der größten seiner Art in ganz Europa, ist inzwischen herrlich eingewachsen, und einige der Pflanzen, die er beheimatet, haben eine erstaunliche Größe erreicht. Das Gelände war wegen der geringen Niederschlagsmenge im Süden der Insel ideal für Kakteen. Mehr als 400 verschiedene Arten wurden in ihm zusammengetragen. Neben dem wüstenartigen Bereich mit den Kakteen gibt es ein Areal mit mediterranen Pflanzen und ein subtropisches Feuchtgebiet.

Farbexplosion im Frühling

Eine Augenweide ist der Bereich mit der einheimischen Vegetation im Frühling. Oliven-, Zitrus- und Granatäpfelbäume, Mandeln, Zypressen, Pinien und Eukalyptus sind vertreten, aufgelockert durch blühende Blumen und Sträucher. Die Feuchtzone wurde um einen 10 000 Quadratmeter großen künstlichen See angelegt. Um eine Wiese stehen verschiedene Palmen, Bambus und Schilf. Sonst bieten die Gegend und das Dorf Ses Salines wenig Abwechslung. Allerdings sind in den letzten Jahren zahlreiche Restaurants eröffnet worden, die der alteingesessenen Bodega Casa Manolo an der Hauptstraße, beliebt wegen der erstklassigen Fischgerichte, heftig Konkurrenz machen. www.botanicactus.com

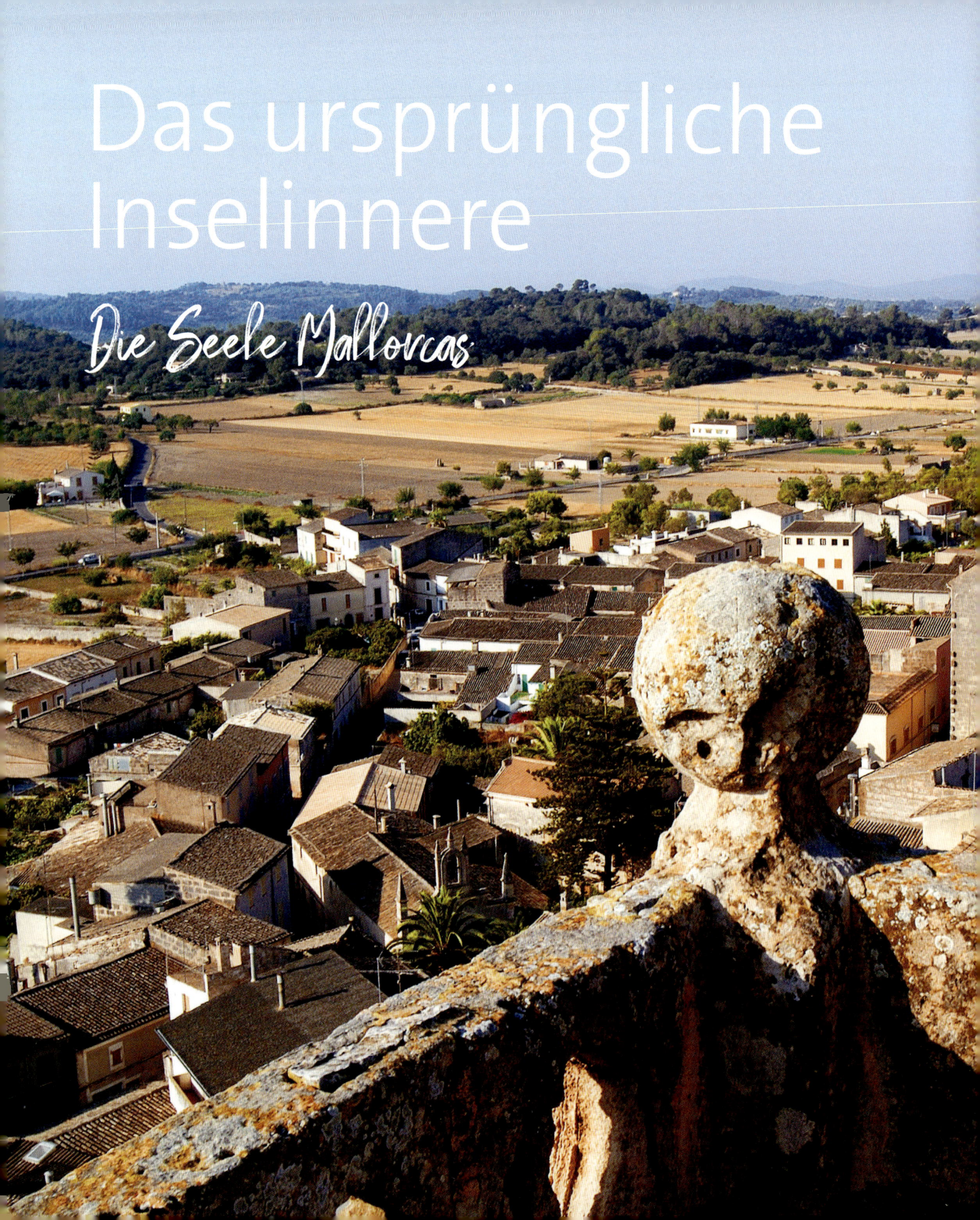

Das ursprüngliche Inselinnere

Die Seele Mallorcas

Der Dorfhügel von Sineu ermöglicht weite Blicke in die Ebene (links). Mallorca ist eine Pferdeinsel. Viele Reitställe und Ferienfincas bieten die Möglichkeit zum Reiten an (oben). Beliebt sind die Wochenmärkte in Dörfern und kleinen Städten. Eine Spezialität sind kandierte Früchte und Bonbons, die es in vielfältiger Form und vielen Farben gibt (unten).

Eine mächtige Kirche und ein zentraler Platz, auf dem Volksfeste stattfinden können, wie hier in Binissalem, sind typisch für mallorquinische Orte.

Innere Größe

Alte Dörfer, lebendige Märkte und heilige Höhen

Die zentrale Ebene der Insel wird immer mal wieder von einzelnen Erhebungen wie dem Tafelberg Puig de Randa unterbrochen. Das flache Land wird intensiv für alle Arten von Landwirtschaft genutzt, deren Produkte auf den Märkten der Dörfer angeboten werden. Dort ist man dem ursprünglichen Mallorca näher als an den Küsten.

Kurz und knapp

Start: Binissalem
Länge: 75 km
Dauer: ca. 2 Stunden reine Fahrzeit
Beste Reisezeit: Besonders schön im Frühjahr, wenn es überall blüht, und an einem Mittwoch, wenn in Sineu Markttag ist.
Sehenswertes: Highlights der Tour sind Sineu und der Puig de Randa mit seinen Einsiedeleien und heiligen Stätten.
Unterkunft: Am Fuß des Puig de Randa bietet das Landhotel Es Racó de Randa klassisch angenehmen Luxus und ein ausgezeichnetes Restaurant.

Weitere Infos

Die Tour lässt sich gut mit weiteren ländlichen Zentren erweitern. Ob Muro, Manacor oder Porreres, jede dieser Gemeinden hat ihren eigenen Charme – und ein interessantes Museum.

Getreide, Obst, Mandeln, Oliven und Gemüse werden durch die Berge der Tramuntana vor kalten Winden geschützt. Rund um Santa Maria del Camí und **42 Binissalem** sind es weite Felder mit Weinreben, die im Schutz des Gebirgsriegels beste Bedingungen vorfinden. Was aus den Trauben gemacht wird, kann man sich zum Beispiel in der Bodega José L. Ferrer am Eingang von Binissalem anschauen. Dort, an der alten Landstraße nach Palma, liegt einer der Orte, wo die Renaissance des Weinbaus auf Mallorca vor rund 50 Jahren begann. Im Zentrum des Weinstädtchens finden sich zahlreiche Casals, Herrenhäuser aus dem 17. Jahrhundert. Der nette Kirchplatz mit seinen Lokalen wird im September zur Bühne des Weinfestes, der »Festa des Vermar«. Sonst ist es hier dörflich ruhig, genau richtig für einen entspannten Morgenkaffee.

Auf dem Weg zum nächsten Ziel kommt man an der Lederstadt Inca vorbei. Dort locken an den Ausfallstraßen Outletshops, unter anderem von den mallorquinischen Herstellern Lotusse und Camper, wer also noch eben nach schicker Schuhmode schauen will ... Und wer noch natives Olivenöl einkaufen möchte, zum Beispiel von der Picual- oder der fruchtigen Arbequina-Olive, kann dies bei Son Catiu an der Landstraße zwischen Inca und Llubí tun. Bei Kilometer 3,8 steht die große Ölmühle mit Cafeteria und Shop. Es macht Spaß, entspannt durch dieses fruchtbare, flache Land zu cruisen und sich langsam der geografischen Inselmitte zu nähern. Dort thront die »alten Königsstadt« **44 Sineu** auf einem Hügel. Beschauliche Gassen mit historischen

Stadthäusern und ein malerischer Kirchplatz prägen das Bild der Gemeinde. Nur am Mittwoch ist Ausnahmezustand, dann verwandelt sich fast der ganze Ort in einen riesigen Markt. Sehenswert und für ihre deftige Küche bekannt sind auch die Kellerlokale, die Cellers von Sineu.

Landleben genießen

Knapp zehn Kilometer weiter kommt man nach **45 Petra**. Die rechtwinklig angelegte Gemeinde ist bekannt für ihre guten Weine. Der berühmteste Mann des Ortes wird wohl für alle Zeiten Fra Junipero Serra (1713–1784) bleiben. Der Franziskanermönch schiffte sich 1749 nach Mexiko ein. Von der Ordensstation an der Grenze zur Baja California ging er unermüdlich auf Missionstour und errichtete Niederlassungen, aus denen unter anderem die Städte San Diego, San Francisco und Los Angeles hervorgingen. Das kleine Museum und die Kirchen der Stadt sind sehenswert, auch wenn Letztere oft verschlossen sind. Auch die Kapelle des Santuari de Mare de Deu de Bonany etwas außerhalb des Ortes ist selten geöffnet. Das ist nicht weiter schlimm, denn die Aussicht auf die Ebene, die Pla de Mallorca, mit ihren Feldern und Fincas entschädigt völlig. Wie das Landleben war und wie der Landadel noch bis ins frühe 20. Jahrhundert gelebt hat, sieht man im Museumsgut **43 Els Calderers** wenige Kilometer weiter. Unterwegs zum nächsten Highlight kommt man an den ruhigen Landgemeinden Sant Joan und Montuïri vorbei, die zu einer kurzen Rast einladen. Einen Hügel mit einem Heiligtum darauf gab es bereits bei dieser Tour zu sehen. Das ist aber kein Vergleich zu dem, was einen am 46 **Puig de Randa** erwartet. Gewissermaßen auf drei Etagen befinden sich auf dem über 500 Meter hohen Tafelberg heilige Stätten: die Klöster Gràcia, Sant Honorat und, ganz oben, das Santuari Nostra Senyora de Cura. Dort gibt es nicht nur ein kleines, sehenswertes Museum, sondern auch eine bei Rennradfahrern beliebte Cafeteria.

42 Binissalem und Mallorcas Weine

Gute Tropfen von der Insel

Der beste Begleiter eines guten Essens ist ein edler Wein. Auf Mallorca begann seine Geschichte vor mehr als 2000 Jahren. Heute werden überwiegend Rotweine erzeugt, doch kommen auch Weißweinfreunde auf ihre Kosten. Ein besonderes Ereignis ist das jährlich stattfindende Weinfest Ende September in Binissalem, da fließt der Rebensaft sogar aus dem Dorfbrunnen.

Das Weindorf Binissalem wird von den Bergen der Tramuntana vor rauen Nordwinden geschützt (unten). Der Weinbau hat auf Mallorca in den vergangen Jahren einen regelrechten Boom erlebt (rechts oben). Hochkarätige Rotweine machen den guten Ruf der Inselweine aus (rechts unten).

Phönizier, Griechen und Römer brachten Reben nach Mallorca. Nicht einmal die 300-jährige Herrschaft der Araber konnte den Weingenuss verhindern. Auf riesigen Gütern wie Sa Torre bei Santa Eugenia und Els Calderers bei Sant Joan wurden Trauben kultiviert. Weit über die Insel hinaus war der Malvasierwein bekannt, der heute wieder auf den Terrassen von Banyalbufar angebaut wird. Das aromatische, goldgelbe Getränk diente als Messwein. Einer der Förderer des Malvasier-Anbaus ist Hollywoodstar Michael Douglas, der auf seiner Finca S'Estaca die von Erzherzog Ludwig Salvator übernommenen Reben hegen lässt.

Ihren Höhepunkt erreichte die Weinproduktion in der zweiten Hälfte des 19. Jahrhunderts. Auf mehr als 30 000 Hektar Fläche wurden rund 75 Millionen Liter erzeugt. Eine Flotte von Weinschiffen brachte die riesigen Überschüsse zum Verkauf in die europäischen Mittelmeerhäfen und selbst nach Übersee. Genau in diese Blütezeit platzte die Katastrophe der Reblausplage, die *Filoxera* schlug gnadenlos zu. Innerhalb weniger Jahre wurden 95 Prozent aller Reben vernichtet. Nur isoliert liegende, kleine Weinberge überlebten das Fiasko, und nur in wenigen Winzerfamilien lebte die alte Weinkultur weiter. Bis in die Sechzigerjahre des vorigen Jahrhun-

derts wurde die verbliebene Anbaufläche von
2000 Hektar kaum vergrößert. Der mallorquinische Wein genoss nicht gerade den besten Ruf,
die Weine vom spanischen Festland hielten
unweigerlich Einzug.

Mallorquinischer Wein im Aufwind

Erst in den vergangenen 20 Jahren ist es gelungen, die Qualität des einheimischen Weins auf
eine akzeptable Stufe zu heben. Schrittmacher
bei dieser Entwicklung war die älteste Kellerei
der Insel, die Bodega Herederos de Ribas in
Consell. Die 1711 gegründete Kellerei mit dem
stattlichen Herrenhaus vermittelt einen guten
Eindruck von der wirtschaftlichen Macht der
Winzer des ausgehenden 19. Jahrhunderts.
Im Keller gärt in großen Metallfässern der frische
Rebensaft, danach reift der Wein in Eichenfäs-
sern. Während Weiß- und Roséwein um die sechs
Monate darin bleiben, beträgt die Mindestzeit
für Rotwein der Qualitätsbezeichnung *crianza*
zwei Jahre.
Rund ein Dutzend weitere Bodegas bringt gute
bis sehr gute neue Weine auf den Markt. Zwei
Kernregionen mit den Bezeichnungen *denomi-
nación de origen* (D.O.) sind als besonders
geschützte Anbaugebiete ausgewiesen. Neben
der seit Jahrzehnten etablierten D.O. Binissa-

lem, der die Dörfer Santa Maria, Consell, Santa
Eugenia und Sencelles angehören, wurde
die D.O. Pla i Llevant geschaffen, die Kellereien
aus Manacor, Petra, Felanitx, Algaida und
Porreres vereint.
Furore machten drei junge Winzer aus Felanitx,
die den zum Kultobjekt gewordenen Rotwein
Ànima Negra kreiert haben. Die Bodega Miguel
Oliver aus Petra heimste nationale Preise für ih-
ren sensationellen weißen Muskatwein ein, und
Aufsehen erregte ein Newcomer: Der deutsche
Pharmazieprofessor Michael Popp baut auf seinen
Fincas nicht nur Heilpflanzen an, sondern betreibt zwischen Alaró und Lloseta den einzigen
echten Weinberg der Insel. Mittlerweile sind
nicht nur weitere wohlhabende Deutsche zu
engagierten Weinmachern geworden, Mallorca-
Weine haben sich zu echten Spitzenprodukten
entwickelt.
Mit dem Wetter haben die Winzer kaum
Probleme. Die kurzen, milden Winter und die
heißen, trockenen Sommer scheinen wie für
den Weinanbau erdacht. Viele der Weingärten
stehen auf kalkhaltigen, mineralienreichen
Böden. Die südliche Sonne und das große En-
gagement der neuen Winzergeneration sind
weitere Garanten für die hohe Qualität des
mallorquinischen Weins.

43 Landgut und Museum Els Calderers

Einblick in längst vergangene Zeiten

Ein Volkskundemuseum der besonderen Art ist das Landgut Els Calderers, das zwischen Vilafranca de Bonany und Sant Joan liegt. Hautnah vermitteln unzählige Gemälde, Gerätschaften oder Kleider einen hervorragenden Einblick in das Leben von Herren und Knechten vor mehr als 200 Jahren. Im Haupthaus kann man an Einrichtung und Dekoration den erstaunlichen Wohlstand der früheren Großgrundbesitzer ermessen.

Das Landgut ist heute ein Museum, das die Lebensweise der adeligen Besitzer zeigt. Im Original: das herrschaftliche Speisezimmer (oben). Im riesigen Speicher sind die Produkte der Finca ausgestellt (rechts oben). Els Calderers ist die beherrschende Finca der Gegend. Davon zeugt das imposante Haupthaus (rechts unten).

Die Idee, in einem landwirtschaftlich noch aktiven Gut ein Museum einzurichten, kam den Erben des letzten Grafen von Sentmenat, da die Familie über einen umfangreichen Fundus historischer Gegenstände verfügt, der nun die großen Hallen und Säle füllt. Außerdem dient der erhobene Eintritt dazu, den riesigen Besitz zu erhalten, was mit Landwirtschaft allein nicht mehr zu leisten war. Els Calderers ist die beherrschende Finca der Gegend. Im Mittelalter sprach der Besitzer gleichzeitig Recht, und die Bauern und Leibeigenen der umliegenden Dörfer und Weiler kamen sonntags zur Messe in die Gutskapelle, die heute noch im Original erhalten ist. Schon Erzherzog Ludwig Salvator rühmte den schattigen, quadratischen Innenhof des Haupthauses. Ein alter Ziehbrunnen und ein mit Schilf bewachsenes Wasserbassin, in dem sich Goldfische tummeln, erwecken auch bei großer Hitze den Eindruck von Frische. Über dem Portal zur prächtigen Empfangshalle hängen eiserne Ketten, ein Zeichen dafür, das Els Calderers einst ein königlicher Besitz war.

Zentrum des Weinanbaus

Über Jahrhunderte war die Finca ein Zentrum des Weinbaus auf der Insel, daher auch ihr Name. Ende des 19. Jahrhunderts vernichtete die Reblausplage die ausgedehnten Felder. Im historischen Keller sind die Gerätschaften,

alte Flaschen und Fässer ausgestellt. Vom süffigen Wein, der nun wieder in bescheidenem Umfang gekeltert wird, darf man eine Kostprobe nehmen. Die Hauptproduktion der Finca wurde aber nach der Schädlingskatastrophe auf Getreideanbau und Trockenkulturen wie Mandeln und Oliven umgestellt. Unter den hohen Sandsteinbögen des immensen Vorratsspeichers sind die Erzeugnisse ausgestellt. In einer Ecke sieht man die Einrichtung einer alten Käserei, in der die Milch der hauseigenen Kühe und Schafe verarbeitet wurde.

Luxuriöses Landleben

Im Erdgeschoss des Haupthauses liegt neben dem prunkvoll eingedeckten Speisesaal die historische Küche. Auf dieser Ebene befanden sich auch das Musikzimmer, die Waffensammlung und das Arbeitszimmer des Besitzers. In der Beletage waren die Wohn- und Schlafräume der herrschaftlichen Familie. Kleider und liebevoll restauriertes Kinderspielzeug aus längst vergangenen Tagen sind Zeugen der glücklichen Zeiten, die zumindest die besitzende Klasse auf dem Gut erlebte. Die adlige Familie wohnte allerdings nie ständig auf dem Land, sondern normalerweise in Palma oder zumindest in der

nahen Stadt Manacor. Lediglich einige Ferienwochen verbrachte sie auf dem Gut, darüber hinaus ließ sich der Chef ab und zu blicken, um Rechenschaft über den Gang der Dinge vom Verwalter zu erhalten. Dieser lebte, wie die noch erhaltenen Gemächer zeigen, in einer abgetrennten Wohnung im Zwischenstock. Eine Treppe führte direkt zur Gesindeküche, die mit wesentlich derberen Gerätschaften ausgestattet war. Den Leibeigenen und Landarbeitern war das Betreten der Beletage unter Strafe verboten.

In einigen Nebengebäuden sind die verschiedenen Arbeitsstätten der sich selbst versorgenden Finca untergebracht, so die Bäckerei, Wäscherei, Schnapsbrennerei, Schmiede und Schreinerei. In weiter vom Haupthaus entfernten Ställen werden Pferde, Rinder, Schafe und die berühmten schwarzen Schweine, eine alte mallorquinische Rasse, gehalten. Die meisten der zuletzt genannten Bewohner werden in der hauseigenen Metzgerei auf traditionelle Weise in die sehr schmackhafte Paprikamettwurst Sobrasada verwandelt. Das schweinische Schmankerl wird als Kostprobe auf dunklem Bauernbrot am Ende des Rundgangs in der kleinen Snackbar angeboten.

VON RIESENMELONEN UND RASENDEN KELLNERN

Das Bauerndorf Vilafranca de Bonany neben der Schnellstraße ist vor allem wegen seiner schmackhaften Riesenmelonen bekannt. Im Herbst wird der Produzent der größten Frucht zum Melonenkönig gekrönt. Oft werden bei diesem populären Fest Exemplare von 30, 40 Kilogramm präsentiert. Aber auch die anderen landwirtschaftlichen Erzeugnisse des Dorfes können sich sehen lassen. Ein Abstecher lohnt allemal, um die noch verbliebenen farbenprächtigen Läden an der Hauptstraße zu bewundern. Nur einen Kilometer östlich von Vilafranca liegt an der Kreuzung der Schnellstraße mit der Ortsverbindung Petra-Felanitx Mallorcas einzige Fernfahrerkneipe. In dem riesigen Restaurant Es Cruce gibt es einheimische Spezialitäten zu außergewöhnlich fairen Preisen, die dazu noch in landesunüblicher Geschwindigkeit auf dem Tisch landen. Selbst Busladungen von Touristen werden im Nu abgefertigt. Die emsigen Kellner sind ein Spektakel. Allerdings ist das Lokal nichts für lärmempfindliche Leute mit Berührungsangst.

WEITERE INFORMATIONEN

Els Calderers de San Joan: April–September 10–18 Uhr, Oktober–März 10–17 Uhr, Tel. 971 52 60 69, www.elscalderers.com

44 Sineu und sein bunter Markt

Esel zu verkaufen!

Das verschlafen wirkende Städtchen Sineu, fast genau im Mittelpunkt der Insel, wird auch die alte Königsstadt genannt, denn im 14. Jahrhundert war der Ort von Jaume II. zur königlichen Sommerresidenz ernannt worden. Der von Gichtanfällen geplagte Monarch fand das sehr trockene Klima der Gegend angenehm. Die ländliche Ruhe Sineus wird nur durch den Wochenmarkt am Mittwoch unterbrochen, den größten auf Mallorca.

Jeden Mittwoch strömen Tausende Besucher zum Wochenmarkt nach Sineu. Auch eingesalzener Fisch wird angeboten (unten). Aus der alten Kornmühle Moli d'en Pau am Ortsrand von Sineu wurde ein uriges Restaurant (rechts oben). Dicht an dicht drängen sich die Häuser aus Kalkstein aneinander. Sineu war einst die Hauptstadt der Insel (rechts unten).

Zum Mittwochsmarkt strömen Tausende von Kauf- und Schaulustigen hierher und füllen nicht nur Plätze und Gassen, sondern auch die umliegenden Kneipen und Restaurants bis auf den letzten Stuhl. Wer mit dem Auto kommt, muss außerhalb des Zentrums parken, im Ort selbst ist ein Durchkommen nur zu Fuß möglich. Das farbenfrohe Treiben mit deutlich mediterranem Touch spricht alle Sinne an.

Eine ganze Stadt voller Stände

Eigentlich sind es mehrere Märkte, die zur gleichen Zeit stattfinden. Die Händler kommen aus allen Teilen der Insel. Auf dem großen Platz unterhalb der Altstadt werden Schafe, Ziegen, schwarze Schweine, Geflügel und die aus ihnen entstandenen Produkte wie Wurst, Schinken, Käse, aber auch Eier und Gänsefedern zum Füllen der voluminösen Bettdecken für den kalten Winter angeboten. Auf dem etwas höher gelegenen Platz vor der Stadtpfarrkirche Madre de Déu dels Angels sind die bunten Stände mit Obst und Gemüse vorherrschend und wetteifern mit attraktiven, appetitlichen Auslagen um die zahlreichen Käufer. Bei der massigen Kirche, einer der ältesten auf Mallorca, wacht ein großer geflügelter Markuslöwe mit dem Stadtwappen über das turbulente Treiben:

Er ist das Wahrzeichen der Stadt, der Evangelist Markus ist Sineus Schutzpatron. Vor den Hauswänden der Sandsteinhäuser in den engen Gassen der Altstadt drängen sich Verkaufsstände mit schöner Keramik, handgemachten Textilien und interessantem Kunsthandwerk. Aber natürlich werden auch allerlei Krimskrams und Souvenirs made in China und Afrika angeboten – wie bei den anderen Inselmärkten auch.

Urige Keller mit deftigem Essen

An Markttagen ist es schwierig, Platz zum Essen in einem der Lokale zu finden, obwohl die Stadt bekannt ist für viele Kellerrestaurants. Vor allem die am Hauptplatz, wie der beliebte Celler Ca'n Font, sind stark besucht. An normalen Tagen ist die Terrasse davor ein schöner Platz zum Verweilen und Beobachten, ebenso wie die des etwas höher gelegenen Hotel-Restaurants Son Cleda. Etwas ruhiger geht es im Celler Son Toreo zu, der versteckt in der Altstadt liegt und vor allem von Einheimischen frequentiert wird (Carrer Son Torelló 1). Einen guten Ruf genießt auch das Restaurant Moli d'en Pau, das etwas außerhalb liegt (an der Kreuzung der Umgehungsstraße mit der zweiten Zufahrt zum Zentrum). Die Windmühle mit ihren weit ausladenden Flügeln ist nicht zu übersehen. In der hervorragenden Konditorei neben der Kirche gibt es süße und auch salzige Leckereien, die man auch während des Marktbummels verzehren kann.

Die zentrale Lage von Sineu auf der Insel verdeutlichen auch die zahlreichen Straßen, die sternförmig in die umliegenden Ortschaften führen. Die kleine Stadt ist deshalb auch eine günstige Alternative für eine Unterkunft abseits der Küste. In den letzten Jahren sind zum Hotel Leon de Sineu mit seinen zwölf charmanten Zimmern, dem Pionier der langsam in Mode kommenden Dorfhotels, ein halbes Dutzend Pensionen und Stadthotels gekommen, wie das allseits gelobte Ca'n Joan Capó und die schon erwähnten Hotels Ca'n Font und Son Cleda. An ruhigen Tagen kann man auch das sehenswerte Zentrum mit einigen historischen Bauten besser erkunden, so den Convent des las Monjas, der im 13. Jahrhundert die Residenz des Königs war. An Markttagen jedoch geht die ländliche Schönheit der alten Stadt in den Massen der Marktbesucher etwas unter.

EINE BEWEGTE VERGANGENHEIT

Nichts deutet heute auf die Bedeutung Sineus im Mittelalter hin, mit 5000 Einwohnern eine der größten Siedlungen dieser Zeit. Heute sind es nur knapp 3000, davon viele zugezogene Deutsche und Briten. Die sprichwörtliche ländliche Ruhe wird nur jeden Mittwoch vom bunten Treiben des größten Wochenmarkts auf Mallorca unterbrochen. Dieser, wie auch die Frühjahrsmesse »Sa Fira« am ersten Sonntag im Mai, gehen auf den Anfang des 14. Jahrhunderts zurück. Der mallorquinische König Sancho verlieh der kleinen Stadt beide Privilegien, nachdem schon sein Vorgänger König Jaume II. im Ort seine Sommerresidenz (1309) errichtet hatte. Der an Gicht erkrankte Landesherr fühlte sich im trockenen, heißen Klima von Sineu sehr wohl. Schon ein Blick auf die Karte Mallorcas zeigt, dass die alte Königsstadt nicht nur im geografischen Zentrum der Insel liegt, sondern durch ein sternförmig angelegtes Straßennetz auch mit allen Nachbarorten verbunden ist.

WEITERE INFORMATIONEN

www.ajsineu.net

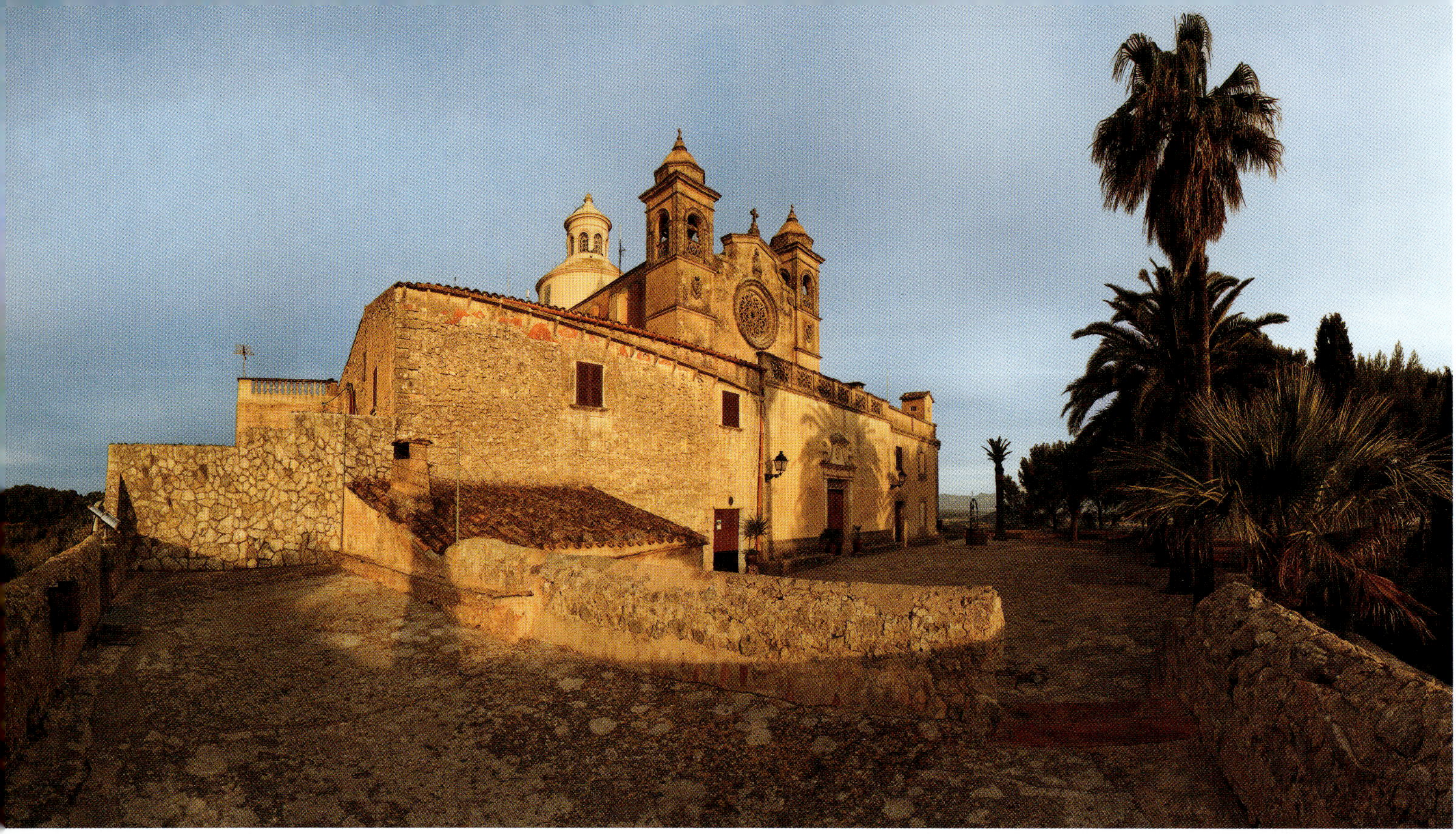

Die Einsiedelei Nostra Senyora de Bonany ist ein beliebtes Ausflugsziel (oben). Die wuchtige Fassade der Dorfkirche von Petra ziert eine große Sandsteinrosette (rechts unten). In den schattigen Cafés um den Dorfplatz lässt es sich gut entspannen (rechts oben).

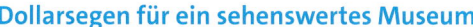

45 Petra und Fray Junípero Serra

Der weltberühmte Sohn der Stadt

Niemand würde das verschlafene Städtchen Petra besuchen, wenn dort nicht im Jahr 1713 Miguel José Serra geboren worden wäre. Der arme Bauernjunge aus Mallorca gilt als Gründer zahlreicher kalifornischer Millionenstädte wie Los Angeles und San Francisco. Heute steht seine Statue als einzige eines Spaniers in der National Statuary Hall des amerikanischen Kapitols in Washington.

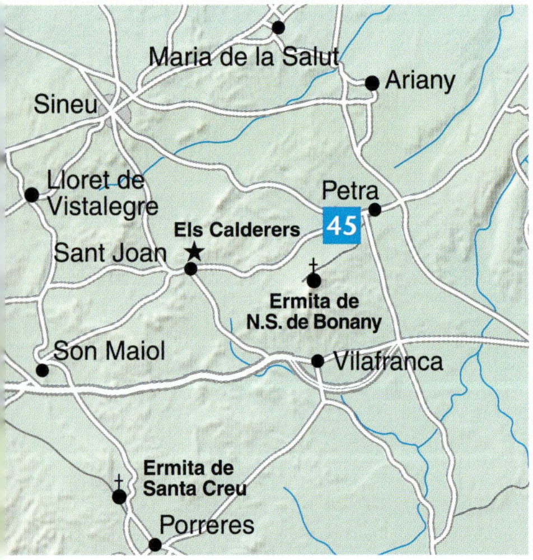

Der aufgeweckte Junge fiel durch seine wache Intelligenz auf und wurde vom Dorfpfarrer auf die Klosterschule San Bernadino geschickt. Später trat Serra in Palma dem Franziskanerorden bei und ging nach seiner Ausbildung als Missionar Fray Junípero Serra nach Mexiko. Von dort aus unternahm er mehrere Missionsreisen in das Gebiet des heutigen Kalifornien, gründete neun Missionsstationen und ein gutes Dutzend weitere Stützpunkte. Die Franziskanermönche verbreiteten aber nicht nur das Wort Gottes bei der indianischen Urbevölkerung. Die Missionare führten Rinder, Schweine und Geflügel mit, unterrichteten die nomadisierenden Ureinwohner in Handwerken wie Weben, Schmieden und dem so gut wie unbekannten Ackerbau. Aus den Stationen gingen Millionenstädte wie San Diego, Los Angeles und San Francisco hervor. Deren Namen erinnern ebenso wie Santa Barbara, San Luis Obispo und San José an den spanischen Mönch und Missionar. Fray Junípero Serra verstarb 1784 in Kalifornien. Seine Gebeine ruhen in der alten Missionsstation von Monterey, rund 100 Kilometer südlich von San Francisco.

Dollarsegen für ein sehenswertes Museum

Die Missionsstation von San Francisco de Assisi war 1776 die letzte und nördlichste in der Kette. Ihr Gründungsjahr war gleichzeitig das Jahr

der Unabhängigkeitserklärung der Vereinigten Staaten von Amerika. Zum 200. Jahrestag erinnerten sich die Kalifornier an ihren Gründervater und – auch mit kräftigem Zutun des amerikanischen Honorarkonsuls auf Mallorca – an die arme Verwandtschaft auf der kleinen Insel im Mittelmeer. Mit einer erheblichen Dollarspende ermöglichten sie die Restaurierung des 1959 eröffneten und schlecht und recht vor sich hin schlummernden Museums, das davor ausschließlich durch die Unterstützung einheimischer Privatleute erhalten worden war. Das kleine Museum ist heute absolut sehenswert. In Gemälden aus der Epoche und Schautafeln wird das Leben und Wirken des Missionars veranschaulicht. Auf dem Weg zur Ausstellung durch die enge Gasse passiert man eine Reihe von farbigen Keramiktafeln, auf denen die einzelnen Missionsstationen abgebildet sind. Der kleine Ort Petra, mitten in der mallorquinischen Zentralebene, kann von Palma, Inca oder Manacor mit dem Zug erreicht werden. Nach 20 Jahren wurden die Strecke Inca – Manacor wiedereröffnet und ein neuer Bahnhof am Ortsrand gebaut. Und nicht nur das Museum ist gut

ausgeschildert, sondern es hängen auch überall Hinweisschilder auf das urigste Speiselokal des Städtchens, vermutlich, weil der frühere Bürgermeister der Besitzer des populären Es Celler ist. Wegen der deftigen mallorquinischen Gerichte kommen die Leute von weither, besonders am Sonntag herrscht Hochbetrieb.

Eine Einsiedelei als Dank für Regen

Hoch über dem Ort liegt die Ermita de Nostra Senyora de Bonany auf einem 318 Meter hohen Hügel, der eine grandiose Aussicht über den Nordosten der Insel bis zum Meer ermöglicht. Die serpentinenreiche Straße durch einen Wald aus Steineichen und Pinien beginnt am südlichen Stadtrand. Oben lädt ein mit Steintischen und Bänken ausgestatteter Picknickplatz zum Verweilen ein. Wanderer finden Aufnahme in einer einfachen Herberge. Die prunkvoll ausgestattete Kirche wurde im 17. Jahrhundert als Dank für lang ersehnten Regen und eine darauffolgende gute Ernte errichtet und erhielt aus diesem Grund den Namen »Bon Any«, Gutes Jahr. Jährlich finden Wallfahrten statt, außerdem ist die Anlage sehr beliebt für Hochzeitsfeiern.

GAUMENFREUDEN IN UND UM PETRA

In dem kleinen Ort hat die bekannte Kellerei Miquel Oliver ihren Sitz, deren hervorragender trockener Muskatwein viele internationale Preise einheimste. In der Bodega, etwas außerhalb an der Landstraße nach Santa Margalida, können der gute Tropfen und auch die anderen Erzeugnisse von Miquel Oliver erworben werden. Nach Voranmeldung kann die Kellerei besichtigt werden (Tel. 971 56 11 17, www.miqueloliver.com). Rund um den relativ großen Dorfplatz liegen viele Cafeterias und Restaurants, auf deren schattigen Terrassen man sehr gut sitzen kann. Empfehlenswert, aber nicht ganz billig ist das Restaurant Sa Plaça, das einen sehr hübschen Innenhof besitzt. An der Umgehungsstraße werden – außer im Winter – unter einer großen Pergola frisches Obst und Gemüse verkauft. Die Ware stammt von den Bauernhöfen der Gegend und hat durchweg gute Qualität. Unglaublich süß sind vor allem die in der Sonne gereiften Honigmelonen, eine Köstlichkeit, die sich niemand entgehen lassen sollte.

WEITERE INFORMATIONEN

www.ajpetra.net
Museum Fray Junípero Serra: Carrer Barracar Alto 15, Di–Fr 10.30–13.30 Uhr, Tel. 664 36 67 22.

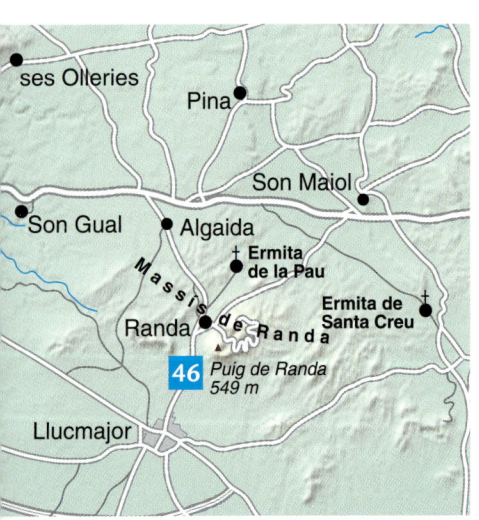

Eine weite Aussicht hat man vom Klosterberg von Randa aus (oben). Im Garten des Klosters Cura steht die Statue des Ramón Llull (rechts unten). Bei Gordiola in Algaida gibt es filigrane Souvenirs. Man kann Glasbläsern bei der Arbeit zusehen (rechts oben).

46 Puig de Randa – der heilige Berg

Wo Ramón Llull seine Visionen hatte

Das stattliche Bergmassiv ragt freistehend 549 Meter aus der südlichen Ebene empor und ist schon von Weitem zu sehen. »Heilig« wird es genannt, weil es drei mittelalterliche Einsiedeleien und Klöster birgt, die zu den meistbesuchten der Insel zählen. Allerdings konnte die Ehrfurcht vor der heiligen Höhe nicht verhindern, dass die Bergkuppe von einer Unzahl von TV- und Funkantennen verschandelt wurde.

Der große Felskegel füllt fast vollständig das Dreieck zwischen dem Landstädtchen Llucmajor und den Bauerndörfern Algaida und Porreres aus. Am Fuß des Massivs liegt der Weiler mit gleichem Namen. In Randa gibt es fast nichts zu sehen, aber zumindest drei nette Restaurants für einen kulinarischen Stopp. Während im Celler de Randa und im Ca's Beato eher volkstümlich-deftige Gerichte in großen Portionen – relativ preiswert – auf den Tisch kommen, geht es im etwas höher an der Auffahrt zum heiligen Berg gelegenen Es Recó de Randa etwas feiner zu, was sich auch auf die Preise auswirkt. Die verfeinerte, einheimische Küche hat jedoch viele Liebhaber, das merkt man

besonders an den Wochenenden, denn dann hat der Pech, der nicht reserviert hat. Zum Restaurant, von dessen Terrasse man eine schöne Aussicht bis zum Meer genießt, gehört ein kleines, schmuckes Landhotel mit wenigen Zimmern und Suiten. Jede der drei Optionen im Dorf ist besser als das lieblose, auf duldsame Pilger eingerichtete Restaurant im größten Klosterkomplex auf dem Hochplateau.

Zwei Einsiedeleien auf dem Weg nach oben

Hinter den letzten Häusern des Orts schlängelt sich eine gut ausgebaute Straße den Berg empor. Zuerst spenden noch viele Steineichen und Pinien wohltuenden Schatten, doch bald

überziehen nur noch Gras und niedrige Sträucher die fast kahlen Bergflanken.

Auf halber Höhe führt eine Stichstraße nach rechts zu der landschaftlich am schönsten gelegenen, aber nicht mehr betriebenen Einsiedelei Santuari de Nostra Senyora de Gràcia. Die weiße Kirche und das Klostergebäude kleben malerisch unter einer riesigen, gelbroten Felswand, die so aussieht, als könne sie jeden Moment einstürzen. Von der Terrasse hinter den Gebäuden der Anlage hat man eine schöne Aussicht auf Llucmajor und die nahe Küste.

Ein paar Kilometer Serpentinen weiter nach oben liegt ebenfalls rechter Hand das Kloster Santuari de Sant Honorat. In dieser Pilgerstätte können Wanderer einkehren und übernachten, auch Räume für Andachten und Seminare stehen zur Verfügung.

Nostra Senyora de Cura, Rückzugsort des großen Gelehrten

Ganz oben, auf der Hochebene, thront weithin sichtbar, trotz des Waldes aus Antennen – nicht gerade eine Augenweide –, das gewaltige Santuari Nostra Senyora de Cura. Das Kloster war 1275 von den mallorquinischen Königen gegründet worden und wurde in den folgenden Jahrhunderten immer wieder erweitert. Als Ramón Llull (siehe Seite 35), der berühmteste Bewohner im Mittelalter, in den letzten Jahrzehnten des 13. Jahrhunderts in der Abgeschiedenheit der Einsiedelei die wichtigsten seiner insgesamt 260 Werke verfasste, hauste der Gelehrte noch in einer Felsenhöhle neben einer kleinen Kapelle. Im Garten des Klosters steht eine Statue des Geistlichen, der auch als Vater der katalanischen Schriftsprache gilt, da er die meisten seiner Bücher nicht wie zu der Zeit üblich in Latein, sondern auf Katalanisch verfasste. Viele Erinnerungsstücke an Llull, darunter Handschriften, die ihm zugeordnet werden, und viele Gemälde, sind im kleinen Museum zu sehen. Durch zwei Steinbögen gelangt man in den Innenhof. Dort liegt auch das schon erwähnte Restaurant, das für eine Erfrischung gut ist, essen sollte man aber besser unten im Dorf.

Von der mauerbewehrten Aussichtsplattform hat man einen weiten Blick auf Palma und den westlichen Teil Mallorcas. Hinter dem ersten Tor werden in einem kleinen Geschäft Andenken, Kerzen und Heiligenbilder verkauft. Daneben wurde die ehemalige Pilgerherberge in ein kleines, einfaches Hotel umgewandelt, das relativ preiswerte Übernachtungsmöglichkeiten bietet, auch Räume für Konferenzen und Seminare stehen zur Verfügung.

MUNDGEBLASENES GLAS

Einen Abstecher wert ist die Werkstatt und das kleine Museum Can Gordiola, der ältesten Glasbläserei Mallorcas. Das burgähnliche Gebäude liegt gleich neben der Schnellstraße Palma – Manacor kurz vor dem Dorf Algaida. Der Besuch des Glasmuseums mit filigranen Kunstwerken aus aller Welt ist kostenlos. Sehr interessant ist die große Werkstatt, in der kunstfertige Glasbläser wie in alter Zeit sehr schöne Objekte und auch kleine Glasskulpturen schaffen. Die Handwerker lassen sich bei ihrer schweißtreibenden Arbeit über die Schulter schauen. Im Laden daneben können die zerbrechlichen Souvenirs gekauft werden, geöffnet ebenso wie das Museum von 9–18 Uhr, in der Mittagspause (von 13.30–15 Uhr) arbeiten die Glasbläser nicht.

WEITERE INFORMATIONEN

Nostra Senyora de Cura: Museum Llull, täglich 10–13.30 Uhr, 15–18, im Winter bis 17 Uhr, Tel. 971 12 02 60, www.santuaridecura.com
Randa: Hotel Restaurant Recó de Randa, Carrer Font 21, Tel. 971 66 09 97, www.esrecoderanda.com

Mandel- und Olivenbäume sind die
wichtigsten Baumkulturen auf Mallorca.

Muscheln und Meeresfrüchte geben der Paella ihren typischen Geschmack (oben). Am Meer schmeckt frischer Fisch am besten, wie hier an der Cala Deià (rechts oben). Tausende Flaschen Wein lagern in der Kellerei Macià Batle in Santa Maria del Camí (rechts unten). Mit einem fruchtigen Cocktail steigt die Urlaubsstimmung wie von selbst (unten).

47 Deftige Gerichte und edle Tropfen

Ein kulinarischer Streifzug durch die mallorquinische Küche

Essen und Trinken halten bekanntlich Leib und Seele zusammen. Deshalb sind Küche und Keller auch wichtige Bestandteile der Kultur eines jeden Volks. Die deftige, bäuerliche Küche Mallorcas hat bis heute dem gewaltigen Ansturm neuer Essgewohnheiten standgehalten und findet unter Kennern immer mehr Freunde. In den Städten und Dörfern des Landesinneren erlebt die einheimische Küche eine regelrechte Renaissance.

Die mallorquinische Küche, die vor allem in den Familien fortlebt, ist nicht so raffiniert wie die französische oder italienische. Sie ist jedoch ebenfalls vom mediterranen Standort bestimmt. Kurioserweise stehen ganz oben auf dem Speiseplan nicht Fisch oder Meeresfrüchte, sondern Fleisch, Obst und Gemüse. Obwohl das gesunde Olivenöl als Basis nicht wegzudenken ist, wird auf Mallorca für viele Gerichte auch reichlich Schweineschmalz verwendet. Sehr beliebt ist das *Pa amb Oli,* graues, knuspriges Landbrot, das mit Tomaten eingerieben und mit kalt gepresstem Olivenöl beträufelt wird. Dazu kommen oft noch würziger Schafskäse und luftgetrockneter Schinken, Oliven, Peperoni und Kapern. Ein wunderbarer Brotaufstrich ist die Sobrasada, eine Mettwurst – mild oder scharf – aus Schweinebrät mit viel rotem Paprika. Ein Armeleuteessen waren vormals die *sopes mallorquines,* heute stehen sie auch in guten Restaurants auf der Speisekarte. Als Basis dieser in runden Tontiegeln servierten Spezialität dient dünn geschnittenes Graubrot, über das ein kräftiger Gemüseeintopf mit viel Kohl gegeben wird. Für den Geschmack sorgen Speckwürfel und einige Scheiben der pikant gewürzten Wurst *Botifarro.* Als gehaltvolle Beilage zu gegrilltem Fisch oder Fleisch dient der Auberginenauflauf *Tumbet,* der auch Tomaten, Kartoffeln und grüne Paprika enthält.

Paella in vielen Variationen

Breiten Raum auf dem Speiseplan der Insulaner nehmen Reisgerichte ein. Das Nationalgericht *Arróz Brut,* »Schmutziger Reis«, ist eine kräftige Reissuppe mit Fleisch vom Kaninchen, Huhn und Schwein. Neben reichlich Gemüse wie Blumenkohl, grünen Bohnen und rotem Paprika sorgen einige Scheiben der scharfen Wurst *Botifarro* für den Pfiff. Im Gegensatz zur trockenen Reispfanne Paella wird der *Arróz Brut* mit reichlich *caldo,* Brühe, genossen. Die in großen Pfannen zubereitete Paella kommt vom spanischen Festland. Bei der einfachen Paella sind Meeresfrüchte wie Krabben, Miesmuscheln und Tintenfisch mit Fleisch gemischt. Meist etwas teurer ist die Paella Marinera, die nur mit Fisch und Meeresfrüchten auf den Tisch kommt. Eine Spezialität ist die Paella Negra, bei der frische, kleine Tintenfische mitsamt ihrem Farbbeutel für die dunkle Farbe und den einmaligen Geschmack sorgen. Für Ängstliche und Faule gibt es Paella Ciega, die »Reispfanne für Blinde«: Knochen, Gräten und Schalen wurden vorher entfernt.

Saftiges Fleisch vom Grill

Schwein und Lamm sind die Basis der beliebtesten Fleischgerichte. Sehr beliebt ist *Llom amb Col,* in Kohlblätter eingewickelter Schweinerücken mit Pinienkernen und Rosinen. In Tonpfännchen werden Kaninchen mit Zwiebeln oder – die verfeinerte Version – mit Krabben serviert. Während bei Geflügel Gans und Ente kaum auf dem Speiseplan erscheinen, gibt es fast überall Wachteln, *guatles,* die auf offenem Rost zubereitet werden. Überhaupt ist gegrilltes Fleisch sehr beliebt, überall auf der Insel gibt es Restaurants, die jeden Tag ihre riesigen Grillfeuer anheizen. Zum Fleisch gibt es geröstetes Graubrot, das mit Knoblauch, Tomate und Olivenöl veredelt wird, und Knoblauchmayonnaise, *alioli.*

Kleines Fischlexikon

In fast jedem Restaurant stehen auch Fischgerichte auf der Speisekarte, das Niveau des Hauses bestimmt die Qualität. Fans dieser Köstlichkeiten werden jedoch ein auf Fisch und Meeresfrüchte spezialisiertes Restaurant aufsuchen und dort sicher fachmännische Beratung brauchen. Denn europaweit ist Spanien einsame Spitze, was die Vielfalt der Fisch-, Krabben- und Muschelarten betrifft. Bei ihrem Eintritt in die Europäische Gemeinschaft verblüfften die Iberer die europäische Fischereikommission mit der beantragten Zulassung von 400 verzehrbaren Meerestieren. Bis zu diesem Zeitpunkt hatten die fischverwöhnten Briten mit 180 offiziell anerkannten Arten den Rekord gehalten.

Oft ist das Angebot von der Saison bestimmt. Mitte September bis November fangen die Fischer die Königsmakrele, *Llampuga.* Dieser schmackhafte Blaufisch wird in Mehl gewendet und in Stücken gebacken. Dazu gibt es geröstete Kartoffelscheiben und rote Paprika. Meist kann man sich aus der Kühlvitrine, in einigen Fällen auch aus dem eigenen Seewasserbecken, das Gewünschte auswählen. Seehecht *(lluç),* Thunfisch *(tonyina),* Lachs *(salmón),* Seeteufel *(rape),* Goldbrasse *(dorada),* Tintenfisch *(calamar)* und die preiswerten Sardinen *(sardines)*

Kräuter und Gewürze gehören zur Inselküche (unten). Viele Restaurants präsentieren sich im rustikalen Stil (rechts oben). Weinprobe auf der Ferienfinca Monnaber Vell (rechts unten).

Weihnachten und Ostern verbringen die Mallorquiner am liebsten im Familienkreis und mit traditionellen Speisen. Eine Spezialität zu Weihnachten sind gefülltes Fleisch, als kalte Pastete zur Vorspeise, und große Landhühner, die mit einer Mischung aus Schweinebrät, Schinken, Datteln und getrockneten Aprikosen gefüllt werden. Dazu gibt es süße Eigelbfäden, *ou filat,* die es in vielen Geschmacksrichtungen gibt. Zu Ostern dreht sich alles um das Lamm: als Vorspeise lauwarme Mürbeteigpasteten, mit Lamm, Erbsen und Paprikawurst gefüllt. Dann folgen Braten vom Lamm oder Bergzicklein. Bevorzugter Fisch ist der Zackenbarsch, *meró,* oft mit einer raffinierten Füllung. Als Nachtisch gibt es die kleinen, den deutschen Windbeuteln ähnlichen Profiterols, mit Sahne oder Nougatcreme gefüllt und mit einem kräftigen Schuss flüssiger, schwarzer Schokolade.

werden auf Wunsch gegrillt, gebacken oder gebraten. Die Auswahl an Meeresfrüchten und Krustentieren ist sehr groß. Neben den bekannten Miesmuscheln gibt es Dattelmuscheln *(datiles),* Venusmuscheln *(almejas),* verschiedene Arten von Krabben, Garnelen, Krebsen und Langusten. Aus Letzteren zaubern die einheimischen Köche einen fabelhaften Meereseintopf, die berühmte Caldereta de Llangosta. Kenner schwören darauf, dass es zwischen Mallorca und Menorca die geschmackvollsten Langusten der Welt gibt. Wer keinen Fehler machen will, bestellt einfach eine der gemischten Grillplatten mit frischem Fisch und Meeresfrüchten *(Torrada de peix mixta).*

Süßes zum Schwelgen am Schluss
Bei den Nachspeisen können die Mallorquiner das arabische Erbe nicht verleugnen. Trockener Mandelkuchen *(gató),* der mit Mandeleis *(gelat d'ametlla)* serviert wird, ist eine Spezialität ebenso wie Karamellcreme *(flan)* und der aus den Hefeschnecken, den Ensaimadas des Vortags, hergestellte Pudding *(púding).* Schokoladenkugeln mit Trüffelgeschmack *(trufas)* und mit Sahne oder Creme gefüllte kleine Windbeutel *(profiterols)* sind weitere süße Verführer.

Neben den Hauptmahlzeiten essen die Einheimischen gern auch mal ein Häppchen zwischendurch. Fast eine Institution ist das zweite Frühstück, das meist in einer Bar oder Cafeteria eingenommen wird. Dieser Kalorienschub ist auch notwendig, weil die meisten Spanier mit kargem Frühstück, etwa einer Tasse Milchkaffee, aus dem Haus gehen.

Und dazwischen Tapas in der Bar
Für eine ausgedehnte Müsliorgie haben eilige Werktätige hierzulande wenig Sinn. Deshalb findet man sie oft zwischen 10.30 und 11 Uhr eher in der nächsten Bar um die Ecke als am Arbeitsplatz. Dort gibt es leckere Tapas, die aus Fisch, Fleisch oder Gemüse bestehen: Fleischbällchen in Tomatensauce, Nieren in Rotwein, paniertes und frittiertes Gemüse oder Fisch, Krabben mit Mayonnaise, Muscheln im Sud und gefüllte Paprikaschoten sind nur einige Beispiele. In Palma werden im Carrer Apuntadors im Ausgehviertel Sa Llotja in Kellerlokalen Tapas serviert, die fertig zubereitet sind und einfach per Fingerzeig ausgewählt werden können. Speisekarte und Sprachkenntnisse sind dabei zweitrangig.

Restaurant Hostal Algaida Carretera de Manacor, Algaida, Tel. 971 66 51 09
Restaurant Ca'n Tito: Passeig des Born des Molinar 2, Palma de Mallorca, Tel. 971 27 10 16,
www.restaurantecantito.es

48 Mandelblüten – Mallorcas Schnee

Die ersten Vorboten des Frühlings

Als »mallorquinischer Schnee« werden die weißen und zartrosa Blüten bezeichnet, denn die Mandeln blühen im Januar, Februar und März, wenn selbst auf der sonnenverwöhnten Insel die Natur noch im Winterschlaf liegt. Sie sind die ersten Boten des nahenden Frühlings. In manchen Jahren reichen schon einige sonnige Tage Ende Januar, genannt *calmes de gener*, um die früh blühenden Sorten herauszulocken.

Weiß oder rosa blühen die Mandelbäume schon Ende Januar in geschützten Lagen, wie hier in Selva am Südhang des Tramuntana-Gebirges (unten). Bei großflächigen Kulturen erscheinen die blühenden Bäume wie Schnee (rechts oben). Der schmackhafte Kern der Mandel ist von einer harten Schale geschützt (rechts unten).

Zum Beinamen »mallorquinischer Schnee« gibt es eine kleine Sage, die auf der Insel erzählt wird. Angeblich wollte ein Prinz seine aus dem Norden Europas stammende Frau aufmuntern, die wegen des fehlenden echten Schnees auf Mallorca an Schwermut erkrankt war. Er ließ Tausende von Mandelbäumen pflanzen, deren Blüten im Winter aus der Ferne betrachtet als weißer Schnee-Ersatz das Herz der Frau erfreuten.

Von den Arabern kultiviert

Über die Herkunft des auf Mallorca eigentlich nicht heimischen Mandelbaums gibt es keine eindeutige Festlegung. Vermutet wird, dass seine Heimat in Asien, etwa in Persien und Mesopotamien liegt. Selbst das ferne China wird als Ursprungsland genannt. Phönizische und griechische Händler verbreiteten den Baum wie viele andere Kulturpflanzen, die über die alten Karawanenwege nach Europa gelangt waren, im gesamten Mittelmeerraum. Die Kultivierung der begehrten Frucht auf Mallorca wird vor allem den Arabern zugeschrieben, die in den 300 Jahren ihrer Herrschaft große Pflanzungen anlegten. Blühende Mandelbäume sieht man eigentlich überall auf der Insel. Riesige Plantagen gibt es vor allem im Südwesten um Andratx und

S'Arracó, in der Ebene zwischen Palma und den Ausläufern der Serra de Tramuntana und im flachen Süden von Llucmajor bis Santanyí. Die Zukunft besonders dieser Pflanzungen ist unklar. In den letzten Jahren wurden immer weniger Bäume im Herbst auch abgeerntet, denn die Kosten dafür übersteigen angeblich den Gewinn, und so denken viele Plantagenbesitzer darüber nach, wie sie die unrentable Kultur durch eine andere ersetzen können, vor allem durch den Anbau von Oliven für das begehrte Öl. Dann wäre es vorbei mit dem Blütenschnee auf Mallorca, und die Insel hätte eine Attraktion in der nicht so beliebten Nebensaison weniger. Wegen der Blütenpracht kommen Tausende von Besuchern auf die sonst zu dieser Zeit stille Insel.

Kurze Blütenpracht

In warmen Wintern mit viel Sonne sind die meisten Bäume schon Mitte Februar abgeblüht und zeigen langsam ihr grünes Kleid aus samtigen Blättern, das sie bis zur Erntezeit tragen. In kalten Wintern blüht vor allem die rosafarbene Bittermandel später, und Tausende von Bäumen zeigen bis Ende März ihr festliches Kleid, das nach und nach mit den grünen Blättern durchsetzt wird. Falls aber während der Blüte eine Kaltfront bis in den Süden Europas vordringt und selbst die Strände mit Schnee und Eis überzogen werden, ist es gleich wieder

aus mit der weißen, sehr sensibel reagierenden Pracht. Die Blüten erfrieren, und diese Bäume werden in diesem Jahr keine Früchte tragen.

Köstlichkeiten aus der Frucht

Die Verwendung der alten Kulturfrucht ist mannigfaltig, immer jedoch muss sie erst von ihrer harten Schale befreit werden. Man isst sie roh, geröstet, salzig oder süß. Soßen werden mit in Mörsern zerriebenen Mandeln angedickt. Der Mandelkuchen *Gató* mit Mandeleis ist eine beliebte Nachspeise. Zu Weihnachten ist die Mandel in Form der beliebten *Turrons,* süßen Riegeln aus gemahlenen oder gebrochenen Mandeln – mit Zusätzen wie Eiern, Orangensaft, Trockenfrüchten, mit und ohne Schokoladenüberzug – als Teil des Festessens nicht wegzudenken. Die *Turrons* sind am ehesten mit Marzipan aus Lübeck zu vergleichen, das vor allem früher fast ausschließlich aus mallorquinischen Mandeln hergestellt wurde. Diese alte Tradition haben nun zwei Deutsche wieder aufleben lassen. Unter der Marke »Oro de Mallorca« – Gold aus Mallorca – stellen sie klassisches Marzipan nach Lübecker Rezepten und natürlich mit sonnengereiften Inselmandeln her. Man bekommt die kleinen Schleckereien in einigen Feinkostgeschäften und online unter:
www.orodemallorca.com.

FLÜSSIGES AUS MANDELN – SÜSS UND DUFTEND

Aus der Bittermandel wird auf Mallorca in mehreren Destillerien der wohlschmeckende *Licor de Almendras* hergestellt. Das Dessertgetränk, übrigens ein beliebtes Souvenir, ist mit dem italienischen Amaretto zu vergleichen und hat normalerweise einen Alkoholgehalt von nur 20 Prozent. Man bekommt es in vielen Lebensmittelgeschäften, kann es aber natürlich auch bequem per Internet bestellen.
Auch die feinen Blüten des Mandelbaums werden genutzt: Seit Jahrzehnten stellt eine kleine Firma auf Mallorca ein begehrtes Parfüm daraus her. Der zarte Duft von »Flor d'Ametler« reist so in hübsch gestalteten Glasflacons um die Welt. Man kann das Parfüm direkt beim Hersteller beziehen, www.flordametler.com.

WEITERE INFORMATIONEN

An jedem ersten Sonntag im Februar findet in Son Servera das Mandelblütenfest – »Firó de la Flor d'Ametler« statt, www.visitcalamillor.com.

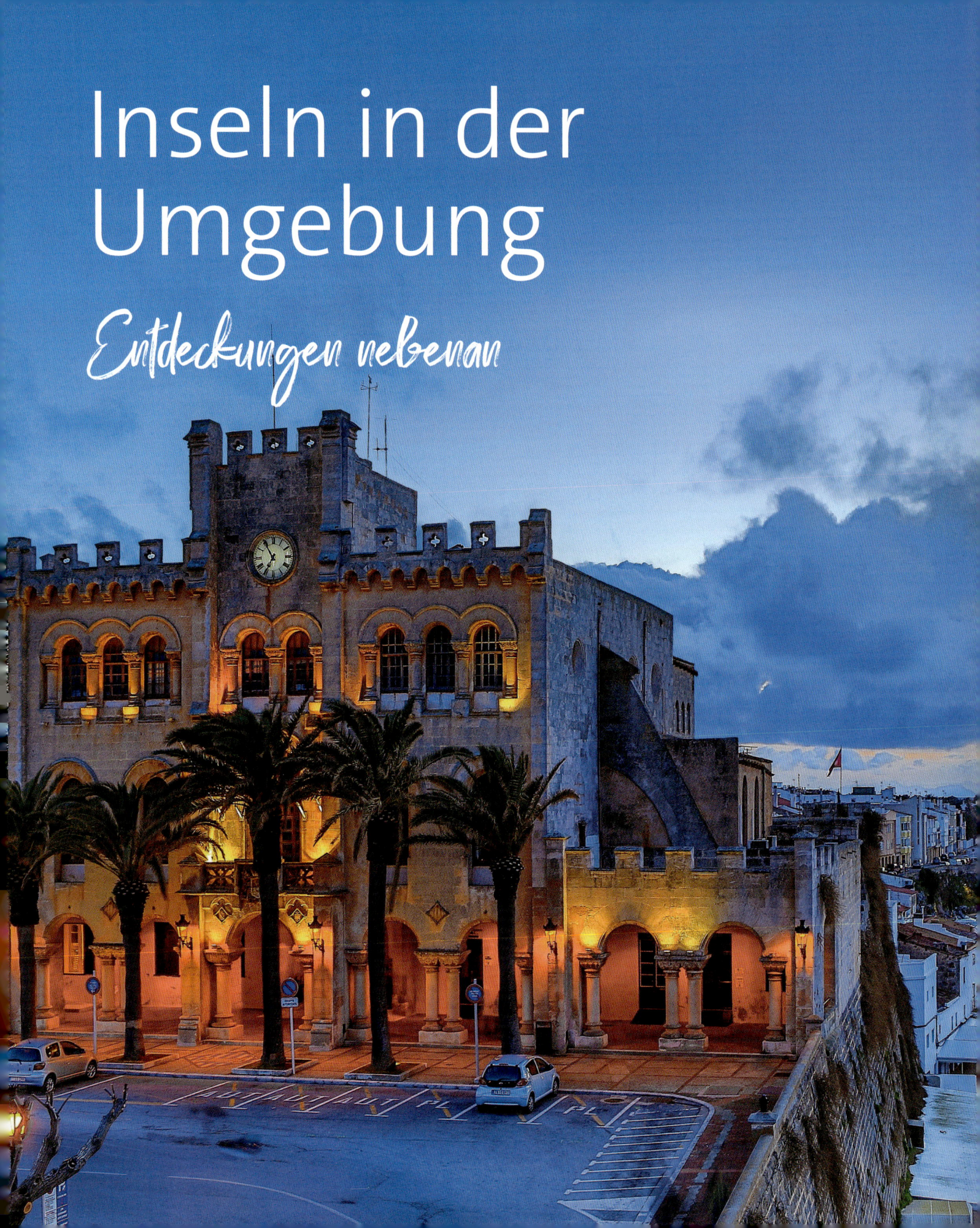

Inseln in der Umgebung

Entdeckungen nebenan

Ciutadella ist einer der beiden Hauptorte auf Menorca und umschließt einen schönen Naturhafen (links). Zu den sommerlichen Festtagen werden die Städte reich geschmückt (oben). Jede Insel hat ihre traditionellen Trachten wie hier auf Ibiza (unten).

Im Frühling überzieht ein Blumenmeer die Wiesen auf Menorca (oben). Die Piratenhöhle Cova d'en Xoroi ist heute der ungewöhnlichste Klub der Insel (rechts oben). In den Höhlen über dem Meer hausten schon vor 3000 Jahren Menschen (rechts unten).

49 Menorca – die spröde Schöne

Liebe auf den zweiten Blick

Menorca ist die unbekannteste Insel der Balearen. Zwar besucht jedes Jahr weit mehr als eine halbe Million Touristen die zweitgrößte Insel des Archipels, doch nie hat sie eine Masseninvasion erlebt wie die fünfmal größere Nachbarin Mallorca, und sie geriet auch nie in die Schlagzeilen als Hippie-Paradies wie Ibiza. Ihre Reize erschließen sich Besuchern nur nach und nach – dann aber umso nachhaltiger. Viele wollen gar nicht mehr weg!

Nähert man sich der von Ost nach West gestreckten Insel mit dem Flugzeug, kann man erkennen, das Menorca grob in zwei unterschiedliche Hälften geteilt ist. Der Norden, nach dem oft stark wehenden Wind Tramontana genannt, weist stark zerklüftete Küsten mit fjordartigen Einbuchtungen und Lagunen auf. Die Südseite scheint glatter, und hohe Klippen alterieren mit kleinen Sandbuchten und auch den einzigen lang gezogenen und geraden Stränden. Die Trennungslinie folgt ungefähr der großen Verbindungsstraße von Maó, der Hauptstadt im Osten, zur alten Hauptstadt Ciutadella im Westen. An dieser Straße zwischen den beiden Hafenstädten liegen mit Alaior, Es Mercadal

und Ferreries die anderen drei Orte, die als Städte bezeichnet werden können. Insgesamt hat Menorca rund 95 000 Einwohner. Gleich neben Es Mercadal erhebt sich etwa in der Inselmitte mit dem El Toro der mit 357 Metern höchste Berg der Insel. Die Spitze ziert das Kloster Mare de Deu del Toro. Außer einem fantastischen Rundblick lädt hier ein Restaurant mit traditioneller Inselküche zur Einkehr ein.

Paradies für Wassersportler

Menorca hat keine so spektakulären Landschaften wie Mallorca und ist keineswegs so »sexy« wie Ibiza. Die fast flache Insel ist für die wenigsten Besucher eine Liebe auf den ersten Blick.

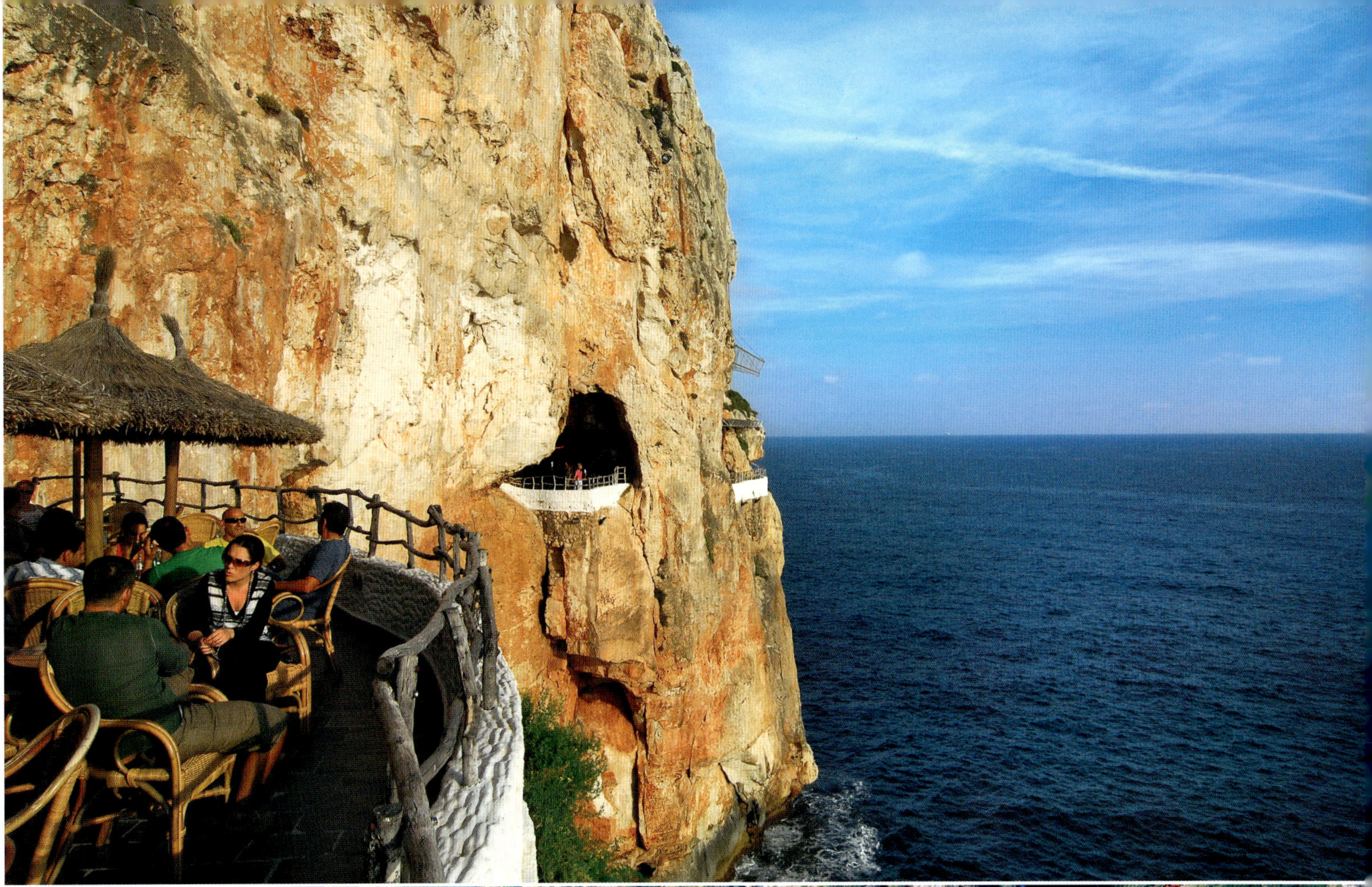

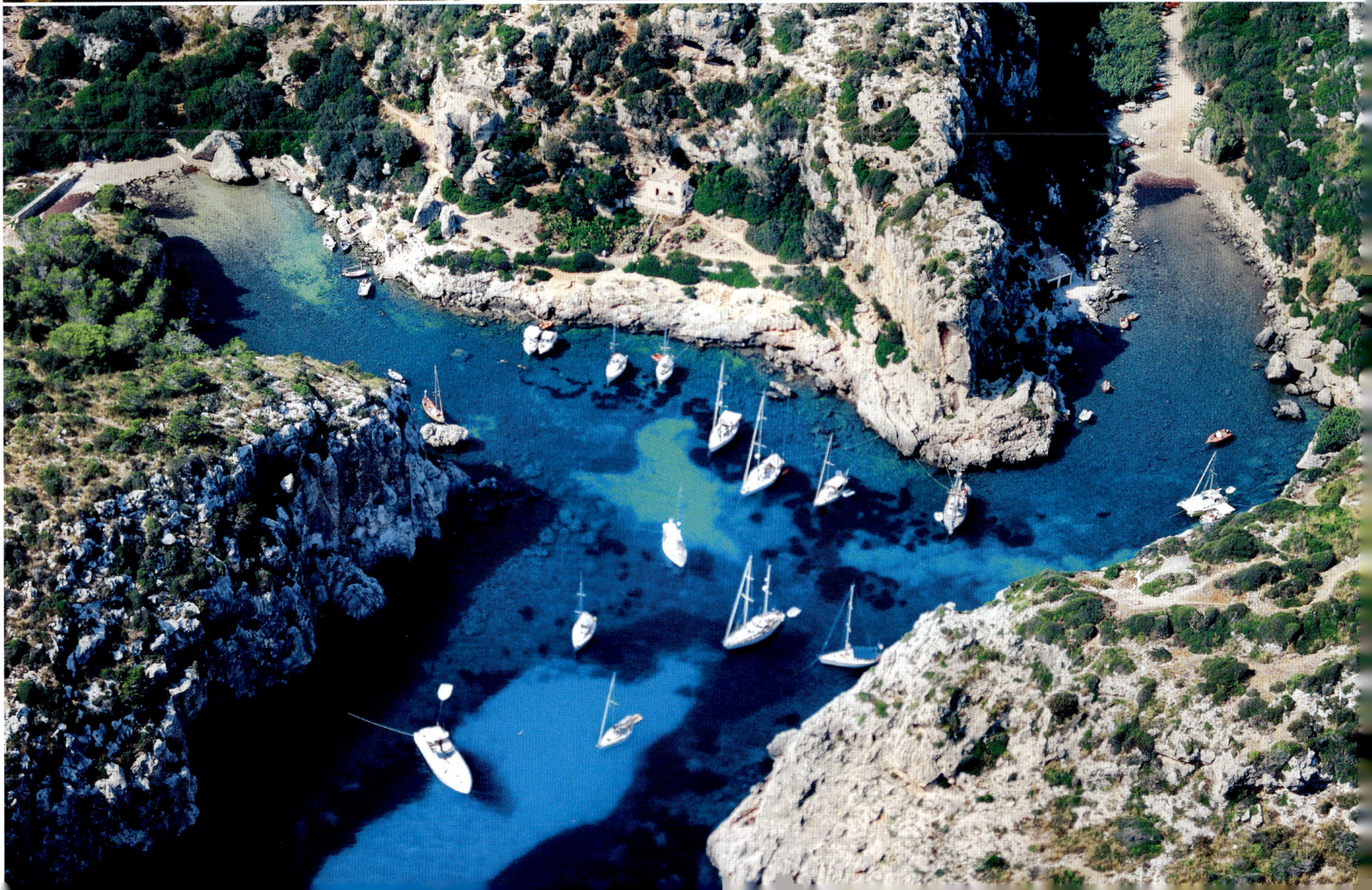

Traditionell wird Menorca als familien- und kinderfreundlich vermarktet. Die zahlreichen meist naturbelassenen Sandstrände, die flach ins Meer abfallen, fördern dieses Image. Doch bietet die Insel vor allem Aktivurlaubern eine breite Palette an. Neben dem klassischen Segeln sind vor allem die großen Lagunen des Nordens für Windsurfen und Kajakfahren sehr gut geeignet, es gibt zahlreiche entsprechende Schulen und Geräteverleiher. Hoch im Kurs steht das Tauchen, denn das kristallklare Wasser und die geringe Kontamination schaffen günstige Bedingungen. Außerhalb der heißen Hochsaison kann die Insel gut mit dem Fahrrad erkundet werden. Auch Wander- oder Reiterferien lassen sich leicht organisieren, es gibt zahlreiche attraktive Routen abseits der »großen« Verkehrsadern. Man kann diese Aktivitäten auf eigene Faust gestalten, es gibt aber auch viele spezialisierte Veranstalter. Für Wassersportfans ist natürlich der Hochsommer die beste Ferienzeit auf Menorca, im Juli und August füllen sich deshalb alle Quartiere, eine Reservierung ist

unbedingt notwendig. Die meisten der Urlauber sind Briten, gefolgt von Deutschen und Festlandspaniern. Zu den anderen Zeiten des Jahres ist es normalerweise kein Problem, auch erst vor Ort eine entsprechende Unterkunft zu finden.

Von Bausünden weitgehend verschont

Auf klassische Art nähert man sich Menorca mit dem Schiff, mehrmals die Woche sind Ciutadella und Maó mit Barcelona verbunden. Die Überfahrt von Mallorca aus dauert etwa zwei Stunden. Seit 2019 verbindet Port d'Alcúdia und Ciutadella eine Speedfähre, die nur 75 Minuten für die Überfahrt braucht.

Menorca wurde erst in den Achtzigerjahren für den Tourismus erschlossen, also viel später als Mallorca und Ibiza. Deshalb wurde viel behutsamer mit dem Terrain umgegangen, auch an der Küste. Obwohl nicht alle Bausünden verhindert wurden, konzentrieren diese sich auf wenige Orte wie Cala en Bosc, Sant Tomàs-Son Bou, Cala en Porter und die südlich der beiden Hauptstädte Ciutadella und Maó gelegenen Küstenstreifen. Im Norden weisen nur die Buchten um Arenal d'en Castell und Addaia massive Bebauung auf. Zahlreiche herrliche Badebuchten und schöne Strände sind so gut wie naturbelassen, die wenigen Hotels und Appartementanlagen dezent einige Hundert Meter in das karstige Hinterland gebaut.

Europas größtes Freiluftmuseum

Doch hat die Insel weit mehr zu bieten als Sonne, Strand und kristallklares Wasser. Sie ist das größte Freiluftmuseum Europas mit Zeugen menschlichen Wirkens aus den letzten 8000 Jahren. Mehr als 1000 Fundstellen überfordern jede Landkarte für historisch interessante Orte. Bereits um 6000 v. Chr. gelangten Menschen von Südfrankreich aus über Mallorca auf die Insel. Megalith-Monumente beweisen die Anwesenheit von Siedlern, die um 2000 v. Chr. in Steinhütten lebten, den *Navetes,* so genannt wegen ihrer länglichen Form, die an umgedrehte Schiffe erinnert. In den größten bestatteten die Menschen ihre Toten, wie in der

In der Osterwoche ziehen maskierte Bruderschaften mit Heiligenbildern durch die Straßen der Städte von Menorca (unten). Die frische Brise an den Küsten Menorcas ist ideal zum Windsurfen (rechts oben). Im Juni finden in der Altstadt die Reiterspiele statt, die von Tausenden Schaulustigen verfolgt werden (rechts unten).

INSELSPEZIALITÄTEN

In der alten Hauptstadt Ciutadella wird das Fest »San Joan« gefeiert. Tausende Besucher strömen in die mittelalterliche Altstadt und zu den Reiterspielen am Hafen. Die schwarzen Menorcapferde stehen im Mittelpunkt des Festes, das am Sonntag vor dem Johannistag beginnt und seinen Höhepunkt bei einem festlichen Reiterumzug am 24. Juni hat. Gottesdienste gehören dazu, die berühmte Haselnussschlacht und natürlich menorquinischer Gin mit Limonade, der in Strömen fließt. Menorca hat eine reiche kulinarische Tradition. Weit über die Inselgrenzen hinaus bekannt ist der würzige *Mahón-Menorca-Käse,* der aus der Milch von den rund 20 000 Kühen auf der Insel gewonnen wird. Je nach Reifegrad schmeckt er mild oder sehr würzig. Eine andere, nicht ganz billige Spezialität ist der Langusteneintopf Caldereta de Llangosta, am besten genossen in einem der Restaurants an der großen Lagune des Fischerorts Fornells an der Nordküste. Selbst Spaniens König Juan Carlos ließ sich diese Köstlichkeit bei seinen Besuchen munden.

WEITERE INFORMATIONEN

www.menorca.es
Einen guten Führer zu den Sehenswürdigkeiten der Insel mitsamt Öffnungszeiten bietet www.menorcamonumental.net

zweistöckigen Naveta de Tudons in der Nähe von Ciutadella.

Besonders Bauwerke aus der steinzeitlichen Talaiot-Kultur, die rund 1300 Jahre v. Chr. ihren Höhepunkt erreichte, sind auf Menorca in hervorragendem Zustand erhalten und eine wahre Freude für Forscher und Entdecker. Geheimnisumwittert sind jene mehr als mannshohen, rechteckig behauenen Felsen in Form eines T, die meist im Zentrum der runden Steinhüttendörfer der Talaiot-Kultur standen und die nur hier auf Menorca vorkommen. Man vermutet, dass sie religiösen Zeremonien dienten. In jeder Siedlung gab es nur eine dieser *Taulas,* über 30 sind noch erhalten, die spektakulärsten befinden sich in den Steinzeitsiedlungen von Talati de Dalt, Trepucó und Sa Torreta de Tramuntana.

Zankapfel unterschiedlicher Mächte

Aus Überlieferungen sind in den folgenden Jahrhunderten die Anwesenheit von phönizischen und griechischen Händlern und die ersten Invasionen von keltischen Festlandsbewohnern bekannt. Allerdings fehlen aus dieser Zeit bis zur Eroberung durch die Römer im Jahr 123 v. Chr. erkennbare Zeugnisse. Die Römer gründeten

befestigte Siedlungen, die größte war die Garnisons- und Hafenstadt Sanitja im Schutz der weit ins Meer ragenden Felshalbinsel Cap de Cavalleria im äußersten Norden. Die Besichtigung der Ausgrabungen kann mit einem erfrischenden Bad an den herrlichen Naturstränden verbunden werden. Die Überreste von drei frühchristlichen Basiliken sind Zeugen dafür, dass die Insel schon in den ersten Jahrhunderten nach Christus missioniert worden war. Und wie auf Mallorca folgte später auch hier eine ruhige Zeit der Maurenherrschaft und eine unruhige der Piratenangriffe.

Im 18. Jahrhundert wurde Menorca zum Zankapfel europäischer Mächte, die um die Vorherrschaft im westlichen Mittelmeer rangen. Neben Spaniern hielten Franzosen und vor allem die Briten die Insel für viele Jahre besetzt. Es ging um den Naturhafen von Maó, einem mehr als fünf Kilometer in das Inselinnere führenden Fjord, in dem eine ganze Kriegsflotte ankern und Schutz vor Sturm suchen konnte. Aus dieser Zeit stammen viele Befestigungsanlagen, die größte ist die auf der felsigen Halbinsel La Mola, die den Eingang zum Hafen von Maó bewacht.

50 Ibiza und Formentera

Ibiza zwischen Weltkulturerbe und Weltpartymeile

Endlose, heiße Partynächte, Tanzen bis zur Ekstase und anschließend ein Bad im angenehm warmen Wasser mit dem Mond oder der aufgehenden Sonne als Zeugen – das sind die Markenzeichen von Ibiza. Und im Hochsommer wird die ehemalige Zufluchtsstätte der Hippie-Blumenkinder ihrem Ruf auch gerecht. Tausende junger und jung gebliebener Menschen versammeln sich dann auf dem für seine Freizügigkeit bekannten Eiland am Rand Europas.

Typisch Altstadt: unten Straßenmarkt und auf den Terrassen Restaurants (unten). Der Hafen wird von der historischen Altstadt Dalt Vila und der mächtigen Burg überragt (rechts).

Schon um 300 v. Chr war die Insel besiedelt. Das heutige Ibiza-Stadt wurde von den Karthagern im 7. Jahrhundert v. Chr. gegründet und zu einem Stützpunkt für den Salzhandel. Dann übernahmen Römer, Mauren und Festlandspanier die Herrschaft, ab dem 13. Jahrhundert gehörte die Insel zum Königreich Mallorca.

Weltkulturerbe Ibiza-Altstadt

Die Altstadt von Eivissa, genannt Dalt Vila, also die »Obere Stadt«, ist UNESCO-Weltkulturerbe. Ein Rundgang durch die engen Gassen hinter den meterdicken Mauern zeigt die einstige Bedeutung dieses stark befestigten Orts. Einige Mauerreste stammen noch aus der langen Blütezeit der Stadt unter den Arabern, der größte Teil der heute sichtbaren Bauten wurde jedoch im 16. Jahrhundert errichtet. Am besten betritt man die Innenstadt durch die gewaltige Porta de Ses Taules – natürlich zu Fuß, da der größte Teil der Altstadt für den Autoverkehr gesperrt ist.

Gleich hinter dem Stadttor liegen an der Plaça de la Vila einige der besten Restaurants der

Stadt. Von der Terrasse des ehemaligen Pulverturms Baluard de Santa Lucia hat man einen herrlichen Ausblick auf den Hafen. Auch die danebenliegende Plaça del Soll – etwas ruhiger für die Einstimmung auf den Abend – ist ein guter Platz für ein romantisches Abendessen innerhalb der schützenden Mauern. Ganz oben auf dem Hügel thronen die Kathedrale Santa Maria de las Nieves und die Burg, beide auf Fundamenten aus der karthagischen, römischen und arabischen Zeit errichtet. Die Burg konnte lange Jahre wegen Baufälligkeit nicht besichtigt werden. Seit einiger Zeit ist in das alte Gemäuer ein luxuriöses Parador-Hotel eingezogen. Gleich neben der Kathedrale liegt das Museu Arqueologic mit zahlreichen Fundstücken aus mehr als 2000 Jahren.

Gut für ruhige Urlaubstage

Die verrückte und ausgeflippte Party- und Transvestitenszene der Insel konzentriert sich auf bestimmte Orte und wenige Zonen. Neben dem südwestlich der Hauptstadt Eivissa gelegenen Modestrand Platja d'en Bossa ist an der Nordwestküste Sant Antoni de Portmany – frequentiert vor allem von feierwütigen Briten – ein Brennpunkt. Dort und an der einzigen Autobahn

der Insel finden sich auch die großen Klubs und Tanztempel.

Die quirlige Hauptstadt selbst hat sich in den letzten Jahren eher beruhigt. Die Hafengegend und die malerische Altstadt sind mit ihren zahlreichen Restaurants und Cafés, aber auch Modeboutiquen, Kunsthandwerksläden und der alles überragenden Burg hinter den wuchtigen Festungsmauern eher ein Anlaufpunkt vor der großen Nachtshow.

Aber selbst zu den Spitzenzeiten, wenn in den Klubs und Diskotheken der Bär so richtig tanzt, gibt es auf der Insel noch Gegenden mit kleinen, verschwiegenen Buchten, herrliche, kaum bewohnte Landschaften zum Wandern und jede Menge Möglichkeiten, auch ohne Rummel seinen Spaß zu haben. Die drittgrößte Stadt, Santa Eulària des Riu, an der Ostküste gelegen, und die nördliche, mit dichtem Pinien- und Kiefernwald bewachsene Hügelgegend der Serra de Sant Vicent bieten sich für Urlauber an, die ruhige, erholsame Tage verbringen wollen. So wird wie auf Mallorca auch das Inselinnere für Urlauber immer beliebter.

Verrückte Sommerparty

Zwischen den beiden schicken und teuren Ankerplätzen der Hauptstadt Eivissa, Ibiza Nuevo und Botafoch, liegen nur noch das Kasino und, einen Katzensprung davon entfernt, das »Pacha«, die älteste Diskothek der Insel. Die 1973 gegründete Ikone unter den Klubs mit den zwei prallen, roten Kirschen als Logo ist immer noch ein Renner, auch wenn das Publikum nicht zum jüngsten zählt. Der ständig erneuerte Tanztempel wurde als Konzept an viele Orte der Welt exportiert. Im Sommer werden das »Pacha« und die anderen großen Klubs zum Weltzentrum, in dem die bekanntesten Discjockeys ihre neuesten Kreationen unters partywütige Volk bringen. Der größte Klub der Welt ist das »Privilege« an der Autobahn nach Sant Antoni. Auf mehreren Ebenen tobt das Volk – das Lokal hat ein Fassungsvermögen von bis zu 14 000 Menschen – um einen riesigen Pool. Neben der täglichen Discoshow mit höllischem Lichtspektakel geben

Trotz der ständigen Sommerparty hat auch traditionelle Folklore ihren Platz auf Ibiza (unten). In den Salinen von Ibiza kann man auch Flamingos beobachten (rechts oben). Die vorgelagerte Felseninsel Es Vedrà (rechts unten).

auch international bekannte Bands Konzerte. Allerdings ist es wenig sinnvoll, vor ein Uhr diese oder einen der anderen Klubs zu betreten, denn dann wird man nur gelangweilte Kellner und vielleicht eine Busladung unerfahrener Touristen antreffen. Die eigentliche Show steigt später – dann allerdings bis zum Sonnenaufgang. Wegen der häufigen Unfälle auf der Schnellstraße führt die Polizei im Sommer verstärkt Alkohol- und Drogenkontrollen durch.

Ein paar hundert Meter vor dem »Privilege« – alten Ibiza-Hasen noch als »KU« ein Begriff – liegt auf der anderen Seite der Autobahn die Kultdisco Amnesia. Wie schon der Name dieses Vergnügungstempels andeutet, der auch langsam auf sein 40-jähriges Jubiläum zugeht, wird auch dort getanzt, bis der Arzt kommt! In Sant Antoni ist besonders das ebenfalls klassische »Es Paradis« zu erwähnen. Dort geht es allerdings sehr britisch zu. In dieser zweitgrößten Stadt der Insel spielt sich das Pre-Disco-Leben in den Musikpubs am Hafen und den umliegenden Gassen ab.

Formentera: Herrliche Strände, sauberes Wasser

Formentera ist die kleine Schwester Ibizas, weiter südlich, noch näher an Afrika gelegen. Die zweitgrößte Insel der Pityusen – dieser Name ist griechischen Ursprungs und weist auf die zahlreichen Pinien hin – ist neben der Hauptinsel die

einzig bewohnte der insgesamt 42 felsigen Eilande des Archipels.

In den Sechziger- und Siebzigerjahren galt Formentera als Geheimtipp der Hippieszene, auch Pink Floyd und Bob Dylan sollen hier Urlaub gemacht haben. Heute führen die rund 12 000 Einheimischen die meiste Zeit des Jahres ein eher geruhsames Leben, werden aber im Hochsommer von einer immensen Besucherschar von mehr als 1,5 Millionen förmlich überrannt. So hat man im Winterhalbjahr keine Probleme mit der Unterbringung, aber im Juli und August sind Betten rar, vor allem seit die italienische Jugend das romantische, eigentümliche Eiland entdeckt hat und Tausende Kids aus Milano und Roma die Insel als ihren Treffpunkt vereinnahmen.

Formentera hat keinen Flughafen und kann nur mit den Fährschiffen oder dem eigenen Boot erreicht werden. Die Fähren verkehren im Sommer im Halbstundentakt, im Winter allerdings viel seltener, und sie laufen von Ibiza aus den kleinen Hafen von La Savina an. Die Insel besitzt hervorragende, meist naturbelassene Sandstrände und das wohl klarste Wasser der Balearen. Das wegen seiner eigentümlichen Form auch als Hundeknochen bezeichnete Formentera weist nur eine größere Erhebung auf, die im äußersten Osten gelegene Steilklippe von Sa Mola. Der Leuchtturm, der genau über dem Meer aufragt, ist ein beliebter Ausflugspunkt.

INSELHOPPING

Die Balearen bieten sich für Leute mit genügend Zeit für Inselhopping an. Man kann seinen Urlaub – falls der nicht gerade auf eine Woche beschränkt ist – mit einer angenehmen Seefahrt verbinden und auf diese Weise die unterschiedlichen Charaktere der Inseln kennenlernen. Sowohl von Mallorca nach Ibiza oder von dort nach Formentera gibt es im Sommer zahlreiche Fährverbindungen. Die Reedereien Acciona-Transmediterránea (Tel. 902 45 46 45, www.trasmediterranea. es) und Balearia (Tel. 902 16 01 80, www. balearia.com) können übers Internet gebucht werden. Kleinere, lokale Unternehmen gibt es vor allem für die Verbindung von Ibiza nach Formentera. Die Fährschiffe legen vom westlichen Teil des Fährhafens von Ibiza ab.

WEITERE INFORMATIONEN
www.ibiza.travel/de,
www.formentera.es

Allabendliche Lounge – einfach Kult:
Musik zum Sonnenuntergang bietet
das Café del Mar in Sant Antoni auf Ibiza.

Register

v. l. n. r.: Windräder findet man in den flachen Gegenden Mallorcas. Berühmt und berüchtigt sind die langen Nächte am sogenannten Ballermann. Zu einem Besuch auf Mallorca gehören inseltypische Gerichte ebenso wie Hafen- und Finca-Romantik sowie ein Sonnenuntergang am Meer.

So schön ist der Norden – die Bucht von Pollença.

Die Autoren

Der Redakteur und Reisejournalist Lothar Schmidt musste schon beim ersten Besuch feststellen, dass die Mallorca-Klischees besser im Rollkoffer bleiben. Damals lebte er in der spanischen Hauptstadt Madrid und sollte für eine deutsche Wochenzeitung eine Reportage über den Winter auf der Ferieninsel schreiben. Das Ergebnis war nachhaltig: Seit diesen Wintertagen im Jahr 2003 hat er mehrere Reisebücher und viele Beiträge über die Baleareninsel verfasst.

Peter V. Neumann lebt seit über 30 Jahren als freier Journalist und Autor in Spanien, die meiste Zeit davon auf Mallorca. Er arbeitet für Zeitungen und Magazine in Spanien und Deutschland und hat bereits mehrere Bildbände und Reiseführer über die schöne Baleareninsel veröffentlicht.

Impressum

Verantwortlich: Susanne Kaufmann
Layout und Producing: Roman Bold & Black, Köln
Korrektorat: Dr. Juliane Braun
Umschlaggestaltung: Marcus Taeschner
Repro: LUDWIG:media
Kartografie: Huber-Kartographie, Heike Block
Herstellung: Bettina Schippel
Printed in Italy by Printer Trento

★★★★★

Sind Sie mit diesem Titel zufrieden? Dann würden wir uns über Ihre Weiterempfehlung freuen.
Erzählen Sie es im Freundeskreis, berichten Sie Ihrem Buchhändler oder bewerten Sie bei Onlinekauf. Und wenn Sie Kritik, Korrekturen oder Aktualisierungen haben, freuen wir uns über Ihre Nachricht an: Bruckmann Verlag, Postfach 40 02 09, D-80702 München oder per E-Mail an lektorat@verlagshaus.de

Unser komplettes Programm finden Sie unter 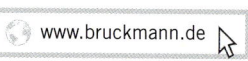 www.bruckmann.de

Alle Angaben dieses Werkes wurden von den Autoren sorgfältig recherchiert und auf den neuesten Stand gebracht sowie vom Verlag geprüft. Für die Richtigkeit der Angaben kann jedoch keine Haftung übernommen werden, weshalb die Nutzung auf eigene Gefahr erfolgt. Insbesondere bei GPS-Daten können Abweichungen nicht ausgeschlossen werden. Sollte dieses Werk Links auf Webseiten Dritter enthalten, so machen wir uns die Inhalte nicht zu eigen und übernehmen für die Inhalte keine Haftung.

In diesem Buch wird aus Gründen der besseren Lesbarkeit das generische Maskulinum verwendet. Weibliche und anderweitige Geschlechteridentitäten werden dabei ausdrücklich mitgemeint, soweit es für die Aussage erforderlich ist.

Bildnachweis:
Alle Bilder im Innenteil und auf dem Umschlag stammen von Bildagentur Look, München außer:
www.abacanto.de: S. 41 r. u.; Fotolia.de: S. 99 r. u. (LDAPRO), S. 101 r. o. (DAN), S. 139 r. u. (Nico); mauritius images: S. 53 (Alamy / marka/ touring club italiano), S. 63 o. r. (Pigneter, R.), S. 76 (Pearce, S.); Palma Aquarium Mallorca: S. 57 o.; Marianne Thönnißen: S. 143 r. u.; Peter V. Neumann: S. 31 r. o., S. 37 o., S. 83 r. u., S. 147 r. o.; Shutterstock.com: S. 91 (Pedrosa, R.), S. 92 (vulcano), S. 97, (Brauner, K.), S. 119 r. u. (sculpies), S. 150 (Gallas, K.); Ernst Wrba, Wiesbaden: S. 75 r. o., S. 109 r. o., S. 159 r. o.

Seite 6/7: Cala Gat.
Vorsatz: Mandelblüte
Innentitel: Caló des Moro

Umschlag Vorderseite: o.: Cap Formentor (shutterstock.com/Vit Kovalcik); u.: Valdemossa
Rückseite: o.: Kathedrale »La Seu«; u. v.l.n.r.: Blütenmeer im ländlichen Landesinnern, »La Pajarita« in Palma, die Bucht von Pollença

Die Deutsche Nationalbibliothek verzeichnet diese Publikation in der Deutschen Nationalbibliografie; detaillierte bibliografische Daten sind im Internet über http://dnb.d-nb.de abrufbar.

Vollständig überarbeitete Neuauflage,
© 2020 Bruckmann Verlag GmbH
Infanteriestraße 11a
807979 München
ISBN 978-3-7343-1869-6
Originalausgabe mit dem Titel »Highlights Mallorca«,
ISBN 978-3-7654-5465-3 © 2015

EBENFALLS ERSCHIENEN

ISBN 978-3-7343-1608-1

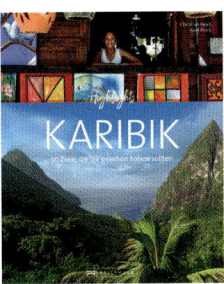

ISBN 978-3-7654-4869-0

ISBN 978-3-7343-0871-0

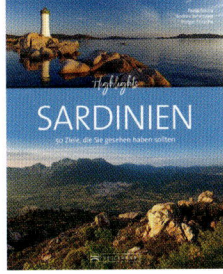

ISBN 978-3-7343-0332-6

ISBN 978-3-7343-1031-7

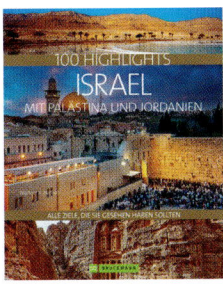

ISBN 978-3-7343-1656-2

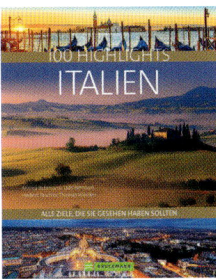

ISBN 978-3-7343-1028-7

ISBN 978-3-7343-1318-9

100 Highlights Afrikas Süden
978-3-7343-1033-1

100 Highlights Australien
978-3-7343-2391-1

100 Highlights Deutschland
978-3-73433-0147-6

100 Highlights Englands Süden
978-3-7343-0650-1

100 Highlights Europa
978-3-73433-0146-9

100 Highlights Kanada
978-3-7654-8780-4

100 Highlights Neuseeland
978-3-7343-2394-2

100 Highlights New York
978-3-7343-0797-3

100 Highlights Skandinavien
978-3-7343-0652-5

100 Highlights Südamerika
978-3-7343-0651-8

100 Highlights Südostasien
978-3-7343-0659-4

100 Highlights USA
978-3-7654-8227-4

Deutschlands Welterbe
978-3-7343-1175-8

Highlights Andalusien
978-3-7654-5599-5

Highlights Antarktis
978-3-7343-0857-4

Highlights Bali
978-3-7343-2393-5

Highlights Bretagne u. Atlantikküste
978-3-7343-1032-4

Highlights Chile · Argentinien
978-3-7654-6031-9

Highlights Costa Rica
978-3-7343-0858-1

Highlights Gardasee
978-3-7654-6772-1

Highlights Hurtigruten
978-3-7343-0616-7

Highlights Iran
978-3-7343-0663-1

Highlights Island
978-3-7654-6497-3

Highlights Japan
978-3-7654-6495-9

Highlights Kambodscha Laos
978-3-7343-0664-8

Highlights Kreta
978-3-7654-8374-5

Highlights Kuba
978-3-7654-5596-4

Highlights Madeira
978-3-7343-0927-4

Highlights Marokko
978-3-7654-8783-5

Highlights Namibia
978-3-7654-5143-0

Highlights Nordsee
978-3-7343-0649-5

Highlights Norwegen
978-3-7654-4827-0

Highlights Oman m. Dubai u. Abu Dhabi
978-3-7343-1672-2

Highlights Peru
978-3-7654-5436-3

Highlights Portugal
978-3-7654-5533-9

Highlights Provence
978-3-7343-1030-0

Highlights Sizilien
978-3-7654-5880-4

Highlights Sri Lanka
978-3-7343-0859-8

Highlights Südafrika
978-3-7654-6496-6

Highlights Tibet
978-3-7343-2392-8

Highlights USA Der Westen
978-3-7654-5758-6

Highlights Vietnam
978-3-7654-5144-7

ISBN 978-3-7343-1089-8

Fast schon ein Wahrzeichen der Serra de Tramuntana – die Kartause von Valldemossa.